Göttert
Weihnachten

Karl-Heinz Göttert

Weihnachten

Biographie eines Festes

RECLAM

2020 Philipp Reclam jun. Verlag GmbH,
Siemensstraße 32, 71254 Ditzingen
Umschlaggestaltung: Kuzin & Kolling, Büro für Gestaltung
Umschlagabbildung: ©123rf.com/Olga Korneeva
Druck und buchbinderische Verarbeitung:
Friedrich Pustet GmbH & Co. KG,
Gutenbergstraße 8, 93051 Regensburg
Printed in Germany 2020
RECLAM ist eine eingetragene Marke
der Philipp Reclam jun. GmbH & Co. KG, Stuttgart
ISBN 978-3-15-011306-6

Auch als E-Book erhältlich

www.reclam.de

Inhalt

Prolog   7

Christi Geburt in den Evangelien   11

> Die Evangelien   11 | Lukas   17 | Die Vorgeschichte   25 | Die Geburts-
> geschichte   30 | Matthäus   35 | Drei Magier und Herodes   41 |
> Der Stern   48

Die Erfindung des Weihnachtsfestes   52

> Anfänge des Kirchenjahres   52 | Die konstantinische Wende   56 |
> Die Berechnungshypothese   65 | Die Umbesetzungshypothese   72 |
> Das historisierende Fest   79 | Santa Maria Maggiore   84 | Leo der
> Große   89

Der Weihnachtsfestkreis im Mittelalter   99

> Das vollendete Kirchenjahr   99 | Die Liturgie   107 | Advent   114 |
> Heilige Drei Könige   119 | Nikolaus   124 | Das Fest der Unschuldigen
> Kinder   130 | Weihnachtsspiele   138 | Die Zwölften   146

Weihnachten auf dem Weg zum Familien- und Schenkfest   155

> Reformation   155 | Puritaner   161 | Krippenfrömmigkeit   170 |
> Tannenbaumromantik   177 | Aufklärung   184 | Verbürgerlichung   194

Weihnachten zwischen Wandel und Bewahrung   203

> Santa Claus   203 | Brauchtum und Folklore   211 | Politik   220 |
> Literatur   228

Epilog   235

Dank   241
Literaturverzeichnis   242
Abbildungsverzeichnis   246
Register   247
Über den Autor   252

Prolog

Die Geschichte von Weihnachten ist die Geschichte des Christentums, auch wenn das Christentum mit Weihnachten von Anfang an größte Schwierigkeiten hatte.

Umso erstaunlicher wirkt der Triumph dieses Festes, das mittlerweile weltweite Ausstrahlung besitzt und auch da seine Spuren hinterlässt, wo das Christentum kaum vertreten ist, in China zum Beispiel, wo es sogar ein Wort für den »Heiligen Abend« gibt – *Shéngdán ping'an yé*. Ja, es sieht so aus, dass Weihnachten in dem Maße zum Fest der Feste aufstieg, als es seinen ursprünglichen Inhalt verlor: nämlich als Feier der Geburt des Erlösers, des Erlösers von einer Sünde, die die Menschheit mit dem Verlust des Paradieses bezahlte. Ausgerechnet diese Säkularisierung des Weihnachtsfestes, die Befreiung von den theologischen Konstrukten, hat es erst richtig groß gemacht. Das veränderte seinen Charakter hin zu einem Familien- und Schenkfest, womit wiederum neue und andersartige Probleme verbunden sind.

Die offiziellen Kirchen haben sich mit dieser Sinnentleerung nicht abfinden wollen. Besonders eifrige Mitglieder verbrannten im Dezember 1951 vor der Kathedrale von Dijon einen Weihnachtsmann als Symbol des Abwegs von den »echten« Wurzeln, um stattdessen den heiligen Nikolaus zu würdigen. 2002 wurde etwas weniger martialisch vom katholischen Bonifatiuswerk die Aktion »Weihnachtsmannfreie Zone« im Stadtbild ins Leben gerufen.

Dieses Buch versucht, diesen langen Weg wie in einer Biographie nachzuzeichnen: mit einer Geschichte des Entstehens, Wachsens und Sich-immer-neu-Erfindens, nicht jedoch mit der Suche nach dem Wesen oder dem »wahren« Sinn von Weihnachten. Um das Wichtigste kurz abzustecken: Es geht im Folgenden natürlich auch um die biblischen und theologischen Grundlagen, aber es geht nicht um Glaubensfragen. Ich betrachte die Geschichte von Weihnachten als Historiker, der einem wesentlichen Stück unserer europäischen Kultur auf die Spur kommen möchte. Deshalb stehen die Quellen und Zeugnisse im Vordergrund, auf denen dieses Fest beruht, wie auch die Frage, inwiefern wir uns auf diese verlassen können. Es ist einfach spannend zu sehen, wie Lukas und Matthäus die Geburtsgeschichte als eine der »Großerzählungen« zu den für das Christentum wichtigen Themen Liebe und Frieden konstruiert haben, wie sie sich in historischen und mythischen Überlieferungen zurechtzufinden suchten und selbst am Mythos von Weihnachten mitwirkten – nicht ohne Widersprüche und deshalb auch ohne ein wirklich klares Gesamtbild.

Eine besondere Überraschung beim Gang durch die Geschichte wird für viele darin liegen, dass die uns heute so vertraute Feier am 24./25. Dezember recht spät entstand, und zwar um die 400 Jahre nach den in der Bibel geschilderten Ereignissen. Was uns heute so selbstverständlich erscheint, die Feier der Geburt Jesu, war es erst einmal jahrhundertelang nicht. Trotz einer intensiven Forschung ist die Entstehung von Weihnachten bis heute umstritten. Wir werden sehen, dass die bekannteste These – Weihnachten habe ein heidnisches (Vorgänger-)Fest des Sonnengottes abgelöst bzw. abgewandelt, wie es etwa bei der Ersetzung von Tempeln durch Kirchen geschah oder wenn heidnische Bräuche einen christlichen Sinn erhielten – kaum haltbar ist. Noch weniger überzeugt die Berufung auf Autoren des 4. Jahrhunderts, die den Geburtstag Jesu für diesen Termin einfach errechnen zu können glaubten. Und dann gibt es auch noch die Theorie von Weihnachten als »polemischem« Fest, als Fest gegen »Irrlehren«, bei denen sich die frühen Kirchenvertreter in unsägliche Spitzfindigkeiten hinsichtlich der Person ihres Gründers verbissen. So war die Geschichte von Stall und Krippe willkommen, um die menschliche Natur gegen die Behauptung einer lediglich göttlichen abzugrenzen – übrigens unter besonderer Berücksichtigung der Windeln, die schon Lukas ins Spiel brachte und die in keiner Festpredigt der Bischöfe oder Päpste fehlen.

Aber es gibt auch eine viel weniger problembeladene Seite von Weihnachten als diese angedeuteten Querelen in der frühen Kirchengeschichte, auf die wir stoßen werden. In ruhigeren Zeiten hat die Kirche das Jahr in einen Festkreis gekleidet, in dem Weihnachten (eingeleitet durch den Advent, ausklingend mit Epiphanias bzw. Maria Lichtmess) neben Ostern einen weiteren Höhepunkt darstellte. An dieser liturgischen Ausgestaltung im Mittelalter nahmen die Künste teil, die dem Fest mit Malerei und Skulptur, mit Musik und Schauspiel einen prunkvollen Rahmen gaben. Man denke nur an die Heerscharen von Mariengestalten, vor allem in Regionen, wo die Jungfrauen bzw. Bräute in Mittelalter und früher Neuzeit keinen Schleier oder sonstigen Kopfschmuck trugen und Maria entsprechend mit prachtvoll offenem Haar erscheint – provozierend nicht des Haars, sondern der »mütterlichen« Jungfrau wegen. Genauso ist der gregorianische Choral zu würdigen, der in den Gottesdiensten jedes vorgetragene Wort als Gesang ausformte. Schließlich gilt es, über Theaterstücke zu berichten, die die Liturgie spielerisch einer breiten Menge an Gläubigen nahebrachten, die mit den lateinischen Texten und komplizierten theologischen Fragen überfordert war. Es ist keine Frage: Weihnachten hat die europäische Kultur nachhaltig inspiriert, auch wenn sich viele Relikte heute nur noch in Museen finden.

Wirklich einfach aber war das Fest nie. Schon im tief »gläubigen« Mittelalter geht aus dem Fest der Unschuldigen Kinder mitten im Weihnachtsfestkreis ein eigenartiges »Kinderbischofsfest« hervor, bei dem das soziale Oben und Unten verkehrt wird – mit der Folge von Ausschreitungen, die schließlich zu Verboten führen. Man hat dies in Verbindung zu den Saturnalien und den Neujahrsfeiern in römischen Zeiten gebracht. Aber es ist Vorsicht geboten. Das Kinderbischofsfest stellt eher eine Erweiterung der Religiosität ins Spielerische dar, die sich auch in den Theaterspielen dieser Zeit zeigt. Als dann im 16. Jahrhundert die Reformatoren einschritten, ging es nicht mehr um solche Nebenerscheinungen, sondern um die gesamte religiöse Ausformung des Glaubens, in deren Folge unter der Herrschaft der Puritaner in England für kurze Zeit das Weihnachtsfest als »abergläubischstes« aller Feste abgeschafft wurde. Mehr als ein Jahrhundert später erwuchs daraus in den Vereinigten Staaten von Amerika ein neuer »Kampf« um Weihnachten, den letztlich die Erfindung einer neuen Figur schlichtete: Santa Claus, der »Weihnachtsmann«, mit dem einige Zeitgenossen heutzutage allerdings eher den Anfang vom Ende eines christlich geprägten Weihnachtsfestes verbinden – siehe die Aktivisten in Dijon und des katholischen Bonifatiuswerks.

Dabei war noch gar nicht die Rede davon, dass neben der kirchlichen Liturgie und Theologie auch eine ganz andere Tradition prägend wurde: ein Brauchtum, das die religiösen Probleme links liegen ließ und sich eine eigene Welt des Feierns schuf, in der ein Weihnachtsbaum und eine Krippe wichtiger wurden als jede noch so gute Predigt. Das Bürgertum des 18. und des 19. Jahrhunderts bewahrte sich das Weihnachtsfest nach Aufklärung und teilweise rigider Entkirchlichung weiter als Familien- und Geschenkfest, das eingefleischte Agnostiker ebenso wie assimilierte jüdische Familien durchaus begeistert mitfeierten. Andererseits fehlt es nicht an Vereinnahmungen durch die Politik, die das Fest entweder – wie im Ersten Weltkrieg – mit seiner Friedensbotschaft für ihre Zwecke instrumentalisierte oder es – wie die Nationalsozialisten – durch angeblich »germanische« Vorläufer zu ersetzen suchte. Natürlich musste unter den Bedingungen des Kapitalismus auch dieses Fest in Folklorisierung und Kommerzialisierung münden. Aber es taucht aus den scheinbar alles verschlingenden Wogen des bloß Gemütvollen oder Kitschigen immer wieder auf und wird als Inspirationsquelle ernst genommen.

Dafür sucht dieses Buch einen Beitrag zu leisten. Es versteht sich als eine Spurensuche entlang der Quellen und Überlieferung, als eine Einladung an Leserinnen und Leser, sich die entscheidenden Karrierestufen und -knicke des Weihnachtsfestes zu vergegenwärtigen. Niemand weiß, wie das Christentum zusammen mit den anderen Weltreligionen die fortschreitende Säkularisierung überleben wird. Was aber das Christentum der Welt an kultureller Ressource anbietet, kann gerade die »Biographie« von Weihnachten verdeutlichen. Sie ist dabei ganz nebenbei – ich blase einmal die Backen auf – eine der spannendsten Geschichten, die von dieser Kultur zu erzählen ist.

Christi Geburt in den Evangelien

Die Evangelien

Wer nach Christi Geburt fragt, muss zur Bibel greifen, genauer gesagt: zu den Evangelien des Neuen Testaments. Christlich Erzogene können die Autoren noch hersagen: Matthäus, Markus, Lukas und Johannes. Das sind sie, die vier Evangelisten, in alten Kirchen oft an den Kanzeln abgebildet, weil von dort schließlich das Evangelium verkündet wird. Es sind immer würdige Gestalten, die vergessen lassen, dass wir über sie wenig bis nichts wissen, auch nicht, ob gerade sie es waren, deren Texte wir lesen. Denn sie nennen sich nicht selbst mit Namen, die Zuschreibung stammt aus späteren Zeiten. Wobei wir es heute ohnehin nicht mehr mit Originalen zu tun haben. Dazu waren die damaligen Schreibstoffe zu schlecht. Papyri zerfallen leicht, schon die ältesten Zeugnisse sind Abschriften von Abschriften, von denen Reste aus dem 2. Jahrhundert stammen – zusammenhängende Darstellungen in Codexform gibt es erst seit dem 4. und 5. Jahrhundert. Diejenigen, die diese Texte aufzeichneten, hatten leider keine Ahnung, welche Bedeutung ihre Notizen bekommen sollten, dass sich Heerscharen von Interpreten einmal über jede Silbe hermachen würden. Und so bearbeiteten und ergänzten sie, nicht nach Gutdünken, aber nach den jeweiligen Umständen. Wenn man all die Varianten sammelt, übertrifft deren Umfang den der Texte.

Und dies ist nur die eine Schwierigkeit. Die nächste liegt in den Verfassern. Wie verändert auch immer ihre Botschaft die Zeiten überdauerte: Sie verfolgten mit dieser Botschaft einen Zweck. Sie wollten mit der Schilderung der Lebensgeschichte dieses »Gesalbten« (griech. *christos*) eine Wende in der Menschheitsgeschichte herbeiführen. Im Alten Testament war von Sündenschuld die Rede, und die Hoffnung auf einen Retter, den Messias, wurde geweckt. Die Botschaft der Evangelisten lautet, lax gesagt: Es hat funktioniert, der Retter ist da, man muss es nur glauben. Bekanntlich glaubten es die Juden selbst nicht. Umso wichtiger war der »Beweis«, der das Vertrauen wecken und sichern sollte. Die Evangelien sind Beglaubigungserzählungen. Jedes einzelne Ereignis ist Zeugnis der einigermaßen ungeheuerlichen Wahrheit, dass da vor ein paar Jahrzehnten Gottes Sohn in die Welt gekommen und Mensch geworden war. Jeder Evangelist wusste genau um die Schwierigkeit der Überzeugungsarbeit und malte die bislang überlieferte Geschichte aus, um sie glaubhaft zu machen.

Dabei spielen zwei Ereignisse eine überragende Rolle, wovon eines im Mittelpunkt dieses Buches steht: die Geburt Jesu durch eine Jungfrau sowie seine Auferstehung von den Toten nach der Kreuzigung, woraus schließlich die beiden kirchlichen Hochfeste Weihnachten und Ostern entstanden. Die junge Kirche hat zunächst ganz und gar auf Ostern, also die Auferstehung, gesetzt. An Jesus als Gottes Sohn und Erlöser zu glauben hieß: an die Auferstehung glauben. Der Apostel Paulus, der nicht zum engsten Kreis der Jünger gehörte, sondern nach anfänglicher Verfolgung der Christen erst später dazustieß, formuliert dies am klarsten. In einem seiner Briefe an die Gemeinde in Korinth (im *1. Korintherbrief*, Kapitel 15, Vers 14; abgekürzt: 1 Kor 15,14) sagt er, ohne die Auferstehung sei »unsere Verkündigung leer, leer auch euer Glaube«. Zur Geburt trägt Paulus nicht viel vor. Für ihn ist Jesus von einer »Frau« geboren, wobei er das griechische Wort für die verheiratete Frau benutzt, definitiv nicht »Jungfrau«. Im Römerbrief spricht er vom »Sohn, der dem Fleisch nach geboren ist als Nachkomme Davids, der dem Geist der Heiligkeit nach eingesetzt ist als Sohn Gottes in Macht seit der Auferstehung von den Toten« (Röm 1,3 f.). Und davon, »dass wir, die wir auf Christus Jesus getauft wurden, auf seinen Tod getauft worden sind« (Röm 6,3). Das war in den Jahren um 50 n. Chr., als Paulus im Zusammenhang der Missionsreisen durch Kleinasien sowie nach Griechenland und Zypern seine Briefe schrieb, die ältesten Zeugnisse des Christentums überhaupt, da Jesus selbst nichts Schriftliches hinterließ. Auch das früheste Evangelium, das des Markus, kennt in der Zeit vor 70 n. Chr. nur das leere Grab als Andeutung der Auferstehung, verliert kein Wort über die Geburt, sagt nichts zur Jungfrau.

Das änderte sich dann grundlegend. Beide Evangelien, die sich auf Markus stützen, das des Lukas und das des Matthäus, ungefähr gleichzeitig und unabhängig voneinander nach 70 n. Chr. entstanden, berichten ausführlich über die Geburt und stellen Maria als Jungfrau dar, womit die Gottessohnschaft von Jesus festgezurrt wird, ehe weitere Belege wie die Wunder bis hin zu Totenerweckungen und schließlich die Auferstehung hinzukommen. Wieder anders verhält es sich dann im letzten Evangelium, dem des Johannes, nach 90 n. Chr.: Hier ist Jesus der vor aller Zeit für seinen Auftrag der Erlösung bestimmte Sohn Gottes, der die Göttlichkeit in seinen Reden und Taten bezeugt – was die Taten betrifft, mit seiner Auferstehung von den Toten, aber ohne jungfräuliche Geburt. Die Evangelien unterscheiden sich also stark und widersprechen sich sogar in wesentlichen Punkten, wie wir noch näher sehen werden.

Weihnachten, darauf kommt es hier an, gibt es überhaupt nur in zwei von ihnen, die sich die Ereignisse gewissermaßen teilen: Lukas schreibt über die Geburt im Stall und den Auftritt der Hirten. Matthäus behandelt die Ankunft der »Magier« und die Flucht nach Ägypten vor dem Kindermord des Herodes. Aber die Geschehnisse greifen eben nicht nahtlos ineinander, sie passen im Gegenteil überhaupt nicht zusammen.

Denn Lukas lässt die Geburt in Betlehem stattfinden, nachdem Maria und Josef aufgrund der unter Augustus angeordneten Volkszählung aus dem weit entfernten Nazaret (wo der Engel Gabriel die Schwangerschaft angekündigt hatte) dorthin gewandert sind. Dann folgen nach mosaischem Gesetz die Beschneidung sieben Tage später sowie die »Darstellung« des Neugeborenen zusammen mit der »Reinigung« von Maria im Tempel zu Jerusalem nach 40 Tagen. Die Familie wohnt jedenfalls eine ganze Weile in Betlehem oder in direkter Nähe zu Jerusalem. Erst später kehrt Jesus zusammen mit der Familie in die alte Heimat Nazaret zurück. Bei Matthäus findet zwar ebenfalls die Geburt in Betlehem statt, in diesem Fall aber ganz ohne Volkszählung, weil die Familie dort schon immer wohnte, übrigens in einem Haus, nicht in einem Stall. Dann folgt die Huldigung durch die »Magier«, wonach Herodes den Mord an Jesus plant, dem die Familie mit ihrer schleunigen Flucht nach Ägypten zuvorkommt. Erst nach dem Tod von Herodes, der mittlerweile sämtliche Säuglinge in Betlehem umbringen ließ, kehrt die Familie zurück, aber nicht nach Betlehem oder Jerusalem, weil dort mittlerweile ein Sohn von Herodes regiert, der nicht minder gefährlich erscheint als sein Vater, sondern ins sicherere Nazaret, wovon zuvor nie die Rede war.

Warum dies nicht zusammenpasst, ist klar: Es handelt sich um jeweils eigene mythologische Konstruktionen. Nur machen die Evangelisten diesen mythologischen Charakter nicht deutlich, sondern schildern im Gegenteil alles so, als sei es tatsächlich geschehen. Vor allem Lukas benutzt den Begriff der »Ereignisse, die sich unter uns erfüllt haben« sowie deren Überlieferung durch diejenigen, »die von Anfang an Augenzeugen und Diener des Wortes« waren. »Ereignisse« also und »Augenzeugen« – nichts Erdachtes, auch nichts Mythologisches, in das Historisches »eingekleidet« wäre. So bezeugt es schon Markus in seinem Evangelium, dem sich Matthäus und Lukas eng anschlossen, weiter eine Sammlung von Jesusworten, die vermutlich nie schriftlich fixiert, sondern mündlich weitergegeben wurde. Noch im sicher nicht auf Petrus selbst zurückgehenden 2. *Petrusbrief* (wahrscheinlich zu Beginn des 2. Jahrhunderts geschrieben) liest man: »Denn wir sind nicht klug ausgedachten Geschichten gefolgt, als wir euch die machtvolle Ankunft unseres Herrn Jesus Christus kundtaten, sondern wir waren Augenzeugen seiner Macht und Größe« (2 Petr 1,16).

Man muss sich zum besseren Verständnis die Situation in der Zeit um 80 n. Chr. vorstellen: Überall im Mittelmeerraum haben sich christliche Gemeinden gebildet, in denen Menschen an diesen Jesus als Erlöser glaubten, an die Botschaft von einem künftigen ewigen Leben dank seines Opfertodes. Es war jedoch wenig bekannt von dem Menschen Jesus, daher die schriftliche Fixierung der Tradition, die dann in Gottesdiensten nach dem Vorbild der jüdischen Synagogen vorgetragen werden konnte und nicht zuletzt der Werbung neuer Mitglieder diente. Eine ganze Reihe von Evangelien entstand, von denen die heutigen vier sich durchsetzten und kanonisiert wurden. Sie alle hatten dasselbe Problem: Beweise zu liefern für das, was normalerweise niemand glauben kann, weil es den Naturgesetzen widerspricht. Wobei damals die Bereitschaft zu einem solchen Glauben offenbar anders einzuschätzen ist als heute.

Dass man aber auch damals Probleme bei der Vermittlung sah, belegt etwas anderes: Tatsächlich beanspruchten alle Evangelisten neben der Augenzeugenschaft eine Art zweite Basis der Glaubwürdigkeit. Sie liegt in der Annahme, dass alle wichtigen Ereignisse im Alten Testament, also in den heiligen Schriften der Juden, »vorhergesagt« worden waren. Wichtige Passagen der Evangelien wie etwa die Passionsgeschichte lesen sich (schon bei Markus) wie aneinandergereihte Zitate aus den Propheten sowie den Psalmen. Wir werden dem bei der Weihnachtsgeschichte wiederbegegnen. Man kann sicher sagen, dass die damaligen Leser/Hörer in diesen Vorhersagen eine besonders starke Basis der Glaubwürdigkeit sahen, vielleicht sogar stärker als in der Berufung auf Augenzeugen. Von heute her gesehen kann man sich darüber nur wundern, denn sämtliche »Vorhersagen« sind äußerst vage, einige beruhen auf schlichter Fehlinterpretation. Den Musterfall dafür bietet die Jungfrauengeburt. Denn die Berufung auf den Propheten Jesaja erledigt sich für jeden Kenner des Hebräischen dadurch, dass im originalen Text das Wort *almah* steht, das nicht ›Jungfrau‹ bedeutet, sondern lediglich ›junge Frau‹.

Davon später mehr. Hier interessiert etwas anderes. Wenn es keine wirkliche Augenzeugenschaft gibt und die Voraussagen keine sind: Was besagt dies über die »Wahrheit« der Evangelien? Sind sie eben doch Fälschungen, wie es Kritiker seit der Aufklärung behauptet haben? In gewissem Sinne schon. Aber dies rechnet zu wenig mit den erzählerischen Möglichkeiten der damaligen Zeit, die den uns geläufigen Unterschied zwischen Wahrheit und Fiktion nicht machte, sondern an einem »Gesamtbild« oder einer »Gesamterzählung« arbeitete, die ihre Wahrheit mit beiden Elementen konstruierte, mit Historischem und Mythischem. Dies gilt auch für die Lehren Jesu in Form von Gleichnissen und Reden, die früh gesammelt wurden, wobei die authentischen Worte dennoch kaum oder nur sehr schwer zu rekonstruieren sind. Die Bergpredigt beispielsweise, die Matthäus in ihrer ausführlichsten Form wiedergibt, könnte im »Original« eine Sozialutopie enthalten haben, bei der Jesus seinen Zuhörern konkrete Landversprechungen machte. Lukas gibt sie ebenfalls wieder, als »Feldrede« mit stark abweichenden Äußerungen, die jedoch einen ähnlichen sozialutopischen Kern enthalten, angereichert durch ein ausgesprochenes Steckenpferd von Lukas: die Hochschätzung der Armut. Es spricht viel dafür, dass Jesus eine solche Rede gehalten hat. Nur wurde sie in der Überlieferung sofort dem Strom des eigenen Erzählens zu- oder untergeordnet.

Um es auf den Punkt zu bringen: Die Evangelisten griffen auf Berichte zurück, die Historisches mit Mythologischem in für sie nicht zu durchschauendem Gemenge präsentierten. Ganz sicher hatte sich in der Wahrnehmung der Ereignisse schon Grundlegendes geändert. Der historische Jesus war von einem kurz bevorstehenden Weltende überzeugt gewesen, predigte zu einer radikalen Umkehr angesichts der »Tatsache«, dass ohnehin bald alles vorbei sei. Das musste gut zwei Generationen später, als nichts passiert war, korrigiert werden. Die Botschaft lautete jetzt »nur« noch: Glaube an die Auferstehung und das ewige Leben im Vertrauen auf Jesus als den Erlöser. Die dazu passende »Erzählung« war im Gerüst da. Die ersten Jünger, die wirklichen Augenzeugen, hatten diese Erzählung entwickelt und mit den Elementen ausstaffiert, die Glauben erwecken sollten. Dann wurde weitergearbeitet, weitererzählt. Die Weihnachtsgeschichte war die erste neue Zutat, die zur Grunderzählung hinzukam. Lukas und Matthäus wussten um das Mythologische ihres Erzählens (weil sie es ja selbst entwickelt hatten), während sie die vorhandene Mythologie wohl für historisch hielten. Ihre Leser bzw. Hörer nahmen dann auch die neue Mythologie für historisch hin.

Lukas

Lukas also hat sich die Geburt im Stall ausgedacht, aber nicht aus der Luft gegriffen. Die Theologen pflegen von »Sondergut« zu sprechen, weil die Szene bis auf die Lokalisierung in Betlehem von sonst niemandem berichtet wird. Aber das besagt nichts über das genauere Vorgehen von Lukas. Dazu muss man zunächst etwas über ihn wissen.

Das wird schwierig und provoziert deshalb Spekulationen. Trotzdem: Es hat schließlich diesen Evangelisten gegeben, der im Text selbst nicht seinen Namen nennt, sich nur in die »vielen« einreiht, die schon Berichte verfasst haben. Dafür wissen wir, dass der »Unbekannte« nicht nur das Evangelium, sondern auch eine Art Fortsetzung geschrieben hat: die *Apostelgeschichte*, auch wenn diese beiden Teile eigenartigerweise nie zusammen überliefert wurden. Es existiert also von einem einzigen Verfasser ein Doppelwerk, von dem man weiterhin weiß, dass es einen bestimmten Zweck zu erreichen suchte. Der Verfasser hat die beiden Bücher nämlich jemandem gewidmet, den er als »hochverehrten Theophilus« anspricht. Falls auch dieser Theophilus existierte (und nicht lediglich seiner wörtlichen Bedeutung nach ein »Gottesfreund«, wie es letztlich jeder angenommene Leser sein sollte), könnte er ein vornehmer Mann gewesen sein, der sich für die Christen interessierte, vielleicht erste Kenntnisse vertiefen wollte. Der Unbekannte hätte dann das Evangelium als eine Art private Überzeugungsarbeit geschrieben, als Probe der »Zuverlässigkeit der Lehre«, in der der Adressat bislang schon »unterwiesen« wurde. Ein gefestigter Christ schrieb also nach dieser Vermutung für einen noch nicht Gefestigten.

Aber etwas weiter kommt man doch. In der *Apostelgeschichte* unseres vorläufig Unbekannten ist von einem Mann namens Lukas die Rede, den Paulus auf seinen Reisen mitnahm und im *Brief an die Kolosser* als seinen »geliebten Arzt« bezeichnet. Die alte Kirche war davon überzeugt, dass es sich dabei um den Evangelisten handelte. Zwar hat die spätere Forschung herausgefunden, dass dieser Lukas in den Berichten seiner *Apostelgeschichte* nicht immer genau

Buchmalerei eines Meisters der Fuldaer Schule: *Der Evangelist Lukas*, um 840

mit dem übereinstimmt, was Paulus in seinen Briefen schreibt. Man kann dies aber auch so erklären, dass Lukas nur zeitweise mit Paulus zusammen war, ihn immer wieder verließ bzw. aus den Augen verlor. Nur wo Lukas in der ersten Person als »ich« berichtet, könnte es sich um gemeinsam Erlebtes handeln, während die »wir«-Berichte auf einen Zuträger zurückgehen. Alles sehr unsicher, aber auch nicht ganz so wichtig. Jedenfalls wusste Lukas, wie wir unseren Unbekannten nun doch mit fast zwei Jahrtausende alter Tradition nennen wollen, einiges über den historischen Jesus, wenn schon nicht aus erster Hand, so doch aus sehr guter Quelle. Und er hatte eine klare Vorstellung davon, dass das Christentum es geschafft hatte, überall Verbreitung fand, sogar in Rom als der Endstation der *Apostelgeschichte*, wo Lukas möglicherweise seine Werke verfasste.

Natürlich fragt man sich, wer dieser Lukas war, zum Beispiel ursprünglich ein Jude, der Christ wurde, oder doch eher ursprünglich ein Heide. Für Letzteres spricht, dass Lukas unter den Evangelisten das stilistisch beste Griechisch schrieb, jedenfalls wenn er frei war wie in der Einleitung, die einige Eleganz zeigt. Im Text selbst lehnt er sich sehr eng an Markus an, als wolle er jede Erfindung abweisen, was dann auf ziemlich schlechtes Griechisch hinausläuft, weil Markus wirklich Jude war, der möglicherweise sogar ursprünglich hebräisch bzw. aramäisch schrieb. Das sieht man an typischen Formeln wie »Es begab sich aber«, auch an der Nebeneinanderstellung von Hauptsätzen statt Unterordnung mit entsprechenden Konjunktionen – was Lukas dann brav nachahmt, als sei mit solchen Plumpheiten die Wahrheit erwiesen.

Auch etwas anderes passt bei Lukas trotz seines großen Interesses an Israel (und der bedauerlichen Trennung als Teil seiner Geschichte) eher nicht zum gebürtigen Juden. Lukas kennt sich zwar in deren heiligen Schriften bestens aus, kopiert förmlich Sprüche der Propheten und Psalmen ein, aber dann fiel Forschern auf, dass ihm das Lokalkolorit von Palästina kaum bekannt war. Als er etwa über die Heilung eines Gelähmten berichtete, fand er bei Markus durchaus das Passende vor, wenn dort davon die Rede ist, dass man den Kranken durch das Dach des Hauses herabließ, weil es offenbar aus Lehm bestand, in dem man leicht eine Öffnung herstellen konnte. Lukas hat vielleicht nicht genau hingesehen oder es sich anders nicht vorstellen können, jedenfalls spricht er von Ziegeln, die man abnahm – Ziegeln, die es im abgelegenen Palästina schlicht nicht gab.

Man muss sich Lukas wohl als einen weltläufigen Intellektuellen vorstellen, einen »Hellenisten«, wie man in der damaligen globalisierten Welt solche Menschen aufgrund der von den Griechen (Hellenen) dominierten Kultur nannte, ob nun ein jüdischer oder ein heidnischer Hellenist. Wie er Christ wurde, wissen wir nicht. Bei Markus und Matthäus sind sich die Experten sicher, dass sie ursprünglich Juden waren, bei Lukas eben nicht. Nur seine profunde Kenntnis des Alten Testaments, das er allerdings auf Griechisch las, spricht für ursprüngliches Judentum. Sagen wir bei dieser Gelegenheit, dass dieses griechische Alte Testament eine Übersetzung war, die einst von 70 jüdischen Gelehrten angefertigt wurde und deshalb auf Griechisch als *Hebdomekonta* bezeichnet wird. Wir kennen sie heute besser in der lateinischen Bezeichnung als *Septuaginta*, die von den frühen Christen nicht nur gelesen, sondern auch im christlichen Sinne uminterpretiert wurde – so sehr, dass die Juden selbst irgendwann neue Übersetzungen anfertigten und letztlich wieder zum hebräischen Urtext zurückkehrten. Lukas zitiert jedenfalls stets aus dieser griechisch-hellenistischen *Septuaginta*, was nicht folgenlos blieb. Also ein guter Bibelkenner, aber auch einer mit erheblicher Voreingenommenheit. Den hebräischen Urtext kannte er wohl nicht.

Womit wir zur Abfassungszeit des Evangeliums kommen, die sich nur einigermaßen genau fixieren lässt. Die *Apostelgeschichte*, wenn man so will des Evangeliums zweiter Teil, datiert auf die Zeit um 90 n. Chr. In Bezug auf das Evangelium geht eine Vielzahl der Exegeten davon aus, dass Lukas bereits auf die Eroberung von Jerusalem durch die Römer unter Titus und die damit verbundene Zerstörung des Tempels im Jahr 70. n. Chr. zurückblickt. Eine vage Andeutung darauf gibt es etwa bei Lukas mit der Bemerkung: »Jerusalem wird von den Völkern zertreten werden« (Lk 21,24). Damit zeichnet sich wenigstens ein Rahmen ab.

Um zusammenzufassen: Es gab auf jeden Fall einen Lukas, der Evangelium sowie *Apostelgeschichte* schrieb und dabei der »Wahrheit«, wie er sie verstand, so nahe wie möglich kommen wollte. Wir wissen weiter, worin sein Problem lag. Denn Lukas wendet sich an einen Hochgebildeten, der mit Religionen und Philosophien seiner Zeit vertraut gewesen sein wird. Und dem galt es, Ungeheuerliches zu erzählen: von einem Jesus, der Gottes Sohn gewesen sein muss, da er schließlich von den Toten auferstand und in den Himmel aufgenommen wurde. Lukas ist ganz begeistert von dessen Lehren, besonders von einem Zug, den er immer, wenn sich die Gelegenheit bietet, breit ausmalt: Es kann auf dieser Welt nicht darum gehen, irdische Reichtümer anzuhäufen, es geht um mehr und Größeres. Von Lukas' Wiedergabe der Bergpredigt als »Feldrede«, in der das erste Gebot des neuen Glaubens nichts anderes als die »Armut« bedeutet, war schon die Rede.

Aber die Sache mit Jungfrauengeburt und Auferstehung strapazierte eben die Glaubwürdigkeit. Theophilus wird, philosophisch gebildet, wie er war, aufgeklärt gewesen sein und die damaligen Erzählungen über die griechisch-römischen Götter als alberne, jedenfalls überholte Geschichten betrachtet haben. Ein Zeus als notorischer Schürzenjäger, der stets hinter Menschenfrauen her war, sich in einen Stier verwandelte, um Europa zu entführen, oder in einen Schwan, um Leda zu schwängern: Da bot das Judentum etwas anderes mit einem gnädigen und nur bei Fehlverhalten strafenden Gott, der letztlich Erlösung versprach. Und dann erst dieser christliche Gott, der angeblich noch viel weitergegangen war, mit seinem Tod die Menschen von der ererbten Sünde rettete, ihnen eine neue Vervollkommnung in Aussicht stellte. Wobei man eben an diese Göttlichkeit glauben musste, für die sein Leben so sehr sprach, besonders mit den Ereignissen nach dem Tod, aber eben auch mit der angenommenen Jungfrauengeburt. Immerhin gab es dafür teils Augenzeugen, teils die Vorausdeutungen der jüdischen Propheten und der Psalmen.

Um es auf den Punkt zu bringen: Wer einen offenbar bestens gebildeten Mann von diesem Jesus überzeugen wollte, konnte nicht mit Phantastereien aufwarten. Schon hatte überdies der Druck der Außenwelt eingesetzt, hatten die ersten Christenverfolgungen begonnen, u. a. durch Kaiser Nero, nach dem Brand von Rom im Jahr 64. Christ zu sein oder zu werden, brachte jedenfalls ein steigendes Risiko mit sich. Gerade hatten die Römer gezeigt, wie sie mit Juden umgingen, die sich ihnen widersetzten, indem der Kaiser ein Heer schickte, das Jerusalem stürmte, möglichst viele Einwohner umbrachte, den Tempel verwüstete und seine Reichtümer mitnahm, um in Rom das Kolosseum zu bauen. Es war sehr fraglich, ob es auf Dauer genügte, sich von diesen Juden abzusetzen und ihnen (und nicht dem Römer Pilatus) die Schuld an der Kreuzigung in die Schuhe zu schieben, ja einen brutalen Antijudaismus zu pflegen, wie er besonders die Evangelien von Matthäus und Johannes prägt. Wo aber lag die Garantie, dass die Römer nicht genauso Christen bekämpften, die sich weigerten, den Kaiser als Gott anzuerkennen? Da musste man sich der christlichen Lehre schon sehr sicher sein, sie sehr überzeugend darstellen. Fast könnte man auf die Idee kommen, dass Lukas es Paulus gleichtun wollte und eine Geschichte lieferte, die von gleichem Wert wie die Auferstehung war: nämlich die Geburt dieses Jesus Christus durch eine Jungfrau.

Alles musste jedenfalls stimmig sein. Man kann sich heute kaum noch vorstellen, wie damalige Leser/Hörer auf die »Geschichten« reagierten. In viel späteren Zeiten setzte eine Art Ranking ein, mit der Einschätzung von hartem Wahrheitskern und mythischer Ausschmückung auf einer gleitenden Skala. Der wirklich harte Kern lag dann bei der Auferstehung. Wer daran nicht glaubte, war kein Christ. Aber schon Luther merkte, dass das Buch Jesaja im Alten Testament aus zwei Teilen bestand, dass es also einen Bearbeitungsprozess gegeben hatte. Im Neuen Testament hielt er den Jakobusbrief für eine »strohene Epistel« und rückte sie ans Ende seiner Bibelübersetzung wie auf eine Strafbank. Später, in Zeiten aufklärerischer Bibelkritik, traf es gerade das Weihnachtsevangelium. Die ganze Szenerie hatte einfach zu viel Phantastisches, die Krippenseligkeit ebenso wie der Engelschor bei den Hirten, vor allem die Jungfrauengeburt. Sehr schön erzählt, aber eben erzählt – also Mythologie, nicht Wahrheit. Kann man das schon für einen Theophilus als Erstleser annehmen? War der mit einer Erfindung zu überzeugen, von der Lukas schließlich ganz genau wusste, dass es eine Erfindung war? Dafür spricht, dass Lukas einiges dafür tut, das Ganze historisch abzustützen: durch die Datierung mit Steuerschätzung und historisch verbürgte Namen wie Augustus und Quirinius zum Beispiel. Reichte das?

Oder ist dies falsch gefragt? War sich Lukas sicher, dass seine Geschichte überzeugen würde, weil es der Sinn von Geschichten ist, die Wahrheit mit Erfindung zu mischen? Und Theophilus vielleicht ein Leser/Hörer war, der die Frage nach der historischen Wahrheit der Geburt überhaupt nicht verstanden hätte, weil er gar nicht wusste, wie man sie anders hätte darstellen sollen als mit einer erfundenen Geschichte? Wie hätte man da Augenzeugen beibringen können? Aber geboren worden war dieser Jesus Christus. Warum dann nicht diese Geburt so darstellen, dass sie »zeigte«, worauf alles ankam. Natürlich nicht in irgendeiner Unsinnsgeschichte à la Zeus und Co., sondern einer wahrscheinlichen. Die auch noch auf einer Voraussage beruhte, nämlich dem Geburtsort Betlehem. Da konnte man sich doch den Rest leicht ausdenken. Wahrscheinlich war es ohnehin so gewesen, jedenfalls so ähnlich. Wie denn sonst? Lukas, der gebildete Jude im 1. Jahrhundert n. Chr., weiß, dass es eine geschichtliche Wahrheit gibt, auf die alles ankommt – und eine Erzählung dieser Wahrheit, die durch Erfundenes gestützt wird.

Was ich noch einmal unterstreichen möchte: Lukas bietet in seinem Evangelium und seiner *Apostelgeschichte* Grundlagen des christlichen Glaubens. Dazu erzählt er: einerseits historisch Wahres, andererseits mythologisch Wahres. Die Trennlinie, auf die es uns heute oft ankommt, zieht er nicht. Mythologisches und Historisches gehen ineinander über, wie sie (im Alten Testament) schon immer ineinander übergegangen waren. Selbst der für das Judentum so wichtige Auszug aus Ägypten hält historischer Nachprüfung nicht stand, wie der israelische Archäologe Israel Finkelstein mit seinen Ausgrabungen belegt hat: Keine einzige Scherbe im Wüstensand ließ sich finden. Die anschließend in der Bibel genannten Städte existierten erst Jahrhunderte später, die Mauer von Jericho musste nicht durch den Klang von Trompeten zerstört werden, weil Jericho überhaupt keine Mauern besaß. Die biblischen Geschichten sind in der Regel überwiegend (aber eben nicht nur, was die Sache so schwierig macht) mythologisch, was für Finkelstein ihren Wert in nichts schmälert. Denn diese Geschichten dienten dem Glauben an Jahwe und sein auserwähltes Volk. Die Bibel ist kein Geschichtsbuch, sondern enthält anhand historischer Bezüge eine Anweisung für jüdisches Leben, vor allem für das immer wieder verlorene Vertrauen in diesen Jahwe, der dann stets zur Strafe schritt.

Ob nun Lukas selbst Jude war, ob er den mythologischen Charakter der alttestamentlichen Geschichten durchschaute oder nicht: Er trägt selbst die Wahrheit in Form von Geschichten vor, auch neben schlicht Historischem wie den Reisen von Paulus mit ihren vielen Widrigkeiten oder dessen Aufenthalt in einer römischen Mietswohnung. Letztlich gibt es für ihn nur ein Ziel: Er will sagen, dass mit diesem Jesus der Erlöser erschienen ist, Gottes Sohn, dessen Leben und Taten mittlerweile mit Recht verbreitet werden. Wie aber kann man so viel Unglaubliches glauben? Eben, normalerweise überhaupt nicht. Es muss also nachgeholfen werden. Und helfen können gut erdachte Geschichten, sehr gut erdachte. Die am allerbesten erdachte ist die Weihnachtsgeschichte, Lukas' Meistererzählung, heute vielleicht diejenige biblische Geschichte im Rahmen des Neuen Testaments, die als einzige noch nicht untergegangen ist. Martin Walser hat sie im für ihn typischen Überschwang einmal als die »schönste, beste Geschichte« bezeichnet, »die je von Menschen ersonnen und formuliert wurde«. Und so viel stimmt ja auch: Viele bekommen bei »Es begab sich aber zu der Zeit ...« immer noch eine Gänsehaut.

Die Vorgeschichte

Lukas fand in seinen Vorlagen nichts bzw. kaum etwas für die Geburtsgeschichte Verwertbares. Von Markus hat er sie nicht, denn der beginnt sein Evangelium mit dem Heuschreckenesser Johannes, der Jesus »von Nazaret« tauft, worauf dieser in die Wüste geht und unter »wilden Tieren« lebt, bis sein Wirken in Galiläa einsetzt. Matthäus, der ausführlichste aller Evangelisten, hat die Weihnachtsgeschichte auch nicht oder jedenfalls nur in Teilen. Denn Matthäus berichtet zwar von der Geburt in Betlehem, fokussiert aber den Auftritt der Weisen aus dem Morgenland, der den Kindermord durch Herodes auslöst. Und Johannes springt wieder sogleich zur Taufe, als wäre ihm, der ohnehin das intellektuellste Evangelium abliefert (»Im Anfang war das Wort und das Wort war bei Gott und das Wort war Gott ...«), die allzu »realistisch« ausgemalte Geburt peinlich. Lukas geht also deutlich über das von ihm Vorgefundene – eigentlich nur die beiden Städte Nazaret und Betlehem – hinaus, erfindet eigenständig. Und er fällt dabei nicht mit der Tür ins Haus. Er erzählt nämlich nach der Ankündigung der Geburt durch den Engel Gabriel nicht gleich die erfolgte Geburt Jesu (Lk 1,26–38), sondern wendet sich ausführlich Johannes dem Täufer zu.

Bei dieser Szene verkennt man das mythologische Arrangement vielleicht leichter, weil die Umstände ausgesprochen realistisch ausgeführt sind (und dann doch nicht wirklich »stimmen«). Es gibt also einen Priester namens Zacharias und dessen Ehefrau Elisabet, beide besonders gottesfürchtig, aber trotz inständiger Gebete kinderlos und in einem Alter, in dem eine Empfängnis ausgeschlossen scheint. Da geschieht ein Wunder. Während Zacharias im Tempel mit einem kultischen Opfer beschäftigt ist, erscheint der Engel Gabriel und kündigt ihm an, dass seine Frau einen Sohn gebären werde, den er, bitteschön, Johannes nennen möge. Dieser Sohn werde »groß sein vor dem Herrn«, keinen »Wein und berauschende Getränke« trinken – eine im Alten Testament häufige Bemerkung in Bezug auf herausgehobene Persönlichkeiten. Zacharias hat Nachfragen wegen der Unwahrscheinlichkeit, wird von Gabriel dafür zur Strafe mit Stummheit belegt. Das führt später zur großen Überraschung, weil Elisabet den Sohn vor dem Volk auftragsgemäß Johannes nennt, obwohl kein Verwandter dieses Namens existiert, und der stumme Ehemann dies auf einem Schreibtäfelchen sofort bestätigt. Daran schließt sich ein Lobgesang an, das *Benedictus* (›Gepriesen sei der Herr‹), das schon deshalb aus der Tradition stammen dürfte, weil es zur Situation schlecht passt, spricht Zacharias doch in düstersten Tönen von all dem Unheil, aus dem Jahwe das Volk Israel erlösen musste.

Sagen wir zuletzt noch, dass Geburtsankündigungen in der antiken Literatur geradezu eine eigene literarische Gattung bilden. Sie kommen in Homers *Odyssee* (11,248 f.) ebenso vor wie in Euripides' *Iphigenie in Aulis* (V. 1962 ff.), im Alten Testament sowieso – etwa angesichts der Geburt von Ismael (Gen 16,11 f.), Isaak (Gen 17,15 ff.) oder Simson (Ri 13,3 ff.). Weshalb aber erzählt Lukas diese Geschichte, und was stimmt in ihr nicht? Jeder Kenner des Alten Testaments sieht sofort den Wiederholungscharakter. Ein altes Ehepaar bekommt noch ein Kind – wie der Stammvater Abraham mit 100 Jahren und Sara mit über 90 ihren Sohn Isaak (Gen 21,1 ff.). Eine unfruchtbare Frau wird schwanger – wie Isaaks Frau Rebekka mit den Zwillingen Esau und Jakob (Gen 25,21). Jakobs Frau Rahel ist ebenfalls lange kinderlos, ehe Gott »ihren Mutterschoß« öffnete (Gen 29,31). Und auch Hanna bekommt ihren Samuel erst nach göttlichem Eingreifen. Schließlich folgt der Kommentar der Elisabet auf die Überraschung fast wortgleich dem von Rahel, der die unverhoffte Geburt von Josef (den später seine Brüder verkauften) angekündigt wird (Gen 30,23).

All das kann nur gewollt sein. Der Leser soll denken, dass er sich immer noch im Alten Testament befindet, dass dieses Alte Testament nur fortgesetzt wird – womöglich mit dem Nebengedanken, wie schrecklich doch angesichts von so viel Gemeinsamkeit die Trennung von Juden und Christen ist. Und was stimmt an der Geschichte nicht? Lukas kennt offenbar die Abläufe im Tempel nicht genau, lässt Zacharias ins Innere, hinter den Vorhang, gehen, was nur dem Hohepriester, und zwar einmal im Jahr am Laubhüttenfest, zukam, aber auf Zacharias deshalb nicht zutrifft, weil er mit dem Opfer »an der Reihe« war. Er versah also den normalen Priesterdienst – vor dem Vorhang, so dass die Szenerie mit dem Engel gar nicht möglich gewesen wäre. Wer glaubt, die »Parallele« mit dem Alten Testament sei im Falle von Maria unvollkommen, weil Maria keine alte und deshalb unfruchtbare Frau war, übersieht, dass diese Unvollkommenheit das Geschehen nur steigert. Denn diesmal handelt es sich um eine noch viel unwahrscheinlichere Geburt, weil kein menschlicher Erzeuger nötig ist, sondern das Kind vom Heiligen Geist stammt und von einer Jungfrau geboren werden soll. Der ausdrückliche Hinweis darauf, dass schon Elisabet gegen jede Wahrscheinlichkeit schwanger wurde, zeigt deutlich, dass es um eine Art Überbietung geht.

Und dann toppt Lukas auch dies noch. Maria besucht nämlich Elisabet in der Zeit, als beide schwanger sind, und Elisabet, überrascht davon, dass die »Mutter meines Herrn« kommt, berichtet, dass das Kind in ihrem Leibe vor Freude »hüpfte«, also nach Embryoart strampelte. Worauf Maria jenen Lobgesang anstimmt, der in der späteren Kirche zu einem der wichtigsten überhaupt wurde: dem *Magnificat* (ich lasse einmal beiseite, dass nach der handschriftlichen Überlieferung unklar ist, ob wirklich Maria und nicht Elisabet singt, was übrigens vom Vatikan 1912 ausdrücklich mit einem Diskussionsverbot belegt wurde). Darin ist nicht nur von der »Niedrigkeit seiner Magd« die Rede, sondern auch von den Mächtigen, die vom Thron gestürzt, von den »Niedrigen«, die »erhöht«, von den »Hungernden«, die »beschenkt« werden, während die »Reichen leer ausgehen« – wieder einmal das ausgesprochene Lieblingsthema von Lukas. Allerdings ähnelt dieser Lobgesang insgesamt einem Vorgänger: nämlich dem Lobgesang der Hanna (1 Sam 2,1 ff.). Abgesehen davon lässt sich diese Umkehrung von Arm und Reich als ein verbreitetes Motiv in der weltlichen Literatur identifizieren, sofern dies ebenso bei Homer in der *Ilias* (20,242 f.) und der *Odyssee* (16,211 f.) wie in den *Oden* Pindars oder in den *Troerinnen* des Euripides (612 f.) vorkommt. Wer nun Lukas vielleicht nicht der Lüge, dafür aber des Plagiats bezichtigt, muss wissen, dass es gerade das »Plagiat« ist, das die Geschichte Christi schon vor seiner Geburt mit der Tradition Israels verknüpft. Das vermeintliche Plagiat ist jedenfalls nichts anderes als eine Form der Beglaubigung. Es gibt nicht nur Vorausdeutungen, es gibt auch aussagekräftige Parallelen.

Dann wird Johannes geboren, um in die Wüste zu entschwinden, wo er sich auf die Ankündigung des Erlösers vorbereitet. Aber Lukas macht nicht beim erwachsenen Johannes und beim ebenfalls längst erwachsenen Jesus weiter, sondern kehrt noch einmal zurück. Er erzählt dessen Geburt: »Es geschah aber in jenen Tagen ...« Man fragt sich, weshalb er dies tat, wo doch jeder erkennen musste, dass es sich um eine Erfindung handelte. Wer sollte davon gewusst und es als Augenzeuge weitergegeben haben? Immerhin gibt sich Lukas Mühe, das Ganze als »wahr« hinzustellen. Dazu gehört ein historischer Bezug. Lukas fand ihn in der Volkszählung bzw. im Eintrag in die Steuerlisten unter Kaiser Augustus, die sein Statthalter Quirinius in Syrien organisierte. Die Frage ist natürlich, ob bzw. wann es diese Volkszählung gegeben hat.

Die Historiker haben darauf eine klare Antwort, denn Quirinius ist ihnen gut bekannt. Er war von Augustus protegiert worden, kämpfte erfolgreich in Kleinasien und erhielt anschließend die äußerst einträgliche Statthalterschaft über Syrien als eine der wichtigsten Provinzen des Reiches, bildete sie doch den Puffer gegen die ewig rebellischen Parther. Dabei kam es zur Neuordnung der Region und in diesem Zusammenhang zur Volkszählung, die auch ein unabhängiger Zeuge wie der Historiker Flavius Josephus erwähnt und auf 6/7 n. Chr. datiert. Es ging also um einen Provinzialzensus, nicht (wie Lukas durch den Bezug auf Augustus berichtet) um einen Reichszensus. Einen solchen Reichszensus gab es tatsächlich in den Jahren 28 und 8 v. Chr. sowie 14 n. Chr. (Augustus' Todesjahr), hatte aber in keinem Fall etwas mit Quirinius zu tun. Nimmt man den Bericht von Lukas für bare Münze, müsste man also Christi Geburt mit dem Provinzialzensus verbinden.

Nur tut sich dann der nächste Widerspruch auf. Dafür ist allerdings nicht Lukas, sondern Matthäus verantwortlich. Denn der berichtet zwar weder über die Geburt noch die Volkszählung, dafür über Herodes und sein perfides Eingreifen. Das kann natürlich nur zu dessen Lebenszeit geschehen sein, also vor 4 v. Chr. Womit sich die Quiriniusgeschichte gut zehn Jahre später in Luft auflöst. Wer die Geburt von Jesus datieren will, muss sich also entweder an Matthäus mit seinem Herodes oder an Lukas mit seinem Quirinius halten – und jeweils die Konkurrenz vergessen. Wie kann man sich diesen Widerspruch erklären und vor allem auflösen?

Es ist völlig klar, dass es Lukas in erster Linie auf die Geburt in Betlehem ankam, weil »Betlehem-Efrata« nun einmal vom Propheten Micha (Mi 5,1) als die Geburtsstadt des Messias »vorausgesagt« war. Lukas spricht von Betlehem als der »Stadt Davids«, ist aber auch hier nicht ganz genau, denn die »Stadt Davids« war eigentlich Jerusalem, Betlehem nur der Ort von Davids Herkunft, wo er als Hirte lebte. Aber die Familie von Jesus stammte eben aus Nazaret, wo er aller Wahrscheinlichkeit nach auch tatsächlich geboren wurde. Markus sagt es und Matthäus behauptet sogar nicht ohne Dreistigkeit (Mt 2,23), es gebe dazu eine Voraussage im Alten Testament, die er ohne nähere Namensnennung auf »die Propheten« zurückführt – unter denen sich kein einziger als Quelle gefunden hat. Jesus galt jedoch immer als »Nazarener«, für die Juden übrigens ein Grund, ihn nicht als den Messias anzuerkennen, weil der nicht aus Galiläa, sondern aus Judäa mit seiner Hauptstadt Jerusalem stammen musste. Andererseits war die Abstammung aus Nazaret schon deshalb glaubhaft, weil sie so unwahrscheinlich ist – Nazaret muss wirklich ein Kaff gewesen sein.

Es bedurfte also einer schon sehr einleuchtenden Motivation, um die lange und beschwerliche Reise über ungefähr 100 Kilometer anzutreten – mit einer Hochschwangeren. Diese Motivation leistete eben die mit der Volkszählung verbundene Steuerschätzung, die allerdings nicht nur wegen des Quirinius-Herodes-Widerspruchs schwierig ist. Denn dass »jeder in seine Stadt« gehen musste, wie es bei Lukas heißt, ist wieder schlicht unhistorisch, weil Maria und Josef im galiläischen Nazaret vom Provinzialzensus in Judäa gar nicht betroffen waren. Selbst wenn Josef in Jerusalem ein Haus besessen hätte, hätte er nur selbst hinreisen müssen, keineswegs aber Maria.

Die schöne historische Fixierung von Lukas bricht also wieder einmal zusammen. Klar ist demgegenüber, dass Lukas die Ereignisse datieren will, weil die Wahrheit über den christlichen Glauben letztlich an der historischen Wahrheit dieses Lebens hängt. Die vielen kleinen Widersprüche wird niemand bemerkt haben, weil die genauen Abläufe fast drei Menschenalter später schlicht vergessen waren.

Die Geburtsgeschichte

Damit kommen wir endlich zur Geburtsgeschichte selbst (Lk 2,1–21). Lukas hat viel (wenn auch letztlich vergeblich) für die Datierung des Jahres getan, aber nichts für den genauen Tag. Die gesamte Ausmalung der Szene mit den Hirten auf den Feldern spricht für alles andere als den heutigen Feiertermin am 25. Dezember, zu dem es selbst in Palästina zu kalt ist, um sich draußen aufzuhalten. Lukas schweigt einfach und lässt stattdessen wieder einmal einen Engel auftreten, nicht Gabriel, sondern einen Ungenannten, der aber offenbar genügt, um die Hirten so sehr zu erschrecken, dass sie beruhigt werden müssen: »Fürchtet euch nicht, denn siehe, ich verkünde euch eine große Freude, die dem ganzen Volk zuteilwerden soll: Heute ist euch in der Stadt Davids der Retter geboren; er ist der Christus, der Herr« (Lk 2,10 f.). Worauf der Engel auch noch sagt, wo sie das Kind finden können: nämlich bei seinen Eltern, in Windeln gewickelt in einer Krippe. Daraufhin verwandelt sich die Szenerie in eine große Oper – ein himmlisches Heer tritt auf und jubiliert: »Ehre sei Gott in der Höhe und Friede auf Erden den Menschen seines Wohlgefallens« (Lk 2,14). Die Hirten laufen also los, finden alles wie angekündigt und berichten darüber denen, die sie anschließend treffen. Ende der Geburtsgeschichte.

Sind wenigstens in diesem Fall die Details stimmig? Ja, durchaus, es gibt keine Widersprüche. Dafür wie immer Vorbilder. Die Krippe bzw. den Futtertrog im Stall hat Lukas eingeführt, um einen größtmöglichen Gegensatz von weltlichem Herrscher und Gottessohn zu erzeugen, auch im Hinblick darauf, dass der Erlöser keine »Herberge« findet, vielmehr in der jüdischen Umgebung abgewiesen wird. Die Windeln stehen für die ganz normale Geburt, der Erlöser ist eben nicht vom Himmel gefallen oder sonst wie »geschaffen«, sondern wirklich Mensch geworden, braucht Windeln wie jedes Kind. Und die Hirten? Hirten gehörten nach der damaligen Sozialleiter auf die unterste Stufe, zählen also zu Lukas' Lieblingen. Sie sind offenbar befähigt, das Ereignis zu verstehen – nach entsprechender Ansprache von oben. Wenn man zusätzlich bedenkt, dass Lukas ein gebildeter Hellenist ist und für den vielleicht noch gebildeteren Theophilus schreibt, könnte man daran denken, dass er die Szene mit einem literarischen Kolorit ausstatten wollte, das nahelag. Als Vergil in der vierten Ekloge seiner *Hirtengedichte* die Geburt eines Herrschers ankündigte, der ein Goldenes Zeitalter einleiten wird, ist die Umgebung ebenfalls »bukolisch« geprägt, spielt also im Hirtenmilieu, weil Goldenes Zeitalter und Einfachheit zusammengehören – als Gegenbild zu den Zivilisationsexzessen im hochentwickelten Römischen Reich.

Andererseits bewegt sich Lukas ganz in der Tradition des Alten Testaments, wenn er den Hirten ein »Zeichen« geben lässt, wie es immer bei besonderen Anlässen der Fall war. Man kann ihm höchstens vorwerfen, dass er bei der Szenerie noch nicht an Ochs und Esel dachte, die später hinzuerfunden wurden, weil sie perfekt zu einer Vorausdeutung beim Propheten Jesaja passen: »Der Ochse kennt seinen Besitzer und der Esel die Krippe seines Herrn; Israel aber hat keine Erkenntnis, mein Volk hat keine Einsicht« (Jes 1,3). Lukas fährt fort mit dem, was nach einer Geburt im Judentum gesetzesgemäß notwendig ist: mit der Beschneidung und Reinigung – davon war schon die Rede. Bei dieser Schilderung wird wieder einmal deutlich, dass Lukas sich in den jüdischen Gebräuchen schlecht auskennt. So spricht er von »ihrer« Reinigung im Plural, obwohl nach dem jüdischen Recht nur die Frau dieser Reinigung nach der »unrein« machenden Geburt bedarf – im damaligen griechischen Recht sind es übrigens wirklich beide. Und auch das bei der Reinigung übliche Opfer (zwei Tauben statt des Lamms, das Reiche dar-

Rembrandt van Rijn: *Simeon mit dem Jesusknaben auf dem Arm*, um 1661

zubringen hatten) scheint Lukas mit dem weiteren Opfer von fünf Schekeln durcheinanderzubringen, die dazu dienten, den Sohn bei der Darstellung »auszulösen«, weil jede männliche Erstgeburt ansonsten zum Dienst im Tempel bestimmt war.

Aber es kam Lukas offenbar bei der ganzen Prozedur ohnehin weniger auf die jüdischen Bräuche an als auf ein dabei sich vollziehendes Ereignis, das wieder einmal perfekt ausgedacht sein dürfte. Es taucht nämlich der greise und blinde Simeon auf, dem der Heilige Geist versprochen hatte, er werde vor seinem Tod den Messias sehen. Simeon erkennt das Kind trotz seiner Blindheit sofort, lobt Gott wieder in einem berühmten Lobgesang (dem *Nunc dimittis*, ›Nun, Herr, entlässt du mich in Frieden‹, ebenfalls einer Collage aus dem Alten Testament, speziell aus dem Propheten Jesaja) für die Erfüllung des Versprechens und kündigt der verdutzten Maria das einstige bittere Ende an. Auch die greise Prophetin Hanna, die sich täglich im Tempel aufhält, kommt hinzu und versteht, was hier vorgeht. Rembrandt hat die eindrucksvolle Szene mehrfach als Motiv gewählt, weil ihn offenbar die Darstellung des Blinden reizte.

Dann springt Lukas zu zwei Ereignissen, die schon weit von der Geburt entfernt liegen. Zuerst schildert er den spektakulären Auftritt des zwölfjährigen Jesus im Tempel, der plötzlich verschwunden ist und den die besorgten Eltern dabei wiederfinden, wie er die »Alten« belehrt – und die Eltern wegen ihrer verständlichen Sorge einigermaßen derb zurechtweist. Der nächste Abschnitt behandelt dann die Taufe durch Johannes im Jordan mit ungefähr dreißig, und zwar ganz nach Markus unter Mitwirkung des Heiligen Geistes, der aus dem sich öffnenden Himmel in Gestalt einer Taube herabkommt, wozu eine Stimme sagt: »Du bist mein geliebter Sohn, an dir habe ich Wohlgefallen gefunden« – was direkt aus dem Propheten Jesaja (Jes 44,1) stammt, wo es auf Israel, den »Gottesknecht«, gemünzt ist. Diese Passage ist immer eng mit einer anderen Stelle in Verbindung gebracht worden, nämlich mit der Formulierung »Mein Sohn bist du. Ich selber habe dich heute gezeugt« aus Psalm 2,7 – möglicherweise überhaupt die ursprüngliche Version. Immerhin beginnt die Kirche nach Ausformung der Liturgie in der

Spätantike die Mitternachtsmesse von Weihnachten mit diesem Psalmvers. Nicht zufällig. Denn dem Geburtsfest, das wir heute so selbstverständlich mit Weihnachten als der Geburt des Menschen Jesu verbinden, ging einmal ein ganz anderes Geburtsfest voraus, dem die Vorstellung zugrunde lag, dass die eigentliche, nämlich göttliche Geburt Jesu mit der Taufe zustande kam. Dies wird uns noch näher beschäftigen.

Wie lässt sich ein knappes Fazit ziehen? Ich versuche es so: Lukas hat sich die Geburtsgeschichte ausgedacht und dem ihm vorliegenden Stoff hinzugefügt. Sie ist nach literarischen Kriterien überzeugend, ja »schön« konstruiert, aber nicht wirklich »richtig«. Darüber sollte man sich nicht wundern, weil es um Richtigkeit ohnehin nicht geht. Von heute her gesehen müsste man betonen, dass Lukas nicht einfach ein Idyll bietet. Personen und Ereignisse stammen eigentlich alle aus dem Fundus des Alten Testaments. Die gesamte Geburtsdarstellung läuft auf diese Verbindung hinaus. Wenn man sich Theophilus als ersten Leser vorstellt, lag darin wohl ein äußerst wichtiger Punkt. Noch wichtiger aber: Dieser Jesus war Gottes Sohn. Sein Auftreten hat wirklich stattgefunden, ist (wenn auch nicht widerspruchsfrei) datierbar – für Theophilus vermutlich ebenfalls von erheblicher Bedeutung. Der lange Vorspann vor dem dann folgenden »eigentlichen« Evangelium hat sich also gelohnt.

Man möchte sich ausmalen, wie es Lukas dabei zumute war, dem Erfinder, der sich als Chronist ausgab. Hatte er Skrupel, weil er letztlich nicht die Wahrheit sagte? Oder ist das wieder eine neuzeitliche Vorstellung? Glaubte er überhaupt, dass Theophilus ihm das Mythologische als historisch abnahm? Oder war er eher stolz darauf, ein Stück Mythologie geliefert zu haben, das die wirklichen Tatsachen perfekt in Szene setzte? Niemand weiß es.

Matthäus

Dabei hat Lukas einiges nicht erzählt, ohne dessen Kenntnis die heutige Weihnachtsfestzeit nicht vorstellbar ist: Weder die Anbetung der Heiligen Drei Könige noch der betlehemitische Kindermord kommen bei ihm vor. Es hat also einen zweiten Geschichtenerfinder im Zusammenhang mit Weihnachten gegeben, einen von Lukas unabhängigen. Dies war der Evangelist Matthäus, nicht zu verwechseln mit dem Apostel Matthäus, der in der frühen Kirche allerdings auch als Verfasser des Evangeliums angesehen und aus diesem Grund immer als der erste Evangelist den anderen vorangestellt wurde – sozusagen als Berichterstatter aus erster Hand. Aber auch dieser Evangelist bezieht sich viel zu stark auf Markus, um als selbständig gelten zu können. Natürlich hat man sich auch bei ihm gefragt, ob er zunächst Jude oder Heide war. Weil er nicht nur das Alte Testament sehr gut kennt, sondern auch die jüdischen Traditionen und nicht zuletzt verhältnismäßig schlechtes Griechisch schreibt, hat man ihn mehrheitlich als ursprünglichen Juden angesehen. Dabei ist auch Matthäus ein Befürworter der Völkermission, er könnte in Syrien bzw. der Hauptstadt Antiochia mit ihrer hellenistischen Umgebung gelebt haben. Auf jeden Fall schrieb er ungefähr zur gleichen Zeit wie Lukas, also nach 70, dem Jahr der Zerstörung des Tempels in Jerusalem durch die Römer, was Matthäus ausdrücklich als gerechte Strafe für den »Mord« an Jesus ansah – vom ausgeprägten Antijudaismus gerade dieses Evangelisten war schon die Rede.

Einen Hinweis auf das Programm, das Matthäus mit seinem Evangelium verbindet, kann man der Überschrift entnehmen, wo die Rede ist vom »Buch des Ursprungs Jesu Christi, des Sohnes Davids, des Sohnes Abrahams«. Darin liegt zunächst einmal eine Imitation des Alten Testaments, wo das 1. Buch Genesis ebenfalls eine »Liste der Geschlechterfolge« von Adam bis Noah bietet. Matthäus aber kommt es auf Jesus an, den Erlöser, und er verortet ihn geradezu programmatisch in der Tradition des Judentums mit David als erstem König und Abraham als Ahnherr der Israeliten. Dann folgen in einer Liste die Söhne Abrahams im Einzelnen, auch vier Ehefrauen. Das Ganze endet (nach dreimal vierzehn Generationen) bei Josef, dem »Mann Marias; von ihr wurde Jesus geboren, der der Christus genannt wird« (Mt 1,16). Klar, dass die Stelle heikel werden musste, als es um die Unterbringung der Jungfrauengeburt ging. Die Lesarten türmen sich förmlich, im 4. Jahrhundert bietet der wichtige (weil älteste) *Codex Sinaiticus* die Formulierung: »Josef, mit dem verlobt war Maria, die Jungfrau, zeugte Jesus«, worauf nicht folgt: »Sie wird einen Sohn gebären«, sondern: »Sie wird dir einen Sohn gebären«. Das Entscheidende war für Matthäus offenbar, dass Jesus über Josef von David abstammt. Weil dies an der Zeugung durch den Heiligen Geist zu scheitern drohte, ist er der Namengeber von Jesus – das musste genügen. Jesus war damit Davidide, worauf alles ankam.

An dieser Stelle lohnt ein vergleichender Rückblick auf Lukas, der genau wie Matthäus einen Stammbaum Jesu bietet, aber mit starken Abweichungen (nur zwischen Abraham und David stimmen die Namen überein, danach kaum noch). Lukas bringt die Liste nicht gleich zu Beginn im Zusammenhang mit der Geburtsgeschichte, sondern trägt sie später nach, ehe Jesus nach seiner Taufe in Galiläa zu wirken beginnt. Es handelt sich in diesem Fall nach römischer Tradition um eine aufsteigende Liste der Vorfahren von Josef, die bis zu Adam geführt wird. Ein weiterer Unterschied liegt darin, dass Lukas Josef gewissermaßen aus der Schusslinie nimmt. Von Jesus heißt es: »Er galt als Sohn Josefs« – Punkt. Für Lukas steht eben Maria im Mittelpunkt, nicht Josef. Wer gibt Jesus bei Lukas den Namen? Eben nicht wie bei Matthäus Josef, sondern Maria. Und wo liegt sonst noch ein wichtiger Unterschied? Bei Lukas sieht die Ausweitung bis Adam so aus, als wolle er damit den universalen Aspekt des Auftretens von Jesus unterstreichen. Bei Matthäus hat man demgegenüber den Eindruck, er wolle Jesus als Juden darstellen, der aus der jüdischen Geschichte heraus die Wende brachte.

Genau dies bestätigt sich in einem noch viel wichtigeren Punkt. Wir wissen schon, dass die Autoren des Neuen Testaments die Beglaubigung ihrer Erzählung auf die Verbindung mit dem Alten stüt-

Theoderich von Prag: *Der Evangelist Matthäus*, 1360–64

zen. Niemand geht dabei so systematisch und vor allem so offen vor
wie Matthäus. Lukas montiert Alttestamentliches ein wie etwa
beim *Magnificat*. Matthäus nennt dagegen ausdrücklich die Stellen,
die sich als Voraussage deuten lassen. In der Geburtsgeschichte sind
es insgesamt fünf solcher Erfüllungszitate, alle in entscheidendem
Zusammenhang. Und alle besagen: Diese Geschichte, die im Folgenden erzählt wird, wurzelt in einer anderen, höchst bedeutsa-

men, nämlich in der Geschichte des jüdischen Volkes, wie sie dessen Heilige Schriften fixiert haben. Dieser Jesus ist genau der Messias, der angekündigt war, Punkt für Punkt seines Auftretens lässt sich mit den Aussagen des Alten Testaments abgleichen.

Nehmen wir zunächst Betlehem, den Geburtsort, den auch Lukas nennt, aber mit der Volkszählung in Verbindung bringt. Was sagt Matthäus? Er zitiert den Propheten Micha bzw. lässt sogar ganz Unabhängige, nämlich die jüdischen Experten des Herodes, bei dessen Suche nach dem Kind aus Micha zitieren: »Du, Betlehem im Gebiet von Juda, bist keineswegs die unbedeutendste unter den führenden Städten von Juda; denn aus dir wird ein Fürst hervorgehen, der Hirt meines Volkes Israel« (Mt 2,6). Das Zitat stimmt ungefähr, bei Micha heißt es genau: »Aber du, Betlehem-Efrata, bist zwar klein unter den Sippen Judas, aus dir wird mir einer hervorgehen, der über Israel herrschen soll [...] Er wird auftreten und ihr Hirt sein in der Kraft des Herrn, in der Hoheit des Namens des Herrn, seines Gottes« (Mi 5,1–3). Nur muss man auch den Kontext berücksichtigen. Micha, ein Zeitgenosse des bedeutenderen Propheten Jesaja, versucht, seinen Stammesgenossen Mut zu machen angesichts der anrückenden Assyrer. Angekündigt ist also ein Heerführer, der zusammen mit seinen Leuten Assur »mit dem Schwert weiden« und damit das eigene Land retten werde. Zwar ist auch von »Frieden« die Rede, aber einem Frieden durch das Schwert.

Die zweite Vorausdeutung – sie geht der gerade behandelten im Text voran – betrifft die wichtige Jungfrauengeburt. Matthäus fällt ja anders als Lukas wirklich mit der Tür ins Haus, beginnt die »Geburtserzählung« mit der eingetretenen Schwangerschaft. Weil Matthäus aber nun einmal Josef im Visier hat, berücksichtigt er die Gedanken, die sich dieser Josef machen müsste, der genau weiß, dass er mit Maria nicht geschlafen hat, aber es plötzlich mit einer Schwangeren zu tun bekommt. Es erscheint ihm im Traum ein Engel und informiert ihn über die himmlischen Umstände, so dass Josef Maria »zu sich nehmen« kann, ohne sie weiter zu »erkennen«. Will sagen: Josef muss die Schwangere nicht verstoßen, schläft aber auch nicht mit ihr – vorläufig, denn bei Matthäus hat Jesus später Brüder (Mt 12,46 f.) bzw. Brüder und Schwestern (Mt 13,55 f.), die nicht vom Heiligen Geist stammen. Hier jedoch geht es um Jesus, den der Heilige Geist gezeugt hat. Und so beruft sich Matthäus auf »den Propheten«, wobei jeder wusste, dass Jesaja gemeint war: »Siehe: Die Jungfrau wird empfangen und einen Sohn gebären und sie werden ihm den Namen Immanuel geben, das heißt übersetzt: Gott mit uns« (Mt 1,23).

Zugrunde liegt die Jesajastelle (Jes 7,14), die Matthäus nach der *Septuaginta* zitiert, die tatsächlich an dieser Stelle das griechische Wort *parthenos* verwendet, das sowohl ›junge Frau‹ als auch ›Jungfrau‹ bedeuten kann. Im hebräischen Text steht dagegen das eindeutige *almah* für ›junge Frau‹, nicht das ebenfalls eindeutige *betulah* für ›Jungfrau‹. Das Wort *almah* wird zum Beispiel im *Hohen Lied*, einem der bekanntesten Texte des Alten Testaments, verwendet und bezeichnet dort Königinnen und Konkubinen, die ganz sicher keine Jungfrauen waren. Man kann so gesehen von einer Ungenauigkeit der Übersetzung oder schärfer von einem Übersetzungsfehler sprechen. Übrigens enthalten die jüdischen Neuübersetzungen des Alten Testaments ins Griechische nach dem von ihnen empfundenen Skandal der fortschreitenden »Christianisierung« der *Septuaginta* an dieser Stelle das Wort *neanis*, das eindeutig ›junge Frau‹ bedeutet. Noch Luther hat dagegen die ›Jungfrau‹ zäh verteidigt. Das Gespräch mit Rabbinern über die Jesajavoraussage brach er gekränkt ab, als die Rabbiner seiner Verteidigung der Jungfrau nicht folgen wollten – nach einer Anekdote wollte er den Juden 100 Gulden zahlen, falls bei Jesaja wirklich nur eine »junge Frau« gemeint sei.

Aber die Sache ist letztlich noch dramatischer. Das Zitat bezieht sich wie beim Zitat von Micha auf die äußerst kritische Bedrohung Israels durch die Assyrer, wobei der Prophet Jesaja seinem König Ahas Mut machen wollte, auf Jahwe zu vertrauen und auf jeden aktiven Widerstand zu verzichten, um keinen Anlass zu einer Racheaktion zu bieten. Jahwe selbst wendet sich an Ahas, dass er sich ein tröstendes Zeichen erbitten solle. Als der sich unentschlossen zeigt, nennt Jahwe selbst dieses Zeichen: Eine junge Frau – das Judentum kennt keine Jungfrauengeburt – werde den Retter Immanuel gebären, und er beschreibt weitere Zeichen, an denen er zu erkennen ist, zum Beispiel dass er Butter und Honig essen werde.

Die nächste Vorausdeutung bezieht sich auf die Flucht der Familie nach Ägypten aufgrund der Verfolgung durch Herodes. Josef ist auch hier wieder – nach entsprechender Aufforderung im Traum – der Protagonist, denn er ist es, der in der Nacht aufstand und »mit dem Kind und dessen Mutter« nach Ägypten flieht, ehe er nach dem Tod des Herodes – wieder nach einem Traum und wieder mit der Familie – nach Nazaret zurückkehrt. Da hakt Matthäus ein und zitiert erneut einen Propheten, der das schon vorher wusste: »Aus Ägypten habe ich meinen Sohn gerufen« (Mt 2,15). Der Prophet ist in diesem Fall Hosea, der im 8. Jahrhundert im Nordreich wirkte, als sich das jüdische Volk trotz der politischen Bedrohung immer wieder von Jahwe abwandte. Übrigens macht Matthäus in seinem Zitat aus »Söhnen« einen »Sohn«, um damit die Voraussage zu gewinnen.

Fügen wir noch kurz die letzten beiden Voraussagen hinzu. Beim von Herodes angeordneten Kindermord in Betlehem heißt es: »Ein Geschrei war in Rama zu hören, lautes Weinen und Klagen: Rahel weinte um ihre Kinder und wollte sich nicht trösten lassen, denn sie waren nicht mehr« (Mt 2,18). Dies bezieht sich auf den Propheten Jeremias (Jer 31,15), der in den Zeiten der Babylonischen Gefangenschaft seinem Volk neuen Mut zu machen versucht. Dazu gehört die Erinnerung an die Verschleppung nach Ägypten, als Rahel, die Lieblingsfrau von Jakob, ihre Kinder beweinte – in Rama nahe Betlehem, wo das Grab der Rahel verehrt wurde. Dabei muss man berücksichtigen, dass es in diesem Fall nicht um Morde ging, vielmehr um Verschleppung, die der Prophet deswegen als Referenz heranzog, um zu betonen, dass diese einst Verschleppten im Triumph zurückkehren sollten. Genau damit wollte er die neuerlich Verschleppten trösten, die von den Assyrern übrigens vor ihrem Abtransport nach Babylon in Rama gefangengehalten worden waren. Über die letzte und schwächste Erfüllungsvoraussage im

Zusammenhang mit Jesus als »Nazarener«, die sich nirgendwo finden lässt, wurde schon gesprochen.

Um zusammenzufassen: Keine einzige Vorausdeutung erfüllt Kriterien, die man nach moderner historisch-kritischer Methode an eine solche stellen muss. Dafür sind sie zu sehr aus dem Zusammenhang gerissen, entstellt, ja beruhen auf Übersetzungsfehlern. Aber es gibt eben auch eine andere Perspektive. Wenn man nicht so genau hinsieht, erscheinen die Ereignisse des Neuen Testaments aufgrund ihrer Spiegelung im Alten in einem reizvollen Licht, voller Bezüge, die immer nur eines andeuten: dass Gott in dieser Welt handelt. Wer auch noch glaubt, dass dieser Gott seinen Sohn als Erlöser der Welt geschickt hat, kann nicht davon ausgehen, dass sich dieses Ereignis unangekündigt, unkommentiert, einfach nur »historisch« vollzog. Es muss in ein Gewebe von Zeichen gehüllt sein, die sich mit etwas Mühe entdecken lassen. Eine Jungfrau gebiert den Sohn Gottes – wer fragt da nach den genauen Umständen? Matthäus tut es nicht, weil er nicht an Zufälle glaubt, wo es um etwas so Wichtiges geht. Und was ist wichtiger als diese alles ändernde Geburt?

Matthäus versucht, die Glaubwürdigkeit also anders als Lukas zu erzielen. Er vertraut auf die Voraussagen, weil er ohnehin die Jesusgeschichte in die Geschichte Israels eingebettet sieht. Im Übrigen arbeitet er nicht mit einer historischen Datierung, der dann eine idyllische Schilderung mit Hirten fern jeder historischen Wirklichkeit folgt, sondern bietet eine durch und durch »historische« Szenerie mit realistischen oder durchaus realistisch wirkenden Akteuren.

Drei Magier und Herodes

Den Start bildet dabei ein kosmisches Ereignis, das der Geburt eines Gottes angemessen ist, jedenfalls in der antiken Tradition immer wieder mit einem solchen verbunden wurde. Es gibt also ein Zeichen am Himmel: Ein Stern ist erschienen, der auf einen Ort verweist, an dem sich Großes ereignet.

Man kennt die Geschichte, die sich nun vollzieht. Der Stern wird von Spezialisten beobachtet, von Astronomen bzw. Astrologen, die sich mit Sternen und Vorbedeutungen auskennen – Matthäus spricht von *magoi*, was die Einheitsübersetzung mit ›Sterndeuter‹ und Luther mit ›Weise aus dem Morgenland‹ übersetzt. Im allgemeinen Sprachgebrauch wurden daraus gemeinhin ›Magier‹. Die historischen Vorbilder dürften persische Priester gewesen sein, später ausgeweitet auf Theologen, Astronomen/Astrologen, Zauberer und Wundertäter aus dem Osten. In der Tradition wurden daraus Könige, wieder einmal im Sinne einer Vorausdeutung. Den Bezug stellt Psalm 72 her, der das Vermächtnis Salomos für seinen Nachfolger formuliert: »Die Könige von Tarschisch und von den Inseln bringen Gaben, mit Tribut nahen die Könige von Scheba und Saba. Alle Könige werfen sich vor ihm nieder, es dienen ihm alle Völker.« Entgegen der unbestimmten Zahl bei Matthäus sind es bei Origenes dann genau drei, weil Matthäus von drei Geschenken berichtet: Gold, Weihrauch, Myrrhe. Natürlich ist auch dies immer wieder kommentiert bzw. gedeutet worden, zum Beispiel Weihrauch für Jesus als Gott, Myrrhe für den Menschen, Gold für den König. Ganz abgesehen davon, dass die Sterndeuter-Könige Namen bekamen, nämlich Caspar, Melchior und Balthasar. Sie wurden zuerst als Vertreter der drei Lebensalter, später als Vertreter der gesamten bekannten Welt gesehen, so dass Caspar als Schwarzer dargestellt wurde und in der Kunst häufig auffällig prunkvoll-modisch gekleidet ist.

Es ist klar, was Matthäus mit seiner mythologischen Darstellung »sagen« will: Gottes Sohn kommt nicht einfach so in die Welt, der Kosmos reagiert. Und der zweite, noch wichtigere Punkt: Dieser Sohn Gottes kommt zu den Juden, deren Schriftgelehrte werden förmlich auf ihn aufmerksam gemacht, wissen auch aufgrund ihrer Bibelkenntnis, dass nur Betlehem für die Geburt in Frage kommt – und gehen nicht hin. Ganz im Gegenteil, sie verraten den Ort auch noch jemandem, bei dem sie sich ausrechnen können, dass er kurzen Prozess machen wird – Herodes. Nur zeigt sich dann, dass Gott solche Boshaftigkeit durchkreuzt. Er lässt im Traum Josef informie-

Ludwig Konraiter (zugeschr.): *Die Anbetung der Könige*, Magdalenenkapelle, Hall (Tirol)

ren, der dann mit der Flucht nach Ägypten die Situation rettet. Schon die Magier müssen Lunte gerochen haben, kehren sie doch nicht zu Herodes zurück, um ihm die genaue Lage zu verraten, sondern ziehen »auf einem anderen Weg heim in ihr Land«. Herodes sieht sich damit »getäuscht« und greift zur Rache. Schwer zu sagen, wer danach schlechter dasteht: Herodes als Mörder oder die Juden als Verräter.

Matthäus hat also konstruiert, aber er macht es anders als Lukas. Gewiss, er »mythologisiert«, aber die Ereignisse fühlen sich »historischer« an, auch wenn ein wichtiger Punkt offenbleibt. Matthäus sagt nichts über die Zeit des Ereignisses, erwähnt keine Krippe, sondern spricht von einem »Haus«, in dem die Sterndeuter das Kind »sahen«. Jedenfalls finden sich bei Matthäus keine Krippenseligkeit, keine Hirten mit Engelsgesang, sondern konkrete Gestalten, die politische Ereignisse hervorrufen, die das Geburtsgeschehen mit der damaligen politischen Wirklichkeit verknüpfen. Das liegt weniger an den Sterndeutern als an Herodes. Und in einem überraschenden Punkt ist auch noch das, was man am ehesten als Mythologie verstehen könnte, wieder mit der damaligen Gegenwart verknüpft: der Stern bzw. die mit ihm verbundene Erwartung eines kommenden Herrschers. Ich muss dazu etwas ausholen, denn die »normalen« Kenntnisse über diesen Herodes als Kindermörder reichen nicht. Zumal der von ihm angeordnete Mord eines der wenigen Verbrechen ist, das er nahezu sicher überhaupt nicht begangen hat.

Herodes war in seinem Todesjahr 4 v. Chr., das letztlich das wahrscheinlichste Jahr von Christi Geburt darstellt, 70 Jahre alt. Er müsste also damals den Mord organisiert haben, was schon aufgrund seiner schweren Krankheit unwahrscheinlich erscheint. Er war zuletzt schlicht »wahnsinnig« und wird keine Magier empfangen haben, die etwas über einen Stern faselten. Aber man erinnerte sich im Osten sehr gut an die Karriere dieses Despoten, der es zum nach Kaiser Augustus reichsten Mann der damaligen Welt gebracht hatte – ihm gehörte mehr als die Hälfte des Landes, daneben betrieb er auch noch höchst einträgliche Kupferminen. Augustus bezeichnete Herodes als seinen zweitbesten Freund, direkt nach seinem persönlichen Berater. All dies war Herodes nicht in die Wiege gelegt, er hat die Position in einem zähen, bluttriefenden Kampf errungen, der ihn immer wieder mit Rom in Verbindung brachte, zunächst auf Seiten des heftigsten Gegners des späteren Augustus. Diese Verbindung mit Rom aber ist wichtig, weil wir hier zum ersten Mal auf den Stern stoßen.

Zunächst also ein Schritt zurück. Palästina war unter den Nachfolgern von Alexander dem Großen im 3. Jahrhundert an die Seleukiden gegangen. Da brach der Aufstand der Makkabäer aus, die zeitweise Jerusalem für sich gewannen und Könige wurden. 64 v. Chr. machte Pompeius dem ein Ende, ließ Jerusalem stürmen, massenhaft seine Verteidiger töten und schaffte anschließend das Königtum ab. Darauf wurde Pompeius im Bürgerkrieg von Caesar besiegt, der einen Erben der Makkabäer, den Hasmonäer Antipater zum Prokurator, also obersten Verwalter, von Judäa machte, zusammen mit seinen Söhnen, von denen einer Galiläa erhielt – Herodes. Der damals Fünfundzwanzigjährige ließ als Erstes alle irgendwie verdächtigen Juden töten, musste deshalb einen Prozess überstehen, bei dem ihn die Römer retteten. Bei den Juden war er deshalb von Anfang an verhasst, zumal Herodes, der sich jüdisch »gab« und zum Beispiel die jüdischen Speisegebote befolgte, als Idumäer, also Spross eines heidnischen Volkes in Palästina und Sohn einer arabischen Mutter, eher zum Schein zum Judentum konvertiert war. Flavius Josephus, der jüdische Historiker der Epoche und Region, der die Fronten wechselte und mitten im jüdischrömischen Krieg zu den Römern übertrat, betrachtete ihn als einen hoffnungslosen Fall, unter anderem als sexuell unersättlich.

In der weltgeschichtlichen Auseinandersetzung zwischen Oktavian und Marcus Antonius schlug sich Herodes auf die Seite des Antonius, der ihn in Palästina als König einsetzte. Herodes machte sich anschließend bei seinem jüdischen Volk lieb Kind durch die Heirat mit Mariamne, einer Makkabäerprinzessin, einer Vorzeigejüdin also. Überhaupt setzte er sich immer wieder für sein Volk ein, erließ etwa in Notzeiten Steuerbefreiung. Aber dann wurde es turbulent. Die ewigen Gegner Roms im Osten, die Parther, drangen vor, der letzte (im Verborgenen lebende) Makkabäerfürst Antigonos verbündete sich mit ihnen, erhielt für 1000 Talente (also sehr viel Geld) und einen Harem mit 500 Frauen die Stadt Jerusalem. Jerusalem erhob sich prompt gegen Herodes, der mit seinen Konkubinen in die Wüste Judäas floh, aber von dort etwas tat, was seine Karriere erheblich beschleunigen sollte: Er reiste nach Rom, wo ihn Antonius (der damals noch mit Oktavian als dem späteren Augustus kooperierte) zum König von Judäa ernannte. Das war im Jahr 40 v. Chr., einer sehr bewegten Zeit.

Machen wir an dieser Stelle einen Schnitt und wenden uns den Ereignissen in Rom zu. Genau um diese Zeit, als noch nicht klar war, wer aus dem großen Ringen als Sieger hervorgehen würde, Antonius oder Oktavian (der spätere Augustus), glaubte man in Rom, dass ein Stern eine hohe Geburt ankündige. Die astronomisch-astrologischen Verhältnisse waren gerade dramatisch: Saturn trat vom Zeichen der Fische in das des Widders ein – am Frühlingspunkt also, der immer als Anfangstermin der Welterschaffung gegolten hatte. Vergil, der mit seiner *Aeneis* das römische Staatsepos schaffen sollte, arbeitete die Ankündigung der Geburt dieses Kindes (eines Abkömmlings Jupiters) in eines seiner Hirtengedichte ein, die *Bucolica*, als die vierte Ekloge. Mit diesem Kind namens Aion kehre das Goldene Zeitalter zurück. Man kann sich vorstellen, auf wen dies bezogen wurde, als Oktavian dann endlich siegreich aus den fürchterlichen Bürgerkriegen nach Caesars Ermordung hervorgegangen war – natürlich auf ihn, den nunmehrigen Augustus. Zwar hatte Vergil selbst die Ankündigung auf das Haus des Konsuls Pollio gemünzt, dem die Ekloge gewidmet ist, aber in der Rezeption trat sehr schnell der Kaiser an diese Stelle, zumal man auch in seinem Hause eine Geburt erwartete. Und dann dichtete man ihm (nach der Biographie Suetons im frühen 2. Jahrhundert) indirekt auch noch einen Kindermord an, sofern der Senat jeden neugeborenen Knaben zu töten beschlossen hätte, um zur Republik zurückkehren zu können.

Was aber in Rom kaum jemand mitbekam: Es gab einen dritten Anwärter auf das göttliche »Aionskind«, nämlich keinen anderen als Herodes, seit seinem Romaufenthalt ein enger Freund dieses Pollio. Der schon damals Größenwahnsinnige bezog die Geburt auf sein eigenes Haus, zumal seine Frau Mariamne als »Stern der Hasmonäer« galt. Das alles spielte sich also in den Jahren nach 40 v. Chr. ab, also weit vor der Geburt Jesu und dem Auftreten der sternsuchenden Magier. Aber der Stern war nun einmal in der Welt, man wusste um die Vision des Goldenen Zeitalters dank dieses Sterns, wie sie Vergil auf klassische Weise formuliert hatte. Matthäus könnte die Story auch vier Generationen später noch gekannt und genutzt haben.

Was Matthäus auf jeden Fall nutzte, ist dann die Brutalität des Herodes, die sein Wirken durchweg prägte und wohl lange im Gedächtnis geblieben war. Denn Herodes kehrte in die alte Heimat Jerusalem zurück, um sich sein Reich zurückzuholen, wobei er zunächst Antonius in schwieriger Situation im Osten gegen die Parther half, ihn in bedrängter Lage buchstäblich rettete. Der Dank waren 30 000 Fußsoldaten und 6000 Reiter, mit denen Jerusalem zurückerobert wurde, wobei die Metzelei so furchtbar ausfiel, dass selbst Herodes die Römer bestach, damit sie aufhörten. Herodes ließ anschließend Antigonos als letzten Makkabäerfürsten stilvoll enthaupten, weiter von 71 Angehörigen des Hohen Rats (des »Sanhedrin«) 45 brutal hinrichten. Nur gab es noch einen Spross der Makkabäer, der auf Rache sinnen konnte – seine Ehefrau Mariamne in seinem eigenen Schlafzimmer.

Simon Sebag Montefiore hat die unglaublichen Einzelheiten in seinem Jerusalem-Buch eindrücklich geschildert, wozu eine Verschwörung von Mariamne mit Antonius' Frau Kleopatra gehört, um Herodes zu vernichten. Die Morde in der eigenen Familie reihten sich im damaligen Jerusalem aneinander. Herodes' Schwester Salome (die später das Haupt des Johannes forderte, worüber Matthäus ja berichtet) ruhte nicht, bis Mariamne hingerichtet war. Er selbst war trotz seiner Krankheit noch handlungsfähig genug, um das Morden unter seinen eigenen Söhnen fortzusetzen, bis er im Jahr 4 v. Chr. zusammenbrach. Und dieser Herodes soll das Jesuskind verfolgt haben, wo er konkurrierende Kronprätendenten nicht aus den Sternen lesen musste, sondern genügend in seinem eigenen Hause vorfand?

Matthäus griff also auf sehr vage Kenntnisse über diesen Unglücksherrscher zurück, der sich in Jerusalem mit einem prächtigen Tempelneubau, einem wahren Weltwunder, und seinem Palast auf eine Weise verewigt hatte, deren Grundmauern noch heute sichtbar sind. Natürlich konnte Matthäus ihm angesichts dieser Biographie den Kindermord in die Schuhe schieben – aber zu einer Zeit, als die Erinnerung an die wirkliche Grausamkeit schon verblasst war.

Der Stern

Ein Stern – nehmen wir den Faden wieder auf – fungiert als Ankündiger eines großen Ereignisses (Mt 2,1–12). Matthäus sagt darüber nichts Genaues, eher Verwirrendes, wenn dieser Stern nach seinem Erscheinen zunächst wieder verschwindet, so dass die Magier in Jerusalem nach dem Ort fragen müssen, und dann plötzlich »zu ihrer großen Freude« wiederkehrt, um sie zur Krippe zu führen. Das »Führen« ist also eigenartig unbestimmt gelassen, obwohl es ein durchaus prägnantes Vorbild gab. Denn Vergil hat nicht nur in seiner *Ekloge* einen Stern als Zeichen für eine bedeutende Geburt bemüht, sondern in seinem berühmteren Werk, nämlich der *Aeneis*, einen Stern als dauerhaften Führer geboten, nämlich von Aeneas und seinem Vater, als sie aus dem brennenden Troja fliehen – übrigens ist es ein Komet mit einem Schweif (*stella facem ducens*, ein ›Stern, der eine Fackel mit sich führte‹), der dann auf den Stern der drei Könige übertragen wurde und bis heute in kaum einer Krippendarstellung fehlt. Ausdrücklich ist in diesem Zusammenhang von einem »Wunder« die Rede.

Literarisch sind Sterne, speziell Großes ankündigende, also nichts Besonderes. Wo man auch hinsieht, tauchen sie gerade bei der Geburt von wichtigen Persönlichkeiten auf. Der römische Historiker Sueton berichtet es in seinen Kaiserviten von Caesar (in Kapitel 88, bei der Begräbnisfeier) und Augustus (als Sternzeichen in Kapitel 94), in anderen Quellen findet man es im Hinblick auf den Pharao genauso wie auf den Philosophen Platon. Ein damals bekannter Fall war auch noch König Mithridates VI. von Pontos, der im 2. Jahrhundert v. Chr. kurzzeitig die römische Herrschaft in Kleinasien bedrohte. Matthäus hat also aus vielen Quellen schöpfen können. Eigenartigerweise lässt er sich jedoch eine Vorausdeutung entgehen, die später die Theologen vorbrachten, nämlich den Spruch des nichtjüdischen Propheten Bileam, eines Zeitgenossen von Mose, der sich auf die Rückkehr des jüdischen Volkes aus Ägypten bezieht: »Ein Stern geht in Jakob auf, ein Zepter erhebt sich in Israel« (Num 24,17).

Veit Stoß: »Englischer Gruß« (Verkündigung an Maria), St. Lorenz, Nürnberg, 1517/18

Ludwig Konraiter (zugeschr.): *Die Anbetung der Könige*, Magdalenenkappelle, Hall (Tirol)

Der Betlehemitische Kindermord. Ausschnitt des Bodenmosaiks im Dom von Siena

Frühchristliche Mosaiken des Triumphbogens von Santa Maria Maggiore, Rom, 4.–5. Jh.

Dreikönigenschrein im Kölner Dom, Detail der Giebelseite, Ende 12. Jh

Neapolitanische Krippe im Museu de Arte Sacra, São Paolo

Der Kindlifresserbrunnen (dial. »Chindlifrässerbrunne«) in der Berner Altstadt, 16. Jh.

MERRY OLD SANTA CLAUS.

Thomas Nast: *Merry Old Santa Claus*, 1880

Klausjagen mit Iffelenträgern in Küssnacht am Rigi

Neuzeitliche Astronomen haben sich natürlich kundig gemacht und nach Ereignissen am Himmel gesucht, die für das himmlische GPS in einem historischen Sinne in Frage kommen. Im Jahr 12 bis 11 v. Chr. (also für die Geburt deutlich zu früh) war der Halleysche Komet zu sehen, der alle 75 Jahre wiederkehrt, wie Johannes Kepler herausfand. Zeitlich etwas besser positioniert, dafür ansonsten weniger spektakulär, gab es 7 v. Chr. eine große Konjunktion der drei Planeten Jupiter, Saturn und Mars im Sternbild der Fische, wobei die Fische immer dem »fruchtbaren Halbmond«, also auch Palästina, zugeordnet waren und der Fisch als Symbol der Christen galt, weil griechisch *ichthýs* mit seinen Buchstaben für *iēsoûs* (›Jesus‹), *christós* (›der Gesalbte‹), *theoû* (›Gottes‹), *hyiós* (›Sohn‹) und *sōtér* (›Retter‹) standen.

Hinzu kam noch, dass die eng nebeneinander am Himmel stehenden Planeten eine besondere Helligkeit erzeugten: Astronomen sprechen von einem Zodiakallicht, das aus der Bestrahlung der interstellaren Materie zwischen Sonne und Erde resultiert. Wie der Astronom Konradin Ferrari d'Occhieppo herausgefunden hat, strahlte dieses Zodiakallicht, von Jerusalem aus gesehen, genau in Richtung Süden, also nach Betlehem, übrigens auch nach Edom, der Heimat der herodianischen Königsfamilie. Auch weitere Konstellationen kommen in Frage, von denen allerdings keine das Zeug dafür hat, vor Beobachtern herzuziehen und sie an einen Ort zu führen. Über irgendeine Form von astronomisch akzeptablem Wissen (auch nach dem Kenntnisstand der damaligen Zeit) kann Matthäus ohnehin kaum verfügt haben. Aber er hatte ja letztlich Besseres: den Sternenglauben der Zeit, nach dem irdische Ereignisse mit himmlischen verknüpft sein müssen.

Letztlich wollte Matthäus eine dramatisch-eindrucksvolle Geschichte erzählen, die nebenbei zeigt, wie sehr dieser Neugeborene von Anfang an gefährdet war, den man ja später wirklich ans Kreuz nagelte. Und so macht Matthäus Herodes für seine Zeitgenossen wohl immer noch überzeugend zum Gegenspieler des neugeborenen Kindes. Im Übrigen geht die Geschichte für Jesus selbst vorläufig ja gut aus. Denn erstens kommt es zur berühmten Szene, in der die Könige im Stall eintreffen und als Zeichen ihrer Huldigung ihre Gaben abliefern. Damit ist ihre Aufgabe erfüllt, sie ziehen weiter, ohne noch einmal mit Herodes zusammenzutreffen. Dessen Soldaten aber erwischen nicht das richtige Kind, weil es längst weg ist. Die Eltern fliehen mit Jesus nach Ägypten, wo sie den Tod von Herodes abwarten, ehe sie zurückkehren. Wir kennen schon die unkonkrete Vorausdeutung, die Matthäus damit verbindet. Aber man sieht auch den Hintergrund der Erfindung: Die Ereignisse um die Geburt Jesu ähneln der Geschichte des jüdischen Volkes, das ja ebenfalls nach Ägypten floh (in diesem Fall, weil es an Nahrungsmitteln mangelte) und später in sein angestammtes Land zurückkehrte. Wobei auch noch der Kindermord seine Parallele besitzt. Auch der damalige Pharao ließ die Erstgeborenen des jüdischen Volkes ermorden, weil er fürchtete, sie würden in Ägypten die Macht übernehmen. Und auch in diesem Fall entwischte das »wichtigste« Kind, nämlich Mose, der dann zum Führer seines Volkes aufstieg.

Es könnte allerdings auch sein, dass dem »mythologischen« Motiv der Weisen aus dem Morgenland ein konkretes geschichtliches Ereignis als Anregung diente. Denn im Jahr 66 n. Chr., diesmal also in unmittelbarer Nähe zur Abfassungszeit des Evangeliums, gab es einen spektakulären Auftritt vor Kaiser Nero in Rom, der unter anderem von einem ganz unabhängigen Autor bezeugt wird, nämlich von Plinius dem Älteren, dem römischen Flottenkommandanten mit naturkundlichen Interessen, in dessen *Naturgeschichte* (30,6,16 f.). Der armenische König Tiridates war mit dreitausend Reitern auf dem Landweg nach Italien gezogen, um genau das zu vollziehen, was die Heiligen Drei Könige getan hatten: nämlich dem Gott-Kaiser zu huldigen. Plinius bezeichnet sie übrigens ausdrücklich als »Magier«. Die pomphaften Umstände kann man sich leicht ausmalen. Ob Matthäus von dem aufsehenerregenden Ereignis gehört hatte und die Anbetung in Betlehem als Gegenstück konzipieren wollte (wie der Theologe August Strobel vermutete)? Gegen die Utopie vom römischen Weltfrieden, der auf Waffengewalt gründete, die Utopie von einem ganz anderen Frieden, der vom Kind in der Krippe ausgeht? Gegen die dreitausend Perser die Heiligen Drei? Und nicht zuletzt: gegen den Weltherrscher in Rom, der vor gerade einmal zwei Jahren anlässlich des Brandes von Rom die Christen als Verursacher verdächtigte, weil man ihn selbst im Verdacht hatte, und sie bevorzugt als lebendige Fackeln verbrennen ließ?

Die Erfindung des Weihnachtsfestes

Anfänge des Kirchenjahres

Die frühe Kirche hatte das Problem jeder Religion: Sie musste für die Durchsetzung ihrer Lehre angemessene Formen finden. Da die ersten Mitglieder Juden waren, orientierte man sich an deren Gebräuchen. Paulus feierte nach dem Zeugnis der *Apostelgeschichte* die drei Hauptfeste des Judentums zusammen mit den Juden: Pessach-Ostern, Pfingsten und das Laubhüttenfest. Bei jedem nächsten Schritt aber sann man auf Abgrenzung.

Dies zeigt sich bereits an der Übernahme der Siebentagewoche. Die Römer kannten sie nicht, sie benutzten eine Achttagewoche mit den Kalenden, Nonen und Iden als den Markttagen. Allerdings gibt es die Siebenteilung schon sehr viel früher im Zweistromland, wo man eine Gliederung des Mondmonats in vier (fast) gleiche Phasen zu je sieben Tagen mit entsprechendem Ausgleich vorgenommen hatte. Die Juden übernahmen das Schema ohne Bezug auf Mondphasen bzw. Monatsgrenzen, weil es zum Schöpfungsbericht im Alten Testament mit der Erschaffung der Welt an sieben Tagen inklusive des Ruhetages am Ende passte. Dabei lag dieser Ruhetag auf dem Samstag, dem Sabbat. Als die Christen das Schema aufgriffen, verlegten sie den Ruhetag auf den Sonntag, den »Tag des Herrn«. Schon Paulus notiert es in seinem Brief an die Galater (Gal 4,10 f.) nicht ohne polemischen Unterton: Der jüdische erste Tag der Woche wird bei den Christen zum letzten. Seit dem 2. Jahrhundert gibt es Zeugnisse für den Sonntag als den Tag, an dem die Gemeinde Eucharistie feierte.

Dann folgte die Bestätigung von höchstmöglicher Stelle. Kaiser Konstantin erklärte 321 den Sonntag zum Ruhetag für Richter, Stadtbevölkerung und alle Erwerbstätigen mit Ausnahme der Bauern, nachdem er das Christentum zwar noch nicht als Staatsreligion, aber als wichtigste des römischen Staates installiert hatte.

Noch viel gravierender aber gestaltete sich die Umformung von Pessach als dem höchsten Fest der Juden, das eng mit dem

Kreuzestod Jesu verknüpft war. Schon immer hatten die Juden das Kommen des Messias in der Nacht vor dem Frühlingsvollmond erwartet. In dieser wichtigen Nacht war auch der Auszug aus Ägypten erfolgt, aus der Sklaverei, die dann mit dem Pessachfest für immer in Erinnerung gehalten wurde. Dieses jüdische Hauptfest dauerte sieben Tage im Frühlingsmonat Nisan, mit dem Höhepunkt am 15. Tag nach Neumond, dem Mazzotfest. Die Kreuzigung Jesu aber war genau in die Zeit des Pessachfestes gefallen, auch wenn sich die Evangelisten über die genauere Abfolge der Ereignisse (das Abendmahl verlegen die Synoptiker auf Donnerstag, Johannes auf Freitag) nicht einig sind, nur darin, dass Kreuzigung und Tod auf einen Freitag, die Auferstehung auf einen Sonntag fiel. Für uns ist wichtig, dass das Christentum mit Ostern sein erstes zentrales Fest erhielt. Weiter, dass sich dieses Fest an das jüdische Pessachfest anlehnte, weil die historischen Abläufe eben miteinander verbunden waren. Das bedeutete: Gefeiert wurde nach dem Mondkalender, den Zeitpunkt bestimmte der erste Frühlingsvollmond. Ostern war damit ein bewegliches Fest (Luther sprach später von einem »Schaukelfest«, das er gerne auf einen fixen Termin gelegt hätte: den 25. März). Nur setzten damit sofort größte Schwierigkeiten ein.

Unter den Judenchristen gab es – erster Streitpunkt – eine Gruppe, die den Wochentag der Kreuzigung als Ostern beging, während die Heidenchristen den Tag der Auferstehung, also immer den Sonntag, bevorzugten. Der zweite Streitpunkt betraf die Berechnung des Osterfestes überhaupt. Die Bestimmung des Frühlingsvollmonds setzt voraus, dass man weiß, wann der Frühling (als Zeitpunkt der Tagundnachtgleiche) eintritt. Dessen Bestimmung schwankte aber damals zwischen dem 21. und 25. März. Als Caesar den römischen Kalender erneuerte, fiel die Frühlings-Tagundnachtgleiche genau auf den 25. März. Seither aber rückte der Termin aufgrund einer leichten Ungenauigkeit bei der damaligen Bestimmung der Länge des Jahres immer weiter vor, pro Jahrhundert um etwas mehr als einen Tag. Durchsetzen sollten sich die Gelehrten in Alexandria mit ihrer tatsächlich überlegenen astronomischen Kenntnis, denen man sich in Rom dann anschloss bzw. sich auf deren Berechnung verließ.

Dabei rechnete man nicht jedes Jahr neu, sondern entnahm das Datum der jeweils fälligen Osterfeier Tafeln, die ganze Zyklen enthielten. Die Astronomen hatten nämlich verstanden, dass die Tagundnachtgleiche (und damit auch Ostern) nach gewisser Zeit wieder auf das gleiche Datum und schließlich auch auf den gleichen Wochentag fällt. In einer älteren, noch ungenauen Berechnung war die Wiederholung mit 16 Jahren (für das gleiche Datum) bzw. siebenmal 16, also 112 Jahren (für gleiches Datum und gleichen Wochentag), angegeben, nach einer späteren und genaueren Berechnung auf 19 bzw. 28 mal 19, also 532 Jahre. Dabei wurde ein interessantes Nebenproblem gelöst, das bis heute nachwirkt. Der römische Abt Dionysius Exiguus (›der Kleine‹) rechnete im 6. Jahrhundert nicht nur vorwärts, sondern auch zurück und schloss dabei den ersten Zyklus an das Jahr der Geburt Jesu an, womit die alte Zeitrechnung nach den Regierungsjahren des jeweiligen römischen Kaisers wegfiel. Natürlich kannte dieser Dionysius das Geburtsjahr nicht wirklich, er bestimmte es nach den Daten, die man in diesem Zusammenhang als wahrscheinlich angesehen hatte. Übrigens kannte man in der damaligen Mathematik noch nicht die Null, weshalb dem Jahr 1 v. Chr. das Jahr 1 n. Chr. folgt. Wir haben also bei der Diskussion um Ostern zwar keinen Tag der Geburt, aber immerhin ein Jahr dieser Geburt erhalten, das bis heute weltweit den Kalender bestimmt.

Was die Feier des Osterfestes betrifft, bleibt noch ein letzter Punkt zu erwähnen. Wie auch immer der Termin bestimmt wurde: Niemand wollte, dass das christliche Osterfest mit dem jüdischen Pessachfest zusammenfiel, lieber gab man die exakte Berechnung auf. Wenn der Zusammenfall drohte (weil das Mazzotfest ebenfalls auf einen Sonntag fiel, was alle sieben Jahre vorkommt), rückte man eine Woche weiter, um nicht »mit den Juden« zu feiern. Anlehnung an die Juden und Distanzierung oder gar Abscheu gingen also von Anfang an zusammen. Lange Zeit hörte man trotz der grundsätzlichen Einigung von verschiedenen Feierterminen in einzelnen

Gemeinden, was in der Großkirche als erheblicher Makel, ja Skandal empfunden wurde. Aber mit dem Osterfest war sozusagen ein erster fester Punkt im Kalender gegeben, um den sich das Jahr dann drehen konnte. Auf dem Konzil von Nicäa im Jahr 325 sollten dafür die Würfel endgültig fallen.

Die nächsten Feste lagen dann gewissermaßen auf der Hand. Sie konnten nur aus dem biblischen Geschehen abgeleitet werden, aus den weiteren Stationen im Leben Jesu, die man kannte. Eines der ersten Feste betraf Pfingsten, wieder mit jüdischer Vorgabe, sofern es um den 50. Tag nach Pessach ging. Man musste nur den Sinn des Festes ändern, also statt der Übergabe der Tora nach dem Bericht des Lukas das Erscheinen des Heiligen Geistes feiern, wie es Lukas im 2. Kapitel seiner *Apostelgeschichte* geschildert hatte. Früh verband man damit außerordentlich Wichtiges: nämlich die Entstehung der Kirche. Weil zwischen Ostern und Pfingsten die Auffahrt Jesu in den Himmel stattfand, nach Lukas am 40. Tag der Osterzeit (deshalb immer an einem Donnerstag), ergab sich auch noch ein drittes Fest: Christi Himmelfahrt. Die Feier von Pfingsten als Abschluss der Osterzeit ist erstmals im Jahr 130 bezeugt, gehört also zu den frühesten Festen überhaupt. Christi Himmelfahrt ist komplizierter, wurde in der frühen Kirche eigenartigerweise trotz Lukas mit Pfingsten zusammen begangen. Die »korrekte« Trennung scheint im späten 4. Jahrhundert erfolgt zu sein, möglicherweise in Verbindung mit dem Konzil von Nicäa.

All diese Feste ließen sich datieren, weil sie gewissermaßen an Ostern »hingen«: die Himmelfahrt nach 39 Tagen, Pfingsten nach 49. Schwieriger wurde es mit Ereignissen, über die die Evangelisten berichteten, ohne ein Datum zu nennen. Dazu gehörten die Geburt Jesu und seine Taufe. Beide Feste wurden spät eingeführt und traten dann auch noch eine Weile in eine eigenartige Konkurrenz, weil einige Theologen die Taufe als die eigentliche Geburt ansahen – die Geburt des Gottessohnes. Und so flossen Taufe und Geburtstag gewissermaßen zusammen, mit der Folge, dass für eine »richtige« Geburt kein Bedarf mehr bestand.

Mehr noch: Gegen ein Fest der Geburt gab es sogar Widerstand.

Einer der bedeutendsten Kirchenlehrer im 3. Jahrhundert, Origenes, in Alexandrien geboren, aber auch nach Rom gekommen, protestierte dagegen mit dem Argument, Geburtstag feierten nur die Heiden, womit er besonders an den römischen Kaiser dachte, der diesen Tag immer äußerst prunkvoll zu begehen pflegte. Augustus hatte damit begonnen, sein Geburtstag fiel auf den 23. September, der zum nationalen Feiertag erklärt wurde mit Prozession durch Rom, Staatsopfer und Spielen für das Volk. Übrigens galt dies auch für den Geburtstag der Stadt Rom am 21. April, deren 1000-Jahr-Feier im Jahr 248 bei leeren Staatskassen trotzdem mit größtem Aufwand stattfand. Doch auch die ganz normalen Römer pflegten den Brauch, den die frühen Christen entsprechend herzlich verachteten. Wenn sie Heilige mit Festen ehrten, taten sie dies nie an deren Geburtstag, sondern an deren Todestag, speziell bei einem Martyrium als dem »Geburtstag« ihrer Heiligkeit.

Man sieht: Für ein Geburtsfest Jesu, das spätere Weihnachten, gab es anfangs – und das heißt: fast vier Jahrhunderte lang – keinen Bedarf. Das Kirchenjahr etablierte sich allmählich, der Osterfestkreis wurde geschaffen, auch erste Heilige erhielten ihre Gedenktage, allen voran Petrus und Paulus am 29. Juni. Um die Feier der Geburt kümmerte sich jedoch niemand, obwohl sie in den Evangelien durchaus prominent geschildert wird. Geradezu plötzlich, möchte man sagen, ist das Fest da. Deshalb tun sich Fragen auf: Wieso so spät? Wieso überhaupt? Und nicht zuletzt: Wie vollzog sich die Etablierung im Einzelnen?

Die konstantinische Wende

Um das Ergebnis vorwegzunehmen: Das Weihnachtsfest wurde im späten 4. Jahrhundert fast zeitgleich im Westen und Osten des Römischen Reiches eingeführt. Dafür gibt es beste Quellen, zum Beispiel die Predigten so bedeutender Kirchenväter wie Johannes Chrysostomos (in Antiochia), Hieronymus (in Jerusalem), Augustinus (im nordafrikanischen Hippo) und – schon etwas später –

Titel- bzw. Widmungsseite des *Chronographen von 354*

Papst Leo der Große (in Rom). Was es nicht gibt, ist ein eindeutiger Erstbeleg. Der in diesem Zusammenhang in den Handbüchern immer zitierte *Römische Chronograph* ist es nicht. Dabei handelt es sich um ein kostbar ausgestattetes Kalenderwerk, das 354 von einem bekannten Schönschreiber mit Namen Filocalus für einen nicht näher bekannten Mann namens Valentinus geschaffen wurde.

Dieses Werk, das uns natürlich nur in Abschriften überliefert ist, enthält ein Verzeichnis der Geburtstage sämtlicher Kaiser seit Augustus, die Konsullisten von der Gründung Roms bis zur damaligen Gegenwart, eine Liste der römischen Stadtpräfekten – und schließlich vier christliche Kalender. Dazu gehört eine Märtyrerliste, die letztlich darüber informierte, wann und wo man das entsprechende Fest feierte. Eröffnet aber wird diese Liste mit dem Eintrag: »VIII kal Ian natus Christus in Bethlehem Judaeae« (›An den achten Kalenden des Januars, also am 25. Dezember, ist Christus in Betlehem im Lande Juda geboren‹). Die Konsulliste enthält den gleichen Eintrag: »Caesare et Paulo coss Christus natus est, 8 calen. Ianuarii luna« (›Unter den Konsuln Caesar und Paulus ist Christus geboren an den achten Kalenden des Januars, zur Zeit des Vollmonds.‹)

Da ist er also gleich doppelt, der scheinbare Volltreffer. Aber man sieht vor allem im Falle der Märtyrerliste vielleicht den Pferdefuß. Es fehlt der Ort, an dem die Feier stattfindet, wie er etwa bei der Märtyrerin Agnes erwähnt wird. Wir haben also einen Geburtstermin, aber keinen Feiertermin. Und dies könnte einen Grund haben, nämlich den, dass im Jahr 354 in Rom diese Geburt eben noch nicht gefeiert wurde. Wenn es nicht noch anders war, dass nämlich der Eintrag später erfolgte – der wichtigsten Abschrift von den Abschriften im 17. Jahrhundert sieht man dies natürlich nicht mehr an. Fest steht, dass der Festkalender für den 25. Dezember auch den Eintrag »Natalis Solis invicti« (›Geburtstag des unbesiegbaren Sonnengotts‹) mit 30 Pferderennen enthält. Im Übrigen sind die christlichen Listen eigenartig schmal, in gröbster Auswahl angelegt. Ergebnis: Ein Beleg für das Fest der Geburt Jesu ist dieser Kalender nicht.

Letztlich interessanter ist ohnehin die Frage, in welcher Lage sich das Christentum befand, als es das Weihnachtsfest einführte. Dazu bedarf es eines Blicks in die römische Geschichte, bei der die meisten ein wichtiges Datum kennen: die »Bekehrung« Konstantins des Großen zum Christentum, was zuerst die Duldung der bislang verfolgten neuen Religion bewirkte und später ihre Erhebung zur wichtigsten Religion im Staat.

Im 1. Jahrhundert, zur Zeit der Evangelisten, war diese Entwicklung völlig unabsehbar gewesen. Damals hatten sich im Mittelmeerraum überall christliche Gemeinden gebildet, was allein schon eine erstaunliche Leistung war. Aber es fehlte der Zusammenhalt, es fehlte an einfachsten übergreifenden Institutionen. Ein bedeutender Fortschritt lag in der Ernennung von Bischöfen, die miteinander in Kontakt treten und sich auf Zusammenkünften oder brieflich absprechen (oder natürlich auch streiten) konnten. Dies geschah zuerst im Osten, in der Nähe des Heiligen Landes, weniger im immer wieder von Krieg und Zerstörung heimgesuchten Jerusalem als in den großen Städten wie Antiochia in Syrien oder Alexandria in Ägypten – zunächst auch nicht in Konstantinopel, das noch längst nicht das »neue Rom« war. Rom selbst hatte seit dem Weggang des Kaisers mehr und mehr an Bedeutung verloren, zumal in der Zeit des Mehrkaisertums Trier, Mailand und Ravenna im Westen, Nikomedia und Thessaloniki im Osten als Residenzen dienten. Dass dem römischen Bischof Damasus im 4. Jahrhundert der Durchbruch gelang und er sich einigermaßen unangefochten als Papst durchsetzte, gehört zu den Meilensteinen in Richtung einer wirklichen Großkirche – darauf ist noch zurückzukommen.

Die Initialzündung hatte jedoch zweifellos Konstantin gegeben, auch wenn das Mittelalter sein Bild verklärte, ja grotesk verfälschte, wenn es ihn als denjenigen Kaiser darstellte, der »Papst« Silvester in der »Konstantinischen Schenkung« Rom überließ – die Fälschung des 8. Jahrhunderts, als Fresko im Oratorio di San Silvestro der Kirche Santi Quattro Coronati in Rom noch im 13. Jahrhundert triumphal dargestellt, wurde 1433 von Nikolaus von Kues aufgedeckt. Tatsächlich besiegte Konstantin 312 an der Milvischen Brücke seinen

Die Konstantinische Schenkung auf einem Fresko in der Silvesterkapelle bei der Basilika Santi Quattro Coronati in Rom, 1246

einstigen Mitkaiser Maxentius, was er selbst auf die Hilfe des christlichen Gottes zurückführte, der ihm in einer Erscheinung den Sieg versprochen habe, sofern er in seinem Zeichen kämpfe. Fest steht, dass Konstantin die Politik seines Vorgängers Galerius fortsetzte, der den Christen im Mailänder Edikt 311 Toleranz gewährte, um ihre Führer anschließend immer mehr in seine Politik einzubinden. Als Konstantin 324 auch seinen letzten Mitkaiser Licinius aus dem Weg räumte und allein die Macht innehatte, machte er das Christentum zur bevorzugten Religion im Reich, protegierte dessen Vertreter und stiftete repräsentative Basiliken.

Wieweit Konstantin persönlich Christ wurde, ist umstritten – die Taufe fand erst auf dem Sterbebett statt. Seine Politik war nie gegen das Heidentum gerichtet, im Gegenteil unterstützte er dessen Kulte und baute auf die nach wie vor überwiegend heidnisch gebliebenen Staatsdiener, speziell die Senatoren. Konstantin muss jedoch begriffen haben, dass die neuen christlichen Führungspersönlichkeiten ihm mit ihrer Fürsorge für die notleidende Bevölkerung nützten. In den ständig auftretenden Ernährungskrisen war es die Kirche, die einsprang, wo der Staat versagte. Allein die Organisation der Kirche, die der karthagische Bischof Cyprian im frühen 3. Jahrhundert als »militärisch« charakterisierte, ihre Mitglieder als »Krieger Gottes«, durch »den Kitt des Glaubens zur festen Einheit eines Körpers verbunden«, musste den Kaiser beeindrucken.

Es lohnte sich für beide Seiten. Das Leben in deutlich abgemilderten Hierarchien, der faktische Zusammenhalt mit entsprechender Solidarität führte der von Konstantin ebenso geschützten wie ausgebeuteten Kirche als einer »Demokratie der Herzen«, wie sie Peter Brown nennt, immer mehr Mitglieder zu. Sie wuchs gerade in den Städten sprunghaft, wurde selbstbewusst, bis Ambrosius von Mailand 391 über Kaiser Theodosius wegen eines Massakers eine Kirchenbuße verhängen konnte – zu dieser Zeit bereits mit einer Gemeinde im Rücken, die durchaus Drohpotential besaß. Von ganz besonderer Bedeutung war es, dass sich irgendwann nicht mehr nur die Unterprivilegierten als Mitglieder aufnehmen ließen, sondern die Reichen und sogar Superreichen. Der gerade erwähnte Historiker Peter Brown hat darüber ein 800-Seiten-Buch geschrieben unter dem Titel *Der Schatz im Himmel*. Denn die Geschichte vom reichen Jüngling, dem Jesus riet, seinen Besitz zu verkaufen und den Erlös den Armen zu geben, um auf diese Weise »einen Schatz im Himmel« (Mt 19,21) zu gewinnen, wurde Wirklichkeit. Spektakuläre Bekehrungen reihen sich in den 370er Jahren aneinander.

Paulinus von Nola war der erste Senator, also ein wirklich Superreicher, der sein Vermögen stiftete. Er war beeinflusst von Priscillian, Bischof von Avila, einem berühmt-berüchtigten Asketen. Bischöfe entwickelten sich zu Spezialisten der Umgarnung, eine Art Drittmitteleintreibung in Zeiten der Spätantike. Vor allem Witwen waren die »Opfer«, was bei Neidern zu entsprechender Polemik führte – zum Beispiel zur Bezeichnung als »Ohrlöffel der Matronen« (mit solchen Ohrlöffeln entfernte man das Ohrenschmalz).

Aber auch die »normalen« Reichen leisteten ihre Beiträge, wozu bei jedem Gottesdienst der Opfergang eingerichtet war, bei dem Spendenwillige ihren Beitrag zum Altar trugen und daraufhin unter namentlicher Nennung Applaus erhielten (was Hieronymus sarkastisch damit kommentierte, dass es sich nicht um ihren eigenen Reichtum handelte).

Das Christentum wuchs also, die aus dem Boden schießenden Kirchen entstammten den Geldbörsen reicher Spender. Doch etwas anderes lastete schwer auf dieser Entwicklung. Es gab keine Einigkeit über die theologischen Grundlagen. Im Gegenteil: Die frühe Kirche hatte zwar einen Abwehrkampf gegen heidnische Philosophen geführt – wie zum Beispiel Origenes gegen den Neuplatoniker Celsus, bei dem das Versprechen der Auferstehung nur Spott auslöste: »Das ist eine Hoffnung, die geradezu für die Würmer passend ist! Denn welche menschliche Seele dürfte sich wohl noch nach einem verwesten Leibe sehnen?« Und wenig später sollten die siegreichen Christen nach ihrer eigenen Verfolgung zur nicht weniger blutigen Heidenverfolgung übergehen, der zum Beispiel die ebenfalls neuplatonische Philosophin Hypatia zum Opfer fiel, als ein christlicher Mob sie nackt steinigte, ihren Leichnam anschließend zerstückelte und verbrannte. Aber die frühe Kirche kannte ebenfalls und zunehmend Abweichler, weil sich ohne »Haupt« die Dinge überall anders entwickelten. Es muss für Konstantin ein schwerer Schock gewesen sein, als er merkte, dass diese Kirche, auf die er so sehr setzte, in sich zerstritten war. Das Reich hatte er politisch geeint, er herrschte unangefochten. Und dann dieses Auseinanderfallen ausgerechnet bei denen, die er für die innere Befriedung so dringend brauchte.

Charakteristischerweise zeigte sich dieses Auseinanderfallen auch an dem damals wichtigsten Fest der Christenheit überhaupt: an Ostern. Es wurde, wie schon gesagt, teils am Wochentag der Auferstehung gefeiert, teils stets am Sonntag, was sich ja schließlich durchsetzte. Wer denkt, ein solches Nebeneinander müsse tolerierbar gewesen sein, täuscht sich in der Mentalität von Theologen, die ihre Existenz dafür aufs Spiel setzten, »richtig« zu feiern.

Und dann setzte auch noch der Kampf um die Trinität ein, die Frage, wie es mit der Person Jesu als Sohn bestellt war. Der alexandrinische Presbyter (Priester) Arius hatte in diesem Punkt die Position eingenommen, dass Jesus von Gott »erschaffen« wurde, ihm also nicht wesensgleich, nur wesensähnlich war. Das lief auf einen »reinen« Monotheismus statt der Trinität von Vater, Sohn und Heiligem Geist hinaus – eine durchaus einleuchtende Erklärung, die ganz nebenbei einen der wichtigsten Einwände des Islam gegen das Christentum verhindert hätte. Sie wurde über ein ganzes Jahrhundert hinweg niedergerungen, mit viel Blutvergießen auf beiden Seiten.

Konstantin hatte dies also direkt vor Augen und reagierte. Er rief 325 eine Versammlung der gesamten Kirche ein, das erste ökumenische Konzil. Der Ort lag ganz in der Nähe seines Regierungssitzes Konstantinopel, in seinem Sommerpalais von Nicäa auf der anderen Seite des Bosporus, idyllisch gelegen am Iznik-See. Um die 300 Bischöfe kamen unter Erstattung der Reisekosten zusammen, darunter sieben aus dem Westen. Der Kaiser saß der Versammlung auf einem goldenen Sessel vor, griff in die Debatten ein und feierte am Ende sein 20-jähriges Dienstjubiläum, ehe er die Bischöfe reich beschenkt entließ – die bei ihm eingegangenen Briefe, in denen diese Bischöfe ihre Kollegen anschwärzten, hatte er zuvor einfach vernichtet. Alles schien in Ordnung. Ostern wurde auf Sonntag fixiert, auch die Modalitäten der Berechnung festgelegt. Arius wurde verurteilt und verbannt, heraus kam das Glaubensbekenntnis, das mit geringen Abwandlungen unverändert blieb, in der heutigen Formulierung: »Wir glauben an den einen Gott, / den Vater, den allmächtigen […] Und an den einen Herrn Jesus Christus, Gottes eingeborenen Sohn, / aus dem Vater geboren vor aller Zeit: / Gott von Gott, Licht vom Licht, / wahrer Gott vom wahren Gott, / gezeugt, nicht geschaffen, / *eines Wesens* mit dem Vater ...« Durchgesetzt hatte sich dabei ein Diakon von Alexandria, der seinen aus Antiochia stammenden Kollegen Arius auf das Konzil begleitet hatte: Athanasius, der spätere Athanasius der Große. Niemand ahnte damals wohl, wie sehr sich die Entwicklung, die letztlich ein Streit

zwischen den beiden Hotspots der Theologie darstellte, noch zu-
spitzen würde.

Denn Arius war zwar geschlagen, nicht aber der Arianismus.
Die Partei, die auf dem Konzil die Opposition gestellt und aus politischen Rücksichten das Ergebnis (mit dem Glaubensbekenntnis)
unterschrieben hatte, gewann Oberwasser, brachte Konstantins
Schwester Konstantia auf ihre Seite. Das bedeutete »Reinigung«.
Einer der wichtigsten Protagonisten in Nicäa, Athanasius, der 328
als eine Art Dank für seine Leistungen zum Patriarchen von Alexandria aufgestiegen war, wurde vom Kaiser abgesetzt und ins Exil
nach Trier (also möglichst weit weg vom Geschehen) geschickt,
Arius dagegen rehabilitiert. Mit welchen Bandagen gekämpft wurde, sieht man vielleicht an einem eher nebensächlichen Ereignis:
Man suchte Athanasius zu verdächtigen, einen Widersacher ermordet zu haben, legte eine abgehackte Hand als Beweis vor, worauf
Athanasius den »Ermordeten« unverletzt vorführte und zunächst
einmal davonkam.

Selbst Konstantin sympathisierte mit den Arianern, ließ sich auf
dem Sterbebett von einem arianischen Bischof taufen. Nach seinem
Tod übernahmen die Söhne die Herrschaft: Der älteste Sohn Constantin II. erhielt Rom, sein Bruder Constantius II. Konstantinopel.
Beide Kaiser suchten jeweils ihren Reichsteil aufzuwerten, gerieten
aber auch sofort in Streit mit dem jüngsten Bruder Constans, der
Constantin II. besiegte. Er war katholisch gesinnt, während Constantius II. zwischen Katholiken und Arianern vermittelte. Constans hätschelte den Klerus und betrieb eine rigide Verfolgung von
Heiden und Juden, auch Constantius II. ging gegen die Heiden vor,
bediente sich aber daneben weiterer Mittel, um seinen Ruhm zu
erhöhen. 357 ließ er die Reliquien des Apostels Andreas und des
Evangelisten Lukas in die Apostelkirche von Konstantinopel über-
führen. Nach dem Tod von Constans gab es im Römischen Reich
mit Constantius II. wieder einen Alleinherrscher, der die Arianer
unterstützte. Als er nach vielen unglücklichen Kämpfen gegen die
Goten die Strategie änderte und das germanische Volk ins Reich
aufnahm, wurden diese wie die meisten germanischen Völker spä-

ter (die Vandalen in Nordafrika oder die Langobarden in Norditalien) Arianer – bis sich der Franke Chlodwig um 500, übrigens an einem Weihnachtsfest, in Reims katholisch taufen ließ.

Das junge Christentum führte also um die Lehre von der Natur Christi einen erbarmungslosen Kampf inklusive Mord und Totschlag. Der heidnische Historiker Ammianus Marcellinus berichtet äußerst kritisch über die »ständigen Kontroversen«, bei denen es nie zu einer Einigung kam, sondern nach seinem Eindruck der Streit um des Streites willen geführt wurde: »Scharen von Bischöfen hasteten dahin und dorthin zu ihren verschiedenen Synoden und desorganisierten so den öffentlichen Postdienst.« Athanasius als einer der Hauptangriffsführer ging fünfmal in die Verbannung und wurde fünfmal rehabilitiert.

Die Berechnungshypothese

Was hat all dies mit dem Weihnachtsfest zu tun? Sehr viel, denn man hat schon das Konzil von Nicäa zum Grund für dessen Erfindung gemacht, sofern das Glaubensbekenntnis die Formulierung »dass er Fleisch geworden ist« enthielt und überhaupt die Person Jesu mit ihrer problembehafteten Mischung aus Gottheit und Menschheit ins Visier geriet. Wer den Spruch kennt, kein Jota solle verändert werden, findet den Ursprung in Nicäa, wo man auf Griechisch debattierte. Das Griechische unterscheidet *homoousios* und *homoiousios*, »wesensgleich« und »wesensähnlich«, also die nicänische Wesens*gleichheit* von Gottheit und Menschheit in der Person Christi oder die arianische Wesens*ähnlichkeit*, woraus prompt Homousier und Homoiusier wurden. Dies blieb nicht ohne Folgen für die Geburt, bei der eigentlich die Evangelisten für Klarheit gesorgt hatten, als sie Jesus von Anfang an neben dem göttlichen ein menschliches Wesen zusprachen, gesichert durch die jungfräuliche Geburt. In Nicäa war zwar die Geburt ein Thema – siehe das Glaubensbekenntnis. Aber in Nicäa hatte nicht Weihnachten im Zentrum gestanden, sondern Ostern. Weder Nicäner noch Arianer sprachen Weihnachten an, weil es immer noch keinen Bedarf für ein Geburtsfest gab. Das änderte sich dann. Und so viel kann man vorweg sagen: Es waren vor allem Nicäner, die das Fest prägten, es als Waffe im Kampf gegen die Arianer instrumentalisierten. Weihnachten nämlich kam aus dem Westen, aus Rom.

Es begann mit scheinbar Harmlosem, mit der Festlegung der Geburt auf einen fixen Tag im Jahr. Denn nach fast vier Jahrhunderten wird plötzlich genau darüber debattiert. Die boshafte Formulierung von Origenes, Geburtstage feierten nur Heiden wie der Pharao oder Kaiser Nero, ist offenbar vergessen. Nur, wann genau war er denn geboren? Das hatte man sich auch schon zu Zeiten gefragt, als man an die Feier noch nicht dachte. Wenn etwa der wahrscheinlich in Rom tätige Presbyter Hippolyt in einem Kommentar zum Propheten Daniel im Jahr 202 den 25. Dezember errechnet und sogar zur Feier empfohlen haben soll, kann das nur spätere Unterschiebung sein (die Handschrift vom Berg Athos stammt aus dem 11. Jahrhundert), als man diesen Termin mit der Autorität der alten Herkunft untermauern wollte. Tatsächlich bot eine in Nordafrika 243 entstandene Schrift, die sich eigentlich mit dem Ostertermin befasste – der sogenannte *Pascha Computus* (›Osterrechner‹, wie diese Art der Rechnerei mit dem so modern klingenden Wort bezeichnet wurde) –, den 28. März. Man sieht rasch, dass dahinter Symbolik steckt. Denn Jesu Geburt wird mit der Erschaffung der Welt synchronisiert. Nach dem alttestamentlichen Buch Exodus ist es Jahwe selbst, der den März als ersten Monat des Jahres bestimmte, genauer: auf den astronomischen Frühlingspunkt am 25. März gelegt hatte. Am dritten Tag aber erschuf Gott die Sonne, was als sehr geeignetes Datum auch für die Geburt des göttlichen Sohnes erschien. Aber wie gesagt, das war ein Datum der Geburt, kein Datum für ein Geburtsfest. Übrigens wurden auch andere (Frühlings-) Tage diskutiert, vor allem der 2. März und der 20. April.

Man hat in der Forschung immer wieder neu nach Gründen für diese Wende gesucht, für die Einführung des Festes. Das wird doppelt kompliziert, weil dabei zwei Feste eine Rolle spielen, die ungefähr gleichzeitig und in Konkurrenz zueinander auftauchen: Im

Osten ist es der 6. Januar mit dem griechischen Namen Epiphanie, also »Erscheinung« des Herrn, im Westen Weihnachten am 25. Dezember. Man muss also zunächst einmal verstehen, dass die Geburt Jesu mit diesem unterschiedlichen Akzent gefeiert wurde: als seine »Erscheinung« als Gottes Sohn, was dann später zum Dreikönigsfest mit dem Auftritt der Magier wurde, und als die eigentliche Geburt – wenn man so will: Weihnachten mit Matthäus oder mit Lukas. Hinter dem 6. Januar steckt dabei die Taufe als Geburt der Göttlichkeit, beim 25. Dezember »genügt« für diese Göttlichkeit die Geburt durch die Jungfrau. In beiden Fällen aber stellt sich die Frage nach dem Warum. Warum also plötzlich diese Feier der Geburt? Darauf sind zwei Antworten gegeben worden, die letztlich unbefriedigend bleiben, allerdings nicht übergangen werden dürfen, weil sie doch irgendwie mit der entscheidenden Motivation zur Feier zusammenhängen. Machen wir es also spannend und tragen zunächst die Nebenmotive vor.

Das eine lautet: Die Geburt ließ sich errechnen, wurde jedenfalls errechnet und in der Folge dann auch gefeiert. Wirklich logisch ist dies nicht, weil die Errechnung im *Pascha Computus* mitten im 3. Jahrhundert ja keinerlei Folgen für die Feier eines Festes hatte. Aber eindrucksvoll ist es schon und am eindrucksvollsten bei jemandem, der selbst den Umschwung miterlebt hatte und sich zuletzt glühend für den 25. Dezember einsetzte: Johannes Chrysostomos (nach seinen glänzenden rhetorischen Fähigkeiten der »Goldmund«). Dieser Kirchenlehrer mit einem umfangreichen Schrifttum, unter dem sich allerdings besonders abstoßende Formen des Antijudaismus befinden, war zunächst Presbyter in Antiochia (der Hauptstadt von Syrien und immer die große Gegenspielerin von Alexandria) gewesen, dann 397 Erzbischof von Konstantinopel geworden, wo er sich mit seinen asketischen Forderungen am Hof so unbeliebt machte, dass er verbannt wurde und 407 in der Verbannung starb.

Dieser Chrysostomos kannte offenbar zunächst kein Weihnachtsfest am 25. Dezember. Er zählt in einer älteren Pfingstpredigt nur drei Feste auf, nämlich Epiphanie (am 6. Januar), Ostern und

Pfingsten, wie es der Region entsprach. In einer Epiphaniepredigt der gleichen frühen Zeit ist als Inhalt ausschließlich die Taufe Jesu behandelt. Und dann erfolgte der Umschwung in einer Weihnachtspredigt zwischen 386 und 388, immer noch in Antiochia (wo übrigens eine arianische neben zwei nicänischen Gemeinden existierte) – mit dem glühenden Bekenntnis zum 25. Dezember. In der Einleitung erwähnt er ausdrücklich den »großen Streit« um das Fest, hält es in Antiochia erst seit kurzem für bekannt, erklärt es aber andererseits für schon »sehr alt«, nämlich im Westen. Es kann sein, dass Hieronymus, von dem wir gleich noch mehr hören werden, das Fest mitgebracht hat, als er von Rom nach Palästina ging und in Antiochia eine Zeitlang Station machte. Als Beweis für die Richtigkeit des Feierns aber nennt Chrysostomus drei Argumente: Erstens hätte sich das Fest nicht durchsetzen können, wenn es nicht der richtige Tag gewesen wäre – geschenkt. Zweitens ergebe sich der Termin aus der Volkszählung, die in Rom dokumentiert sei – auch nicht viel besser (siehe oben). Und drittens könne man den Termin aus der Bibel errechnen.

Auf diesem letzten Punkt liegt dann das Hauptgewicht. Chrysostomos, der in einer langen Predigtreihe über das Matthäusevangelium die Geburtsszenen ausführlich interpretiert hatte, kennt sich in der Bibel eben gut aus und stützt sich in diesem Fall auf Lukas. So beginnt er mit der Volkszählung, deren Datum man in den »öffentlich ausgestellten alten Büchern in Rom nachschlagen« könne« – wohl wissend, dass man dies in Antiochia kaum nachprüfen konnte. Aber es geht ja weiter. Lukas berichtet von der Ankündigung der Geburt von Johannes gegenüber Zacharias im Tempel und folgt der »falschen« Angabe, wonach dies am Laubhüttenfest gewesen sein müsse (dass Zacharias kein Hohepriester war und damit die Grundlage nicht stimmt, haben wir schon gesehen). Mit dem Laubhüttenfest aber beginnt dann die Rechnung: »Elisabet war schon sechs Monate schwanger mit Johannes, als Maria empfing. Wenn wir also erfahren können, welches der sechste Monat war, werden wir auch wissen, wann Maria empfing; und weiter, indem wir erfahren, wann sie empfing, werden wir auch wissen, wann sie gebar, indem wir neun Monate von der Empfängnis aus weiterrechnen.« Das führt (mit dem Laubhüttenfest im April) zwar auf eine Geburt im Januar, aber Chrysostomos wischt die Schwierigkeit mit dem Hinweis auf Unterschiede zwischen dem antiochenischen und dem makedonischen Kalender weg – heraus kommt jedenfalls der 25. Dezember. Dass das Laubhüttenfest als lunares Fest stark schwankte und deshalb die Berechnung der solar datierten Geburt kaum plausibel machen konnte, sei nur am Rande vermerkt.

Die Schlussfolgerung lautete jedenfalls: Wenn man den Geburtstag von Jesus errechnen kann, sollte man ihn auch feiern. Was Chrysostomos bei seiner problematischen Rechnerei nicht sagt: Man kann eben auch anders rechnen. Der *Pascha Computus* hatte es vorgemacht, und auch noch im späten 4. Jahrhundert erschien ein Traktat unter dem Titel *De solstitiis et aequinoctiis* (*Über Sonnenwenden und Tagundnachtgleichen*), der nicht mit dem Alten Testament argumentierte, sondern mit symbolischen Terminen aus den kosmischen Bedingungen (übrigens überliefert unter Chrysostomospredigten). Dabei geht es wieder um den März als Schöpfungsbeginn, woraus dann Jesu Empfängnis und Kreuzigung jeweils auf einen Paschatermin festgelegt wurden, nämlich auf den 25. März. Auch daraus folgt natürlich mit entsprechendem Wissen über die Dauer einer Schwangerschaft der 25. Dezember. Interessanterweise fügt der anonyme Autor aber auch noch eine ganz neue Deutung hinzu. Am Tag der Wintersonnenwende würden nämlich die Oliven gepresst, um daraus das heilige Öl zu gewinnen, weiter werde der Wein geschnitten, dessen Most trunken mache im Heiligen Geist. Nur nebenbei sei erwähnt, dass andere Rechner, die bei ihren wieder anderen Ansätzen in Nöte gerieten, auch einmal mit einer zehnmonatigen Schwangerschaft argumentierten – Mönche eben, deren Aufklärungsgrad mitunter etwas schwach gewesen sein könnte.

Um mit Chrysostomos abzuschließen: Man darf annehmen, dass in »seinem« Antiochia die Geburt unterschiedlich gefeiert wurde, also auch am 6. Januar, durchaus mit nicänischem Hintergrund, aber doch für die Einheit der Christenheit verstörend, nicht zuletzt für das Außenbild bei den Heiden. Dass Chrysostomos diese Heiden tatsächlich im Visier hatte, zeigt sich darin, dass er ihr »Lachen« über das Geburtsfest ausdrücklich thematisiert: »Wenn es nämlich schändlich ist, dass Gott in einem menschlichen Körper wohnt, um wie viel mehr ist es dann schändlicher, dass er in einem Stein oder in einem Holz wohnen soll.« Oder gar in Hunden und Katzen. Alles überragend ist also das Anliegen, diese durch und durch menschliche Geburt als Glaubenszeugnis ernst zu nehmen, wobei es eben auch schön wäre, wenn man sich auf eine gemeinsame Feier einigte. Dies ist dann letztlich in Antiochia geschehen. Wie wichtig dies Chrysostomos war, zeigt seine Bezeichnung von Weihnachten (wegen des Beginns des Erlösungswerks) als »Mutterstätte aller Feste«. Im Originalton: »Und welches ist das? Die leibliche Geburt Christi, denn von ihr hat das Fest der Gotteserscheinung und die heiligen Ostern und die Himmelfahrt und Pfingsten Anlass und Inhalt empfangen.« Donnerwetter!

Aber auch anderswo wurde um den 25. Dezember gegen den 6. Januar gekämpft. Dies zeigt sich bei dem schon erwähnten Hieronymus, Übersetzer des hebräischen Alten Testaments und des griechischen Neuen Testaments ins Lateinische. Hieronymus hatte in Rom gelebt, war eine Art Sekretär von Papst Damasus gewesen, von dem der Auftrag zur Übersetzung kam, hatte sich sogar Hoffnung auf dessen Nachfolge gemacht, die sich aber zerschlug, als sich eine reiche Schülerin auf seinen asketischen Rat hin zu Tode gehungert hatte, was (wohl zu Recht) einen handfesten Skandal erregte. Hieronymus floh nicht ohne Unterstützung durch wiederum eine reiche Dame, die Witwe Paula , 385 nach Betlehem, ließ sich ein Kloster samt großer Bibliothek sowie weitere Frauenklöster einrichten und war dort bis zu seinem Tod 420 literarisch und seelsorgerisch tätig. Aus dieser Zeit ist eine Weihnachtspredigt erhalten, die er – wie aus dem Ende des Textes hervorgeht – in Anwesenheit des Bischofs von Jerusalem wohl in der Betlehemer Geburtskirche hielt, und zwar an einem 25. Dezember.

Der Anfang der Predigt ist nicht sehr aufregend, ergeht sich in jener Form der allegorischen Auslegung, die Origenes eingeführt hatte. Jeder irgendwie auffällige Begriff erhält also eine Deutung. »Und sie legte ihn in eine Krippe«, zitiert Hieronymus und fragt: »Warum denn in eine Krippe?« Antwort: »Damit in Erfüllung gehe die Weissagung des Propheten Jesaja: ›Es kennt der Ochs seine Eigentümer und der Esel die Krippe seines Herrn.‹« Damit wissen wir auch, woher Ochs und Esel in die späteren Krippen kommen, denn von Lukas stammen sie nicht. Für Hieronymus ist die Krippe wichtig, weil Jesus damit nicht »zwischen Gold und Edelsteinen« zur Welt kam, sondern »inmitten des Unrats, in einem Stalle, in dem unsere Sünden als Unreinigkeit umherlagen. Wo nämlich ein Stall ist, da gibt es auch Unrat.« Und so geht es weiter. Wieso die Hirten? Weil die ihre Herde vor Raubtieren schützen – klar, wer diese Raubtiere im wahren Leben sind. Worauf es um die Jungfrau geht, kein Problem, weil genau dies aus dem Alten Testament mit der berühmten Vorausdeutung des Jesaja: »Siehe, eine Jungfrau wird einen Sohn gebären«, einfach so folgt.

Wirklich kontrovers wird es erst danach. Warum gibt es denn überhaupt den Streit über das Geburtsfest mit den verschiedenen Daten? Hieronymus, eigentlich ein Meister mitunter grober Satire, geht außerordentlich diplomatisch an die Frage heran, verurteilt die Meinung der Befürworter von Epiphanie ausdrücklich nicht, sondern beruft sich lediglich auf einen »vernünftigeren« Beweisgang. Der besagt: Wir Westler folgen mit unserer Meinung nur den Ostlern Petrus und Paulus, die »ihr« verjagt habt – in den Westen. Außerdem: Nach der Himmelfahrt herrschte bei »uns« im Westen Frieden, bei »euch« aber setzte Krieg ein mit Zerstörung und Verwüstung der heiligen Stätten. Die wahre Tradition lebte also bei »uns« fort. Und dann die Durchschneidung des Gordischen Knotens: »Wir behaupten also, dass Christus heute (am 25. Dezember) *geboren* und am Epiphanietage *wieder*geboren ist.« Beweis: »Bis zu diesem Tage (dem 25. Dezember) nimmt die Finsternis zu, von diesem Tage an nimmt die Dunkelheit ab. Das Licht wächst, die Finsternis schwindet. Der helle Tag nimmt zu, der Irrtum weicht, die Wahrheit rückt vor. Heute wird uns die Sonne der Gerechtigkeit geboren.« Worauf noch als letzter Trumpf die bekannte »Berechnung« folgt: »Zwischen dem Herrn und Johannes dem Täufer ist ein Unterschied von sechs Monaten. Vergleichet den Geburtstag des Johannes mit dem heutigen Tage, dann werdet ihr sehen, dass es nur sechs Monate sind.«

Es gab also insgesamt keinen Streit über die physische Geburt (und schon gar keine theologischen Debatten im Sinne von Arianismus und Katholizismus), sondern Verteilung auf zwei Termine mit verschiedenen Inhalten, die beide von überragender Bedeutung sind. Man könnte auch sagen: statt Entscheidung zwischen falschem und richtigem Fest wurden einfach zwei Feste begangen. In Jerusalem feierte man die Geburt noch am 6. Januar, aber der Bischof wird sich nun seine Gedanken gemacht haben. Kaum anzunehmen, dass er in der anschließenden eigenen Predigt seinem Vorredner widersprach. Wo doch in seiner Reise selbst schon ein Bekenntnis zum Geburtsfest am 25. Dezember lag, auch wenn die Feier an diesem Datum in Jerusalem selbst erst nach Hieronymus' Tod erfolgte und übrigens noch einmal abgeschafft wurde, ehe sich der Termin dort endgültig durchsetzte. Nur muss man zuletzt auch sagen: Es spricht wenig dafür, dass der Grund für den 25. Dezember im Rechnen liegt. Es ist eher umgekehrt. Man entschied sich für den 25. Dezember und rechtfertigte den Termin dann durch Rechnen. Der Grund selbst ist also noch nicht genannt. Ich warte damit noch, bis auch die zweite große These für die Einführung von Weihnachten behandelt ist: die These von der Umbesetzung eines heidnischen Festes durch das christliche.

Die Umbesetzungshypothese

Dazu müssen wir zunächst noch einmal weit zurückgreifen, denn in diesem Fall spielt wieder Konstantin der Große eine wichtige Rolle. Allerdings ist gerade seine Rolle in der Forschung äußerst umstritten. Nachdem er lange Zeit als eigentlicher Begründer des Christentums gefeiert wurde, nannte ihn der große Schweizer Historiker Jacob Burckhardt 1853 einen »religionslosen Machtpolitiker«. Dies hat viel damit zu tun, dass die Quellenlage schwierig ist. Fast alles, was wir über Konstantin wissen, beruht auf den vier Büchern *De vita Constantini* (*Das Leben Constantins*) von Eusebius von Caesarea sowie dessen *Lobrede* auf den Kaiser, die er ihm selbst vorgetragen hat. Man kann sich denken, was diese enge Beziehung bedeutete – wiederum Burckhardt sprach von dem »widerlichsten aller Lobredner«, dem Konstantin »in die Hände gefallen« sei. Tatsächlich hat Eusebius zum Beispiel die Ereignisse auf dem Konzil von Nicäa anders dargestellt als im Brief an seine Heimatgemeinde – in Nicäa unterschrieb er katholisch, zu Hause war er Arianer. Aber es gibt weitere Zeugnisse, die weniger unsicher sind, nämlich die politischen Entscheidungen des Kaisers und nicht zuletzt seine Bauprogramme sowohl in Rom wie später in Konstantinopel.

Lassen wir also Legenden wie die von der »Erleuchtung« des Kaisers vor der Entscheidungsschlacht an der Milvischen Brücke auf sich beruhen. Tatsächlich förderte Konstantin – wie schon erwähnt – die christlichen Bischöfe wohlkalkuliert, weil er sie für die Verwaltung des Reiches gut gebrauchen konnte. Dafür gab er ihnen die Mitra der römischen Senatoren oder den goldenen Stab der Hofmarschälle als Bischofsstab, weiter Pallium, Stola und Pontifikalschuhe der hohen Staatsbeamten. Daneben aber hielt er sich an römische Traditionen, stützte heidnische Kulte und beging die entsprechenden Festtage mit Zirkusspielen und Wagenrennen. Zu diesen Festen gehörte auch der Tag des unbesiegbaren Sonnengottes, des *Sol invictus*, der wahrscheinlich aus Ägypten stammte. Er war verhältnismäßig neu, Kaiser Commodus, gestorben 192, machte den *Sol invictus* erstmals zum Herrschertitel, was einer seiner Nachfolger, Kaiser Elagabal, gestorben 222, mit einem Skandal verband. Er hatte die Tochter eines Priesters des Elagabal-Kults geheiratet und den Kult des *Sol invictus Elagabal* nach Rom überführt, sich selbst zu dessen oberstem Priester und zum höchsten römischen Gott gemacht – daher sein ungewöhnlicher Name. Bei kultischen Feiern wurde dieser *Sol* auf geschmücktem Wagen durch Rom gezogen, wobei der Kaiser als neuer Elagabal die Prozession in syrischen Gewändern anführte – zum Entsetzen der auf ihre eigenen Traditionen stolzen Römer.

Die wichtigste Initiative für die Einführung des *Sol invictus*-Kultes ergriff dann Kaiser Aurelian, nachdem er 272 im kleinasiatischen Palmyra einen militärischen Erfolg erzielte, den er der Hilfe dieses Gottes zuschrieb. Zwei Jahre später erhob er den Sonnengott zum Herrn des Römischen Reichs, richtete einen Staatskult zu seiner Verehrung an seinem Geburtstag, dem 25. Dezember, ein – mit 30 Wagenrennen. Der dafür gebaute Tempel wurde ebenfalls am 25. Dezember eingeweiht. Das Datum war natürlich kein Zufall, denn dieser Tag galt seit der Kalenderreform von Cäsar als Tag der Wintersonnenwende. Dieser Gott samt seinem Kult wurde außerordentlich populär, verschmolz mit dem populären (aus Persien stammenden) Mithraskult, der ebenfalls mit der Sonne verbunden war und ebenfalls den Festtag auf den 25. Dezember gelegt hatte. In Darstellungen erscheint der Gott häufig in einem Strahlenkranz. Genauso ließen die Kaiser Münzen mit dem Bild der Sonne für den Sonnengott prägen – ob nun Mithras oder *Sol invictus* gemeint war.

Die Nachfolger von Aurelian übernahmen die neue Tradition, darunter die beiden, die zuletzt um die Herrschaft kämpften: Maxentius und – Konstantin. Nun kennt man ja das Ende, den Sieg von Konstantin über Maxentius an der Milvischen Brücke. Dabei tauchen bei Konstantin immer wieder Sonnenmotive auf. Er ließ die Sonne zum Beispiel auf dem Triumphwagen abbilden, mit dem er seinen Sieg feierte. Noch viel eindrucksvoller fiel der zum gleichen Ereignis errichtete Triumphbogen aus, den jeder heutige Romtourist neben dem Kolosseum bewundert, eingeweiht 315. Das Bildprogramm ist rein heidnisch mit der Mondgöttin Luna und dem Sonnengott Sol, der Kaiser selbst erscheint lichtumflossen (mit Nimbus) als *Sol invictus* persönlich – nichts Christliches weit und breit.

Auch bei der Einweihung von Konstantinopel als neuem Regierungssitz im Jahr 330 gab es eine große Lichterprozession mit der Statue des *Sol invictus* im Hippodrom, der Pferderennbahn, was dann jedes Jahr wiederholt wurde. Erst nach dem letzten Sieg über

Konstantinbogen, Rom

seinen Schwager Licinius im Jahr 324 hört die Prägung von Sol-Münzen auf, vielleicht mit Rücksicht auf die Christen.

Auch der Blick auf die Bautätigkeit zeigt Christliches und Heidnisches direkt nebeneinander. Schon Konstantins Mitkaiser und dann unterlegener Gegner Maxentius hatte Rom prachtvoll auszubauen begonnen, unter anderem mit einer riesigen Audienzhalle sowie ebensolchen Thermen, die Konstantin dann unter seinem eigenen Namen fertigstellte (und heute als Ruinen erhalten sind). Demgegenüber steht nur ein einziger, allerdings außerordentlich bedeutsamer, Kirchenbau, nämlich die heutige Kirche San Giovanni in Laterano. Die Peterskirche, ebenfalls nicht ohne imperiale Herrschaftspropaganda errichtet, lag damals außerhalb der Stadt, wo auch Mausoleen für Familienmitglieder entstanden. Der Gesamteindruck Roms war jedoch keineswegs christlich dominiert, die erste vom Papst selbst gestiftete und finanzierte Kirche war die spätere Basilika Santa Maria Maggiore im frühen 5. Jahrhundert, die uns noch beschäftigen wird. Wichtige christliche Bauten entstanden unter Konstantin dann weniger in Rom oder Konstantinopel, sondern in Palästina, wo er in den 330er Jahren, also wenige Jahre vor seinem Tod, die Orte von Christi Wirken auf Erden entsprechend ausstatten ließ: die Grabeskirche in Jerusalem, die Kirche an der Stelle der Himmelfahrt auf dem Ölberg, die Geburtskirche in Betlehem sowie die Basilika von Mambra, wo nach dem Alten Testament Abraham unter einer Eiche drei Engel erschienen.

Dabei bietet Mambra das Stichwort für die hier wesentliche Überlegung. Der Legende nach hatte Konstantin davon gehört, dass an dieser Eiche Heiden Götzendienst betrieben. Die Basilika sollte also das unselige Erbe regelrecht überbauen, die Eiche wurde dafür abgeholzt. Noch viel mehr aber stellte sich diese Frage der »Überbauung« beim *Sol invictus*, zumal dessen Feier auf den 25. Dezember fiel. War Weihnachten also letztlich die Ersetzung dieses heidnischen Götterfestes? Erschien den Christen das heidnische Fest als ein willkommener Anlass, Christus als »wahre Sonne« zu feiern – gegen den *Sol invictus*, den Konstantin so beharrlich für sich in Anspruch nahm? Und vor allem: Gab das den Ausschlag für Weihnachten am 25. Dezember? Fügen wir noch hinzu, dass Konstantin den heidnischen Sonnenkult nicht wirklich beseitigte. Kaiser Julian, der im späten 4. Jahrhundert das Rad zurückdrehen und das Christentum am liebsten wieder abschaffen wollte (und dafür von Hieronymus als »wütender Hund« mit einer »unverschämten Zunge« beschimpft wurde), belebte sofort wieder den alten Sonnengottkult. Nur war es zu spät, zumal dieser begabte Kaiser mit etwa 32 Jahren starb bzw. in einer Schlacht gegen die Perser einem Speer zum Opfer fiel – nach dem heidnischen Geschichtsschreiber Ammianus Marcellinus vielleicht sogar geworfen von einem seiner eigenen, aber christlichen Soldaten. Ist also das Weihnachtsfest der am Ende gelungene Versuch einer Umbesetzung des Festes für den *Sol invictus*?

Das wird von keiner Quelle belegt, liegt aber bei erster Betrachtung tatsächlich nahe. Sehr oft nämlich ist in christlichem Kontext von Christus als dem »Licht der Welt« die Rede, wovon Johannes in seinem Evangelium sprach (Joh 8,12). Schon Lukas verwendet »das aufstrahlende Licht aus der Höhe« (Lk 1,78). Entsprechend griffen es die Theologen auf, wir haben es bereits bei Chrysostomos gefunden. In Weihnachtspredigten der Zeit ist es fast allgegenwärtig, in der Regel mit Rückgriff auf das Alte Testament, wo der Prophet Malachias von der »Sonne der Gerechtigkeit« spricht (Mal 3,20). Für den Bischof Maximus von Turin ist um 400 herum Christus die »neue Sonne«. In der späteren Liturgie spielt sie ebenfalls eine zentrale Rolle. Nach dem *Missale* (*Messbuch*) des gallikanischen Ritus beginnt die Tagesmesse von Weihnachten mit dem Vers: »Aufgegangen bist du uns, wahre Sonne der Gerechtigkeit, Jesus Christus … Dieser Aufgang ist heller als der Tag und strahlender als das Licht.« Ebenso ist es in den Hymnenschatz der Kirche eingegangen, vor allem im Osten: »Aufgegangen aus einer Jungfrau bist du, Christus, geistige Sonne der Gerechtigkeit«. Wer will, kann das Motiv bis in die Lieder von Paul Gerhardt weiterverfolgen.

Diese Symbolik aber war immer schon mit dem kosmischen Ereignis der Wintersonnenwende verbunden gewesen. Augustinus bezeugt es in einer seiner Weihnachtspredigten (der siebten), wo er sich auf den Evangelisten Johannes bezieht, der den Täufer Johannes sagen lässt: »Er muss wachsen, ich aber geringer werden« (Joh 3,30). Nur sagt Augustinus auch: Den 25. Dezember hat nicht die Kirche, sondern »der Herr selbst« ausgewählt, weil er selbst eben an dem Tag geboren werden wollte, an dem das Licht wieder zunimmt. Dies richtet sich vermutlich gegen die Rechnungshypothese, gilt aber auch gegen die Umbesetzungshypothese. Denn auch wenn der *Sol*-Kult dank Konstantin und schon seiner Vorgänger populär war, lässt sich allenfalls davon sprechen, dass das Weihnachtsfest an ihn irgendwie anschloss, die Popularität ausnutzte – von einer bewussten Ersetzung kann nicht die Rede sein. Dies allein deshalb nicht, weil zwischen dem Höhepunkt des *Sol*-Kultes bei Konstantin und der wirklichen Einführung des Weihnachtsfestes mindestens ein halbes Jahrhundert liegt.

Dabei ist die Umbesetzung nicht nur in Bezug auf den 25. Dezember mit seiner *Sol*-Konkurrenz ein Thema. Dies betrifft auch das Epiphaniefest am 6. Januar. Ein Bischof von Salamis auf Zypern (Touristen werden heute gerne in die Stadt gefahren und zu Ruinen der alten Basilika geführt) mit Namen Epiphanios berichtet im 4. Jahrhundert über ein heidnisches Fest in Alexandria an genau diesem Datum. Es galt dem Gott Aion, der auch als der ägyptische Horos oder der griechische Dionysos identifiziert wurde. Er soll von der Jungfrau Isis geboren worden sein. Weiter ist die Rede davon, dass es an diesem Tag in Ägypten ein Nilfest gab, bei dem Wasser geschöpft wurde, das heilende Wirkung haben sollte. Darin wurde eine Parallele zum bekannten Wunder, dem allerersten überhaupt, von Jesus gesehen, der bei der Hochzeit in Kana Wasser in Wein verwandelte – in der christlichen Kirche der Region dann zusammen mit der Taufe als Festinhalt am 6. Januar verwendet. Nur gilt hier wieder wie schon bei der *Sol*-Thematik: Parallele ja, aber kaum ein Grund für die Einführung des Epiphaniefestes, das damit eine Umbesetzung des ägyptischen Nilfestes gewesen wäre. Noch weniger lässt sich dafür das Tauffest einer frühen christlichen Sekte, der sogenannten Basileidianer, am 6. Januar heranziehen – das lag schlicht mit dem 2. Jahrhundert viel zu weit zurück.

Um zusammenzufassen: Es gab zweifellos im Christentum hinsichtlich Festtagen Umbesetzungen wie ansonsten besonders beim Kirchenbau. Die Ersetzung des *Sol invictus* durch das Weihnachtsfest wird sogar ausdrücklich behauptet, allerdings in schon späterer Zeit, nämlich im Werk eines sonst wenig bekannten Dionysius bar Salibi (einem syrisch-orthodoxen Bischof von Maras in Südostanatolien) Ende des 12. Jahrhunderts. Die »Väter« hätten (»wie man sagt«) das Fest vom 6. Januar auf den 25. Dezember verlegt, um das römische Fest zu »ersetzen«, womit ganz nebenbei die alte Rechnerei überflüssig und mit der Berufung auf Zacharias auch noch verfehlt gewesen sei. Aber das Zeugnis ist sehr isoliert und widerspricht den Vorgängen, die sich rekonstruieren lassen.

In Wahrheit trat das Geburtsfest – ob als Epiphanie oder Weihnachten – urplötzlich auf, sprang dann von einem Ort zum anderen, und zwar nicht zur Hochzeit der Feier des *Sol invictus* und schon gar nicht zu der des Nilfestes, sondern am Ende des 4. Jahrhunderts. Gleichzeitig wurde der Festinhalt auf den 25. Dezember und den 6. Januar verteilt. Als Kaiser Theodosius auf dem Konzil zu Konstantinopel 381 die Feier des Geburtsfestes in seiner Hauptstadt am 25. Dezember durchdrückte, spielte wie schon bei seinem Vorvorgänger Konstantin vor allem die Einheit der Kirche eine entscheidende Rolle. Natürlich sollte ein so wichtiges Fest wie die Geburt überall am gleichen Tag gefeiert werden. Nur: Wie war es überhaupt dazu gekommen, wenn weder das Rechnen noch das Umbesetzen den wahren oder jedenfalls wichtigsten Grund lieferte?

Das historisierende Fest

In den Jahren kurz nach 380 machte sich eine reiche Witwe aus Südgallien auf den Weg nach Palästina. Sie hieß Egeria (auch Aetheria). Wir wissen nicht viel über sie, aber sie hinterließ eine Art Tagebuch, das in einer Handschrift des späten 11. Jahrhunderts den Titel trägt: *Perigrinatio Aetheriae* (*Pilgerreise der Egeria*). Leider ist die Datierung der Reise schwierig, es gibt einen Ansatz in den frühen 380er sowie einen in den frühen 390er Jahren, was insofern einen Unterschied macht, als Egeria im zweiten Fall Hieronymus (der ab 386 in Betlehem lebte) getroffen haben könnte, im ersten nicht. Egeria selbst erwähnt den großen Gelehrten nicht, aber dieser zieht einmal in seiner satirischen Art über eine exaltierte Dame her, die ihm auf die Nerven ging – war es etwa Egeria?

Was uns hier mehr interessiert: Diese Egeria, die an »Mitschwestern« schrieb, also vielleicht Nonne war, wollte die Stätten der biblischen Geschehnisse mit eigenen Augen sehen, eine Art Glaubensbestärkung durch nachträgliche Augenzeugenschaft. Mindestens drei Jahre nahm sie sich dafür Zeit. In Palästina waren es vor allem Jerusalem und die Wirkungsorte Jesu in Galiläa. Auf der Sinaihalbinsel bestieg sie unter anderem den Berg Dschebel Serbal, den man damals für den Ort hielt, an dem Mose die Zehn Gebote empfangen hatte – immerhin einen Zweitausender. In Ägypten besuchte sie asketisch lebende Mönche, die wie Heilige verehrt wurden. Weiter gehörten Märtyrergräber zum Programm, sogar Mesopotamien als das Land der Herkunft von Abraham erreichte sie.

Man kann annehmen, dass die Pilgergruppen, denen sie sich stets anschloss, über Reiseführer (und in gefährlichen Gegenden auch über militärisches Geleit) verfügten, die sich auf die biblischen Stationen sowohl des Alten wie des Neuen Testaments spezialisiert hatten. Darunter befanden sich gelegentlich sogar die örtlichen Bischöfe, die sich übrigens außerordentlich gastfreundlich zeigten – eine Art Erkennungszeichen von Christen, das der Kirche, ob bewusst oder unbewusst, als Werbung nützte. Fügen wir noch hinzu, dass Egeria vermutlich über ein kaiserliches Reisediplom verfügte, das ihr die Benutzung der großen Straßen samt Ausrüstung mit Pferden, Eseln (einen eigenen übrigens für den Transport der Bibel, womit offenbar die durchaus voluminöse *Septuaginta* gemeint war), Kamelen sowie Verpflegung gestattete. Die Strapazen müssen trotzdem ungeheuerlich gewesen sein, obwohl sie selbst nur über die langen Feierlichkeiten während der großen Feste klagte.

In diesem Punkt liegt natürlich unser Hauptinteresse, denn Egeria berichtet unter anderem über das Geburtsfest, das sie in Betlehem und Jerusalem erlebte, und zwar an Epiphanie am 6. Januar, wie es im Osten damals noch üblich war, nicht am 25. Dezember. Aber es war eben ein Geburtsfest, man sieht es bereits daran, dass die Feierlichkeiten in der noch von Konstantin errichteten Geburtsbasilika von Betlehem begannen, wobei offenbar nicht Lukas die Liturgie bestimmte, sondern Matthäus. Dies weiß man nicht von Egeria selbst, deren Manuskript ausgerechnet an dieser Stelle eine Lücke aufweist, sondern anhand einer anderen Quelle, die wahrscheinlich immer noch getreu die alten Zeremonien mit ihren Lesungen und Gebeten wiedergibt. Egerias Bericht beginnt dann damit, dass sich die in Betlehem feiernde Gemeinde nach einem ersten Gottesdienst in der Geburtsbasilika in Marsch setzte Richtung Jerusalem.

Wir hören also nichts über die Abläufe in der berühmten Basilika, in deren Apsis im Osten eine vier Meter breite Öffnung den

Blick in die »Geburtsgrotte« ermöglichte – nach Hieronymus wurde »hier in einer kleinen Erdspalte der Schöpfer des Himmels geboren«. Dafür hören wir von der Prozession mitten in der Nacht, die aufgrund der singenden Mönche besonders langsam verlief, ihr Ziel in etwa zehn Kilometer Entfernung erst kurz vor dem Morgengrauen erreichte. Dabei sang man unter anderem das *Benedictus* nach Matthäus (Mt 21,9) »Gesegnet sei er, der kommt im Namen des Herrn«, das später Eingang in die zweite Weihnachtsmesse gefunden hat – auch dies ein deutliches Zeichen, welchen Inhalt das Epiphaniefest in Betlehem/Jerusalem hatte.

Dann erfolgte der Empfang durch den Bischof von Jerusalem in der Auferstehungskirche (der Anastasis, für die Westkirche: Grabeskirche), die in größtem Glanz erstrahlte. Man habe »außer Gold und Edelsteinen und Seide« nichts wahrgenommen, schreibt Egeria, und weiter: »… denn wenn du die Tapeten siehst, sind sie ganz aus Seide mit Goldstreifen, wenn du die Vorhänge siehst, sind sie ebenso ganz aus Seide mit Goldstreifen. Alle Art von Kultgerät, das man an diesem Tag hervorholt, ist golden und steinbesetzt.« Während sich das »Volk« anschließend ausruhte, sangen die Mönche weiter bis zum Tagesanbruch ihre Hymnen. Zur zweiten Stunde (etwa um 8 Uhr) versammelte man sich in der Basilika auf dem Golgotahügel, die ebenfalls festlich geschmückt war und im Lichterglanz erstrahlte. Dort las der Bischof feierlich die Messe. Danach ging es wieder in Prozession und unter Gesang in die Auferstehungskirche zurück zum nächsten Gottesdienst. Erst am Mittag endete das Fest für diesen ersten Tag, ehe es die gesamte Woche weiterging bis zum Oktavtag, dem Fest der Beschneidung. Die Feier verteilte sich also auf verschiedene Stationen, die man zu Fuß in Prozessionsform erreichte, um jeweils Gottesdienst zu feiern – man hat später von »Stationsgottesdiensten« in »Stationskirchen« gesprochen.

Wenn man nun noch einmal die Frage nach der Einführung des Weihnachtsfestes stellt, zeigt sich die Diskussion über den Termin in einem anderen Licht. Gewiss, man hatte gerechnet und stand unter dem Eindruck eines heidnischen Sonnenfestes am 25. Dezember. Entscheidend war aber etwas anderes. Während das erste bedeutende Fest, also Ostern, von vornherein festlag, weil das Ereignis der Auferstehung nun einmal mit dem jüdischen Pessachfest verbunden war, wird Weihnachten gewissermaßen nachträglich »historisiert«. Man sucht nun die konkrete Erinnerung an das Auftreten Christi auf Erden und braucht dafür einen ebenso klaren Termin wie im Falle von Ostern. Einen wichtigen Beleg dafür bietet eben Egeria. Alle ihre Reisen suchten letztlich Kontakt zu den »Ereignissen« der Bibel – eine Art (wenigstens) nachträgliche Augenzeugenschaft. Sie selbst spricht davon, dass sie das Heilige Land mit der Bibel in der Hand durchreist habe – »semper iuxta scripturas« (›immer nach der Heiligen Schrift‹). Höhepunkte sind die Feiern am richtigen Ort zur richtigen Zeit. In den 380er oder 390er Jahren des 4. Jahrhunderts war es noch nicht ganz so weit, es gab noch Schwierigkeiten mit der richtigen Zeit, man feierte noch an zwei verschiedenen Terminen. Aber es entstand eben ein gewisser Druck, dieses Problem zu lösen – und es wurde gelöst.

Dabei muss man sich darüber im Klaren sein, dass Egeria keinen Einzelfall darstellt, schon immer wurden die heiligen Stätten aufgesucht. Origenes berichtet bereits im 3. Jahrhundert davon, dass sogar Heiden die Höhle besuchten, in der Christus geboren worden sein sollte, einschließlich der vorgezeigten Krippe samt Windeln. All dies nahm erheblich zu, nachdem das Reisen durch Konstantin wesentlich sicherer geworden war. Aus den Jahren 333/334 stammt der sogenannte *Pilger von Bordeaux*, Zeugnis wahrscheinlich eines zum Christentum konvertierten Juden, der sich jedenfalls mehr für die Orte des Alten als des Neuen Testaments interessierte. Schon er aber reiste auf festen Pilgerrouten – so wie man sie eben von den damaligen Fremdenführern gezeigt bekam. Kurz vor Egeria war eine superreiche Römerin, Melania die Ältere, nach Palästina gegangen, um die heiligen Orte zu verehren. Ihr folgte später ihre Enkelin Melania die Jüngere nach, die auf dem Ölberg ein Kloster gründete, wo sie 439 starb. Wenige Tage vor ihrem Tod hatte sie noch in der Geburtsgrotte von Betlehem das Geburtsfest gefeiert (damals vielleicht schon als Weihnachten am 25. Dezember).

Und noch ein weiteres Beispiel: Hieronymus war mit der reichen Witwe Paula – seiner Mäzenin – nach Betlehem gelangt, wo er letztlich starb. Hieronymus gibt ausdrücklich zu Protokoll, man verstehe die Bibel besser, »wenn man mit seinen eigenen Augen Judäa und die Ruinen der alten Städte gesehen hat«. Über Paulas Eifer schreibt er in einem Brief: »Niedergeworfen vor dem Kreuz, leistete sie die schuldige Verehrung, wie wenn sie den Erlöser auf dem heiligen Holz hätte hangen sehen. Im Grab küsste sie den Fels der Auferstehung … Sie presste ihre brennenden Lippen an den Fels, auf dem der Leib Christi gelegen war …« Alles einigermaßen schwülstig, aber die Grundeinstellung dürfte durchaus richtig getroffen sein. Und auch die Verhältnisse waren günstig. Konstantin bzw. seine Mutter Helena hatte an den zentralen Orten prachtvolle Kirchen errichtet, die schon für sich die Erinnerung wachhalten sollten. Kein Wunder, dass darauf die Ausgestaltung der Feste reagierte, falls man nicht sogar sagen will, dass die historisierenden Bauten die historisierenden Feste hervorriefen. Vielleicht hat der Wiener Kirchenhistoriker Hans Förster sogar recht, wenn er nicht nur die historisierende Tendenz höher bewertet als die Berechnungen und Umbesetzungen, sondern es sogar für möglich hält, dass das neue Fest jedenfalls in Betlehem schlicht als Jahrestag der Kirchweihe der Geburtskirche gefeiert wurde. Auch Egeria hat dem Thema »Kirchweih« ein ganzes Kapitel gewidmet.

Das 4. Jahrhundert war jedenfalls die Zeit der Konsolidierung der frühen Kirche, trotz zermürbender theologischer Streitigkeiten – und dem Versuch, die Einheit im Glauben (statt in theologischen Spitzfindigkeiten) im gemeinsamen Kirchenjahr abzubilden. Der Historiker Peter Brown hat betont, nicht die vielbeschworene »Konstantinische Wende« sei die eigentliche Wende gewesen, sondern die 370er Jahre, als die Kirche zur Volkskirche wurde und (auch) die Reichen eintraten bzw. die Mittel zur Verfügung stellten, um die zersplitterten Gemeinden zur Großkirche zu machen. Genau damals aber nahmen Reisen zu, in denen die Gläubigen ihren Glauben an Ort und Stelle zu kräftigen suchten. Hieronymus hat nicht nur »seine« Paula gerühmt, sondern sich bereits über den »Massentourismus« beschwert, der ihn in seiner Ruhe störte. Ein anderer bedeutender Kirchenmann, der Bischof Gregor von Nyssa, der übrigens das Fest von Christi Geburt als »das heiligste der heiligen und das Fest der Feste« bezeichnete, sprach deutliche Warnungen aus, sich in seiner Religiosität auf diese Wallfahrten zu verlassen.

Nur bestätigt dies letztlich die Tendenz, die das Weihnachtsfest entstehen ließ – lax gesagt: Termin nicht so wichtig, Hauptsache, man konnte der Geburt auf gebührende Weise »gedenken«.

Santa Maria Maggiore

Der Kampf zwischen Katholiken (bzw. Orthodoxen) und Arianern war nach Konstantins Tod nicht beendet, im Gegenteil. Als nach dem Tod des Bischofs Eusebios (des Biographen von Konstantin) in Konstantinopel ein regelrechter Bürgerkrieg zwischen den verfeindeten Parteien ausbrach, in dessen Verlauf ein kaiserlicher Heermeister getötet wurde, kürzte Constantius II. der Bevölkerung die Brotzuteilung. 342 organisierten die kaiserlichen Brüder ein gemeinsames Konzil zur Schlichtung. Weil die westlichen Bischöfe jedoch in der Mehrzahl waren, brachen die östlichen die Verhandlungen ab – anschließend exkommunizierte man sich gegenseitig. Anlässlich der Neubesetzung des Bischofsstuhls in Konstantinopel kam es zu Ausschreitungen, bei denen es 3510 Tote gegeben haben soll. In Alexandria verhalf Constantius II. den Arianern zum Sieg, indem er ganze drei Legionen hinschickte. Wieder kam es anschließend zu einer Schlichtungssynode mit der Ausarbeitung einer Kompromissformel, bei der die bloße Erwähnung des Begriffs »Substanz« allen Parteien verboten war.

In Rom, wo sich zu dieser Zeit »Papst« Liberius einen blutigen Bürgerkrieg mit dem »Gegenpapst« Felix lieferte, folgten Synoden und Konzilien, um die theologischen Streitigkeiten innerhalb der Kirche endlich beizulegen. Dabei waren die Unterschiede so schwer zu verstehen, dass bekehrte Goten gar nicht wussten, welchem Bekenntnis genau sie eigentlich anhingen. Erst Kaiser Theodosius, der aus dem Westen, also traditionell katholischer Region, stammte, zog nach dem Tod sämtlicher Familienmitglieder Konstantins einen Schlussstrich, indem er auf dem Konzil von Konstantinopel 381 die nicänische Lehre (im nunmehr nicänisch-konstantinopolitanischen Glaubensbekenntnis) für verbindlich erklärte, womit der eigentliche Beginn des Christentums als Staatsreligion gleichzusetzen ist. Am Rande wurde der Patriarch von Konstantinopel seinen Kollegen in Antiochia und Alexandria übergeordnet, alle aber dem Bischof von Rom nachgestellt.

Dieser Bischof, der gemeinhin als erster wirklicher Papst betrachtet wird, war Damasus (der »Diamantene«). Wir sind ihm schon als demjenigen begegnet, der Hieronymus förderte und ihn mit der Übersetzung der *Septuaginta* ins Lateinische beauftragte. Seine Spezialität lag in einer subtilen Form der Christianisierung des immer noch recht heidnischen Rom durch eine Aufwertung der Märtyrergräber. Der Märtyrerreichtum Roms, besonders die Gräber von Petrus und Paulus, wird regelrecht zur Grundlage des Vormachtanspruchs in der Kirche überhaupt, unterstützt nun erstmals durch die Berufung auf das »Tu es Petrus, et super hanc petram aedificabo Ecclesiam meam« (›Du bist Petrus, und auf diesen Felsen werde ich meine Kirche bauen‹) im Matthäusevangelium (Mt 16,18). Von Filocalus, dem Hersteller des *Römischen Chronographen*, ließ Damasus selbst gedichtete Verse, insgesamt 59 teilweise ausführliche Gedichte, auf Gedenktafeln anbringen, die jedem Wallfahrer die vorbildlichen Gestalten vor Augen führen sollten. Dazu aber gehörte auch der Ausbau mit Kirchen wie etwa San Lorenzo in Damaso, die den Papstnamen sogar in ihrem Titel trägt.

Nicht mehr auf Damasus selbst, aber ohne seine Vorarbeit kaum verständlich, ging die wichtigste Initiative in diesem Zusammenhang zurück. Denn diesmal war es nicht ein Konzil oder eine Synode allein, die den »richtigen« Glauben sichern sollten, sondern eine Kirche. Damit steht eine Legende in Zusammenhang, die bereits Damasus' Vorgänger Liberius zu einem entsprechenden Bau anregte. Die Gottesmutter soll einem kinderlosen Ehepaar im Traum einen Sohn versprochen haben, wenn es zu ihrer Ehre eine Kirche dort errichte, wo am nächsten Morgen Schnee liege. Tatsächlich war zu dieser Zeit der Esquilinhügel, der höchste der sieben Hügel östlich des Tiber, aber mit seinen 65 Metern nicht wirklich ein Berg, mitten im Hochsommer schneebedeckt. Die Kirche – als Liberius-Basilika bezeichnet – wurde gebaut, zumal Maria auch Liberius im Traum erschienen war. Nur wurde dieses Gotteshaus anlässlich der Eroberung und Plünderung Roms durch die Westgoten unter Alarich 410 zerstört. Aber es gab einen nächsten Anlauf, der sich erneut auf die Legende bezog. Denn ein weiterer Bischof der Stadt mit dem Namen Coelestin übernahm die Initiative für den Neubau, sein Nachfolger Sixtus III. weihte sie 434 ein. Es war Santa Maria Maggiore, auch »Maria vom Schnee« genannt. Sie hat nach vielen Umbauten bis heute im linken Feld des Triumphbogens zwischen Hauptschiff und Apsis, auf der gut sichtbaren Stirnwand also, Mosaiken bewahrt, die die Lehre von Christi Geburt zum Thema haben, eigentlich nicht verwunderlich in einer »Marienkirche«.

In diesem Fall aber doch, denn hinter diesen Mosaiken, die als einzige aus dieser frühen Zeit bis heute überlebt haben, stehen dramatische Ereignisse. Knapp 100 Jahre nach Nicäa, nach der konfliktbeladenen Begründung der göttlich-menschlichen Natur von Christus gegen eine rein göttliche, war ein anderer Theologe, der Patriarch von Konstantinopel mit Namen Nestorius, aufgetreten, der von einer rein menschlichen Natur Christi sprach. Statt der nicänischen »Wesensgleichheit« oder arianischen »Wesensähnlichkeit« gab es also eine *Unwesentlichkeit* der göttlichen Natur, wobei Nestorius auch noch die Geburt durch Maria als Widerlegung der Göttlichkeit ansah und deshalb von einer »Christusgebärerin« sprach. Als Nestorius sich brieflich an Papst Coelestin um Hilfe wandte, hatte dieser Schwierigkeiten mit dem griechischen Text und ließ seinen Diakon antworten – es war Leo, sein Nachnachfolger. Der attackierte die neue Theorie, Nestorius wurde auf dem 431 einberufenen Konzil von Ephesus verurteilt und in die afrikanische Wüste verbannt, Maria war wieder »Gottesgebärerin«. Merken wir noch an, dass nicht alle Teilnehmer am Konzil die Entscheidung begrüßten. Im Osten entwickelte sich eine nestorianische Kirche, die über die Seidenstraße bis Indien gelangte und von dort weiter nach China.

In genau die Zeit von Nestorius' Verurteilung in Rom aber fällt der Umbau der Liberius-Basilika in Santa Maria Maggiore, ein Prachtbau, wie er bislang der imperialen Selbstdarstellung der Kaiser vorbehalten war. Auf den Mosaiken des Langhauses zeigte die linke Seite das Wachsen des Volkes Israel, rechts den Sieg über seine Feinde als Erfüllung der Verheißung Jahwes an Abraham – in der Darstellung des Sieges sehr passend zur römischen Vorstellungswelt und damit attraktiv für noch nicht gewonnene Heiden. Der Triumphbogen zwischen Hauptschiff und Apsis aber erhielt Mosaiken, die streifenförmig übereinander gelagert die »richtige« Lehre über die Geburt Christi jedem Besucher buchstäblich vor Augen führten. Santa Maria Maggiore wurde damit regelrecht zur Weihnachtskirche.

Worin genau liegt dabei der Angriff auf Nestorius? Man muss sich dazu die Bilder genau ansehen. In allen ist die »himmlische« Szenerie bestimmend. Bei der Verkündigung (links oben) schwebt der Erzengel über einer Maria, die von weiteren Engeln umgeben ist, während Josef in die rechte Ecke gedrängt erscheint. Dieses Kind stammt eben nicht von ihm, sondern es kommt von oben, was man auch deutlich sieht: als die Taube des Heiligen Geistes. Auch die Darstellung im Tempel (rechts oben) zeigt die Göttlichkeit dieses Kindes, das als Hohepriester unter Hohepriestern dargestellt ist. Eine Etage tiefer (links) ist die Huldigung der Drei Könige inszeniert: Das göttliche Kind liegt – evangelienwidrig – nicht in seiner Krippe, sondern residiert auf einem Prachtsessel, nicht in Windeln, sondern in weißer Robe – eine völlig einmalige Konstellation. Die Mutter ist gleich daneben platziert, dahinter stehen vier weißgekleidete Engel mit Flügeln. Es ist schlicht unübersehbar: Hier vollzieht sich eine Huldigung, wie man sie am Kaiserhof kannte, die drei Weisen zur rechten und linken Seite bieten die dazu nötigen Geschenke an. Rechts gegenüber begegnen Kaiser Augustus und Vergil Jesus, wieder eine höchstmögliche Heraushebung dieses Kindes. Auf der nächsten Etage links ergeht dann der Befehl zum

Kindermord an Soldaten in Rüstung, vor einer Schar von Frauen mit ihren Kindern auf dem Arm: als der vergebliche Versuch, das Unvermeidliche aufzuhalten – weil eben Gott selbst dahintersteht, der seinen gott-menschlichen Sohn gesandt hat. Gegenüber sieht man die Audienz der Magier und der Hohepriester bei Herodes. Ganz unten links findet sich das Abbild von Jerusalem, gegenüber das von Betlehem. Der Sinn: An beiden »Ereignissen« (der Auferstehung und der Geburt) hängt der Glaube.

Wer dies für bloße »Interpretation« hält, muss wissen, dass sich unter den Mosaiken auch ein Weihegedicht fand, das diese Interpretation mit ihrer Wendung gegen Nestorius ausdrücklich festhielt – es ging bei den späteren Umbauten verloren, ist seinem Inhalt nach jedoch überliefert. Sagen wir es noch einmal deutlich: Die Garantie für den »richtigen« christlichen Glauben bietet nach diesem Kirchenbau mit seinen Mosaiken die »Gottesgebärerin« nach der Formel von Ephesus. Wie der Glaube nach Paulus einmal an der Auferstehung hing, so jetzt zusätzlich an dieser die Göttlichkeit Jesu sichernden jungfräulichen Geburt. Allein schon die Tatsache, dass eine der ersten großen Kirchen Roms eine Marienkirche wurde, zeigt die Wichtigkeit an. Wobei ebenfalls in Rechnung zu stellen ist, dass diese Kirche vom Papst in Auftrag gegeben wurde, nicht (mehr) vom Kaiser. Das große Rom, das in den Brandschatzungen und Plünderungen seit dem 5. Jahrhundert allmählich sein antikes Gesicht verlor, erhielt von den Päpsten, die letztlich in die Fußstapfen der Kaiser traten, ein neues – Damasus hatte es vorgemacht. Nicht mehr die Göttin Roma wachte über der Stadt, sondern auf deren höchstem Punkt die Jungfrau Maria.

Und zu diesem Glauben gehört eben nun das Geburtsfest am 25. Dezember. Zusätzlich zu den Mosaiken erhielt die Erinnerung daran eine der bedeutendsten Reliquien der Christenheit: einmal nicht in Form von Gebeinen, sondern Stücke aus der Ausstattung der Geburtskrippe. Eine silberne Lade nahm sechs schmale Brettchen auf, zu denen es allerdings keine ausschmückende Legende der Auffindung gibt. Als man die Brettchen 1750 näher untersuchte, fand sich eine Aufschrift, die eine völlig andere Herkunft andeutet.

Trotzdem blieb diese Krippe eine der Urkrippen im Westen. Zu Weihnachten wird sie noch heute von vielen Römern aufgesucht.

Wirklich umgesetzt wurde das Programm des Weihnachtsfestes durch den Ausbau der Papstliturgie, bei der Santa Maria Maggiore eine zentrale Rolle spielte – sozusagen als Mutterkirche von Weihnachten. Dabei spielt das Vorbild von Betlehem/Jerusalem eine Rolle, das wir aus dem Bericht der Egeria kennen. Denn es gab in Rom für das Weihnachtsfest am 25. Dezember fast eine Kopie der Abläufe an den verschiedenen Stationen, die im Osten am 6. Januar stattfanden – später dazu mehr. Sicher bezeugt ist dies für Papst Coelestin um 432. Im Mittelalter breitete sich dies aus, und noch das *Missale Romanum* von 1570, also das offizielle Messbuch in Zeiten der Gegenreformation, hält ausdrücklich die drei Messen zu den drei Zeiten fest. Allerdings feierte man aus organisatorischen Gründen wohl überwiegend die Messen in einer einzigen Kirche nacheinander. Aber wir werden auch dem alten Brauch noch einmal begegnen.

Leo der Große

Kurz nach der Einweihung von Santa Maria Maggiore übernahm in Rom ein Papst das Ruder, der den Primat des Westens nach dem ersten Vorstoß von Damasus energisch ausbauen sollte: Leo der Große. Auf dem Konzil von Chalcedon 451 wurde er zum Ersten unter den Patriarchen ernannt, woraus sich der Titel Pontifex Maximus ableitete, der zuvor nur dem Kaiser vorbehalten war. Damit war eine weltgeschichtlich bedeutsame Wende vollzogen, die für *die* Dauerkrise des Mittelalters sorgen sollte: die Machtverlagerung vom Kaiser- zum Papsttum. Religiös war dies erstens motiviert durch die These, die göttliche Vorsehung habe Rom zur Eroberung der Welt ausersehen, damit sich das Wort Gottes überall ausbreiten könne. Und zweitens durch zwei Reliquien der wichtigsten aller Apostel, nämlich von Petrus und Paulus. Dass Petrus in Rom gestorben war, beruhte allerdings auf keinem einzigen zeitgenössischen Dokument, sondern auf dem sogenannten Clemensbrief, den die Gemeinde in Rom (unter ihrem Presbyter Clemens) an die Schwestergemeinde in Korinth am Ende des 1. Jahrhundert gesendet hatte – was Petrus betrifft, mit eher zweifelhaftem historischem Wert.

Politisch beruhte der Machtwechsel wesentlich auf der Übernahme der Sozialfürsorge für die Bevölkerung. Man muss sich dazu die Umwälzungen der vorangegangenen Jahrzehnte vor Augen halten. 410 war Rom erstmals durch den Goten Alarich eingenommen und geplündert worden, vielleicht weil die Reichen nicht bereit waren, das nötige Lösegeld zu zahlen, sondern lieber nach Nordafrika flüchteten. Dort aber fiel 429 auch Karthago an die Germanen unter (dem arianischen Christen) Geiserich, womit das Steueraufkommen des Reiches zusammenbrach und die Annona, die jährliche Getreideversorgung Roms, wegfiel. In genau diese Bresche sprang der Papst, der sofort aus den Spendenmitteln und den immer neuen Erbschaften zur Erwerbung des Himmelreiches das nackte Überleben organisierte – mit Almosensammlung zum Beispiel im Vorhof von Sankt Peter oder der Erfassung der Armen in eigenen Rechnungsbüchern des Lateranpalastes. Der oströmische Kaiser konnte lediglich Ravenna als Regierungssitz halten und musste sich mehr schlecht als recht mit den eindringenden Germanen und Hunnen arrangieren. In dieser Situation wurde der Papst in Rom zu einer Art Beschützer der Stadt. 452 war es Leo der Große, der (zusammen mit kaiserlichen Beamten) mit dem Hunnenkönig Attila über das Lösegeld verhandelte, was Raffael in einem riesigen Fresko wiedergab, bei dem übrigens der damalige Medici-Papst Leo X. sein Porträt einfügen ließ.

Daneben erfüllte Leo auch seine Rolle als Kirchenführer, als theologischer Vermittler in den Streitfragen, die trotz oder auch wegen der chaotischen politischen Verhältnisse nie aufhörten. Sie hatten 451 zum erwähnten Konzil von Chalcedon geführt, das wie Nicäa im kleinasiatischen Bithynien lag, direkt gegenüber Konstantinopel (heute ein Stadtteil von Istanbul). Das Thema war immer noch die Natur Christi, der göttliche und menschliche Anteil darin, bei dem Nestorius zuletzt den Akzent auf die Menschheit legte.

Raffael: *Begegnung Leos des Großen mit Attila*, 1512–14

Daraufhin hatte der Patriarch von Alexandria auf einer Synode in Ephesus 449 handstreichartig wieder einmal die reine Göttlichkeit durchgesetzt – Andersdenkende wurden mit militärischer Gewalt abgedrängt. Als Papst Leo in Rom davon hörte, sprach er entsetzt von einer »Räubersynode« und begründete in einem Schreiben, das er seinen Legaten nach Chalcedon mitgab, die Gegenposition, in der der göttliche und menschliche Anteil wieder untrennbar miteinander verbunden waren. Das Ergebnis lief auf eine Bestätigung von Nicäa und Konstantinopel hinaus, das dort beschlossene Glaubensbekenntnis mit der menschlichen Geburt des mit Gottvater wesensgleichen Sohnes wurde erneut angenommen. Allerdings nicht mit der Zustimmung aller. Wie sich schon die nestorianische Lehre in Persien ausgebreitet hatte, sollte auch eine nichtchalcedonische Kirche in Syrien entstehen, die bis heute als Syrische Orthodoxie existiert.

Für uns entscheidend ist: Weihnachten war damit (erneut) als unverzichtbares Zeugnis der katholischen Lehre bestätigt. Papst

Leo selbst sorgte für diese Rolle in Predigten, die er an Weihnachten und Epiphanie hielt. Wie wichtig die Tradition dies nahm, zeigt sich darin, dass von den insgesamt 85 erhaltenen Predigten Leos zehn Weihnachten und acht Epiphanie gelten. Viel ist dies nicht, wenn man es mit den 6000 Predigten von Augustinus wenige Jahrzehnte zuvor vergleicht. Und auch die Authentizität ist nicht wirklich belegt. Bei Augustinus gab es Stenografen, die den Wortlaut genauestens festhielten, auch die Reaktion auf Zwischenrufe oder das Eingeständnis der Müdigkeit. Leos Predigten sind dagegen knapp, wirken fast wie Zusammenfassungen. Außerdem wissen wir nicht, wann und wo genau Leo vortrug – für die vierte Predigt scheint wegen einer Anspielung das Jahr 443 in Frage zu kommen. Während die Epiphaniepredigten stets das Evangelium nach Matthäus mit den Magiern auslegen, behandelt Leo zu Weihnachten bevorzugt und nicht ohne Verbissenheit die nicänische (wenn nicht ultranicänische) Lehre von der göttlichen und menschlichen Natur Christi, mit einem weiteren Schwerpunkt bei der Jungfrauengeburt. Eher selten sind direkte Bezüge auf Lukas, Matthäus und Johannes, so dass es schwierig ist, die Predigten mit den Stationsgottesdiensten in Rom in Verbindung zu bringen.

Immerhin ist die Verteilung der Festinhalte auf Weihnachten und Epiphanie nun völlig geklärt. Dafür bietet die zweite Predigt an Epiphanie die Formel: An Weihnachten brachte Maria Jesus zur Welt, an Epiphanie wurde er der Welt bekannt gemacht. Und noch etwas ist nun durchgesetzt: Wiederum in einer Epiphaniepredigt spricht Leo davon, dass es richtig sei, »die Erinnerung an dieses Ereignis durch eine jährliche Ehrenfeier festlich zu begehen«. Jenseits aller Rechnerei und Umbesetzungstheorien steht der historisierende Charakter im Vordergrund, die Daten stehen nun einfach fest, werden nicht nach ihrem Grund befragt. Und man merkt auch, worauf es Leo ankam. Die Geburt dieses Gottessohns, der mit seinem Vater wesensgleich ist, garantiert die Erlösung der Menschheit und damit die einstige Aufnahme der an ihn Glaubenden ins Himmelreich. Arius, Nestorius und die sonstigen »Irrlehrer« werden scharf zurückgewiesen, weil sie letztlich diesen Glauben an die ganz persönliche Erlösung – und damit nicht zuletzt die diese Erlösung mit ihren Mitteln gewährleistende Kirche – gefährden. Wenn Leo betont, es stehe niemandem frei, darüber eine »eigene Meinung zu haben«, zielt er nicht nur auf die Einheit der Kirche, sondern auf dieses letzte Argument, dem die Tragfähigkeit für diese Kirche zugetraut wird. Nur wenn Jesus als Gott Mensch wurde, funktioniert die Erlösung. Und nur wenn die Erlösung funktioniert, gibt es einen Grund für diese Kirche mit ihrem Machtanspruch auf der überaus gefährdeten Erde. Die Theologie von Weihnachten ist auch eine politische Strategie.

Wir wissen natürlich nicht, wie die Zuhörer dies aufnahmen, von welchem Wissen sie ausgingen. Kannten sie überhaupt die Diskussionen um Maria, wenn Leo die »Gottesgebärerin« anspricht und eine jungfräuliche Geburt hervorhebt, die allein die Sündhaftigkeit des Sexualaktes umgehen konnte? Da doch die Römer seiner Zeit alles andere gewohnt waren als die Gleichsetzung von Sexualität und Sünde. Andererseits dürfte Leo nicht lediglich schlichte Gemüter angesprochen haben, dafür ist die Sprache zu rhetorisch, ja auf Effekt angelegt, den nur Gebildete verstehen und honorieren konnten. Ständig bietet er elegante Antithesen: »Wäre er nicht wahrer Gott, so brächte er keine Erlösung, wäre er nicht wahrer Mensch, so böte er uns kein Beispiel.« Auch an biblischen Belegen, an den Vorausdeutungen und nicht zuletzt Zitaten aus den Paulusbriefen fehlt es nicht. Dabei lässt es der Theologe Leo nicht bei den abstrakten Thesen bewenden. Vielmehr stellt und beantwortet er neue und »praktische« Fragen. Die schließen an die reale Geburt an, die Weihnachten letztlich zu Weihnachten macht.

Dabei kommt es zu einer geradezu tollen Theorie. Leo macht die Szene im Stall zu einem »geheimen Plan« Gottes, jetzt Gottvaters, der überlegt, wie er seinen Sohn in die Welt bekommt. Es gab ja den Teufel, der das Menschengeschlecht schon einmal ins Unglück gestürzt hatte und bei der nun anstehenden Rettung wieder zum gefährlichen Gegenspieler werden könnte, weil ja ein Mensch die Erlösung bringen sollte. Da fiel Gottvater etwas ein. Er »betrog« den Teufel mit der Jungfrauengeburt: »Dadurch erfuhr ja der Teufel nichts davon, dass dem Menschengeschlechte das Heil geboren wurde. Und da ihm die Empfängnis durch den Heiligen Geist verborgen blieb, so glaubte er, dass derjenige, der in seinen Augen nichts anderes als die andern war, auch nicht auf andere Weise als die übrigen zur Welt gekommen sei.« Der »verschlagene und siegesgewisse Feind« wurde also von der Krippenszene getäuscht: »Sah er ihn doch wimmern und weinen, in Windeln gehüllt ...« Die Windeln, das Zeichen der menschlichen Geburt schon bei Lukas, werden das wichtigste Utensil des göttlichen Verschwörungsplans. Weil Gott einst den (ersten) Menschen dem Teufel ausgeliefert habe (da ohne freien Willen nichts Rechtes aus ihm geworden wäre), helfe er der Menschheit jetzt mit einem Trick, weil auch der Teufel nicht mit Gewalt, sondern in Freiheit besiegt werden soll.

Eine wahrhaft schräge theologische Konstruktion mit Gott als ausgemachtem Trickser – die Leo jedoch keineswegs selbst erfunden hat. Die ganz und gar unbiblische Konstruktion findet sich vielmehr bei den bedeutendsten Theologen der Zeit, bei Ambrosius von Mailand zum Beispiel oder auch Augustinus, der in einer Himmelfahrtspredigt vom Kreuz als der »Mausefalle des Teufels« sprach. Dahinter steht die Vorstellung von der Erlösung als einer Art Kampf zwischen Gott und dem Teufel um die Menschen, die Gott diesem Teufel nach dem Sündenfall gewissermaßen zur Bestrafung »überlassen« hatte. So kommt es zur »Täuschungstheorie«, sofern Gott die Menschen dem Teufel wieder irgendwie »entwenden« musste. Erst im Mittelalter trat mit dem wegen seines »Gottesbeweises« berühmten Anselm von Canterbury ein Theologe auf, der die Rettung des Menschengeschlechts durch den Tod Jesu als Akt der »Wiedergutmachung« deutete – statt Täuschung also Satisfaktion, wie es die damaligen Hörer aus dem Lehnsrecht kannten, nach dem ein geschädigter Ritter nach entsprechendem Ausgleich auf weitere Rache verzichten musste. Übrigens ging diese Deutung dann für immer in die kirchliche Dogmatik ein.

Leo hat in seinen Predigten noch eine Reihe weiterer Probleme behandelt, zum Beispiel die Frage, warum die Geburt so spät erfolgte. Seine Antwort lautet: weil erst das Römische Reich die Verbreitung der Botschaft sicherte und die Verzögerung die Menschen für ihre Aufnahme umso empfänglicher stimmte. Noch interessanter aber erscheint eine These, die wie ein prophetischer Blick in die Zukunft des Weihnachtsfestes wirkt. Denn Leo behandelt in der sechsten Predigt den »Geburtstag des Herrn« als »Geburtstag des Friedens« und schließt daran eine eindringliche Mahnung: Es gehe um den Frieden, der zum Himmel führt, er hat also nichts zu tun mit dem Frieden dieser Welt, der in »Vergnügungen« besteht. Fast möchte man sagen: endlich einmal etwas jenseits der hochgeschraubten Lehren über die Natur Christi und der Polemik gegen die »Irrlehrer«. Aber die These ist offenbar konkreter gemeint, als es im ersten Moment aussieht, und scheint zu einem ganz neuen Verständnis von Weihnachten zu führen. Denn schon ein Jahr bzw. eine Predigt später findet sich das dazu Nötige auch im Klartext: Der 25. Dezember ist oder war auch ein Fest, das mit der Sonne zu tun hat, mit der Sonnenwende im Winter. Da gebe es »alberne Leute« mit »gottlosen Bräuchen« wie etwa der Anbetung der Sonne, ja sogar Christen, die sich beim Betreten der Basilika nach der aufgehenden Sonne wendeten und sich vor ihr verneigten.

Das alles also ist nicht mit Weihnachten gemeint, Sonne und Mond dienen wirklichen Christen lediglich als natürliche Gliederung des Jahres. Weihnachten ist ein, ja das Geburtsfest, es ist kein Sonnenwendfest, wobei Leo ausdrücklich nicht an eine Form der Umbesetzung denkt. Woher der 25. Dezember kommt, lässt er als völlig unwesentlich schlicht beiseite beziehungsweise beschränkt sich auf eine ganz allgemeine Lichtsymbolik, die er aus dem Johannesevangelium bezieht: »Raffe dich auf, o Mensch, und erkenne die Würde deiner Natur! Denke daran, dass du geschaffen bist nach dem Ebenbild Gottes … Sei kein Sklave jenes Lichtes … Das Licht der Himmelskörper lass nur auf deine leiblichen Sinne einwirken, mit der ganzen Liebesglut deiner Seele dagegen umfasse jenes Licht, das jeden Menschen erleuchtet, der in diese Welt kommt!« – der letzte Halbsatz ist ein Zitat (Joh 1,9).

Erwähnen wir noch, dass auch der Festinhalt von Epiphanie für Leo klar ist, sofern er Weihnachten ergänzt. Denn wieder steht die Natur Jesu im Mittelpunkt, wenn die Magier ausdrücklich die göttliche und menschliche Natur anbeteten – und nachgehakt wird: »Diesem unvergleichlichen Glauben, dieser während aller Jahrhunderte gepredigten Wahrheit widersetzt sich, Geliebteste, die teuflische Bosheit der Manichäer.« Worauf der Blick sich auf Herodes und den Kindermord richtet, den letztlich die Juden mit ihrem Hinweis auf Betlehem verschuldeten – Grund für den üblichen Angriff: »Wie ist doch, ihr Juden, euer Wissen so unwissend und eure Gelehrsamkeit so ungelehrt!« Zwischendurch aber geht es um die Beglaubigung der Ereignisse. Es gibt dafür die Voraussage des Propheten Bileam über den Stern, der »in Jakob aufgeht«, aber Leo legt Wert auf etwas Zusätzliches: »Sie haben sich auf den Weg gemacht, nicht weil sie vorhergesehen, sondern weil sie gesehen haben …«

Und auch für Seelsorgerisches ist Platz. Sofern die Magier zu einem Kind kamen, rückt eine gewisse Vorbildlichkeit der Kinder in den Blick, ja die Aufforderung, den Kindern ähnlich zu werden als »Geheimnis des heutigen Festes«. Dazu gehöre es, Ärger zu unterdrücken und die Hand zur Versöhnung zu reichen, mit einem »Nachtragen von Beleidigungen« aufzuhören und eine »natürliche Gleichheit« herrschen zu lassen. In der letzten Epiphaniepredigt wird als »geheimnisvolle Wirkung des heutigen Festes« gar die »Mutter aller Tugenden, die christliche Liebe« in den Vordergrund gestellt – mit Berufung auf das Hohelied der Liebe im 1. *Korintherbrief* von Paulus (1 Kor 13). Man weiß, welch bedeutende Rolle der Zusammenhalt in den christlichen Gemeinden spielte, ja ein wesentlicher Punkt für die Attraktivität dieser Religion überhaupt war. Und so wundert man sich womöglich, dass Leo dieses wichtige Thema nur am Rande berührt, es mit den heute eher haarspalterisch erscheinenden theologischen Aussagen über die Natur Christi und die damit zusammenhängende Polemik gegen die »Irrlehrer« förmlich zudeckt.

Andererseits erhält das Weihnachtsgeschehen damit eine Deutung, die für die Entwicklung außerordentlich wichtig wurde. Auch Augustinus hatte bereits Weihnachten gefeiert und darüber gepredigt. Aber für Augustinus war Weihnachten noch eine schlichte Erinnerung an die Geburt in Betlehem. Das eigentliche *sacramentum*, also die heilsgeschichtlich entscheidende Tat, lag für ihn beim Osterfest. Leo sah dies anders, er sprach von einem (zusätzlichen) *sacramentum natalis*, von einem ›Sakrament der Geburt‹ in direkter Einheit mit Ostern. Weihnachten wird so das zweite große Fest neben Ostern – damit ist die Einführung von Weihnachten letztlich abgeschlossen. Das historisierende Fest wurde so gesehen ein weiteres hochgradig theologisches Fest. Rein äußerlich sieht man es an seinem Ausbau zum Festkreis in direkter Parallele zu Ostern, wovon im nächsten Kapitel näher die Rede sein wird. Weihnachten ist auf jeden Fall nicht wegen des nicänischen (mittlerweile nicänisch-konstantinopolitanisch-chalcedonischen) Glaubensbekenntnisses entstanden, aber es wird zum Eckpfeiler der auf Nicäa zurückgehenden und gegen immer neue »Irrlehren« verteidigten Trinitätslehre.

Damit aber waren ganz erhebliche »Kosten« verbunden. Weihnachten war gerade zu Beginn alles andere als ein bloß »schönes« Fest. Mit Weihnachten verbindet sich fast noch stärker als mit Ostern das Beharren auf einer historischen Deutung der mythologischen Erzählungen. Gerade Leo sagt es ja überdeutlich: ohne Jungfrauengeburt keine Göttlichkeit, ohne Weihnachten keine Auferstehung und ohne Auferstehung keine Erlösung von den Sünden mit der Konsequenz eines ewigen Lebens. Fast hat sich die Argumentation seit Paulus gedreht. Es ist nicht die Auferstehung, die den Glauben fundiert, sondern die jungfräuliche Geburt, die diese Auferstehung erst möglich gemacht hat. Nur geht dies einher mit der Lehre von der Trinität, die gerade schlichten Gemütern kaum zu vermitteln war. Weihnachten war nicht nur ein theologisches Fest, es war auch ein außerordentlich abstraktes geworden – ausgerechnet die Erzählung von der Geburt im Stall mit Krippe und Windeln. Und dies ganz abgesehen von den Zumutungen, die mit dem Glauben an eine jungfräuliche Geburt verbunden sein mussten.

Weihnachten war so gesehen im Moment seiner Erfindung nicht nur ein wichtiges, sondern auch ein problembehaftetes Fest. Aber

es gibt eine Entwicklung ganz außerhalb der theologischen Experti-
sen. Denn schon im Moment der Durchsetzung dieses Festes beginnt nicht nur eine prachtvolle liturgische Ausgestaltung, die dem
Fest für lange Zeit seine Würde verlieh. Es beginnt auch eine Geschichte des Brauchtums, die die theologischen Wurzeln immer
mehr unterspülen sollte.

Der Weihnachtsfestkreis im Mittelalter

Das vollendete Kirchenjahr

Bis ins 4. Jahrhundert war das Kirchenjahr durch ein einziges »höchstes« Fest geprägt, durch Ostern. Dann kam mit Weihnachten ein zweites hinzu. Man kann allein an der Parallelität, mit der dieses Fest dem Kirchenjahr eingefügt wurde, die Bedeutung ablesen. Weihnachten erhielt wie Ostern eine Vorbereitungszeit, den Advent, und eine Festwoche, die Oktav – es entstand ein kompletter Weihnachtsfestkreis neben dem Osterfestkreis. Damit war das Kirchenjahr im Prinzip fertig, der weitere Ausbau betraf im Wesentlichen den Heiligenkalender. Aber zwischen den verschiedenen Kirchen gab es Unterschiede. Die Ostkirche hatte neben der Westkirche auch eigene Traditionen, später kamen Unterschiede aufgrund der Reformation hinzu.

Was man bei der grundsätzlichen Parallelität leicht übersieht: Ostern ist ein lunares (auf das Mondjahr bezogenes) Fest, richtete sich nach dem ersten Vollmond im Frühjahr und schwankt daher beträchtlich – zwischen dem 21. März und dem 18. April. Weihnachten ist ein solares (auf das Sonnenjahr bezogenes) Fest, liegt auf dem Tag der Wintersonnenwende, die mit dem 25. Dezember ein für alle Mal feststeht, auch wenn die Astronomen wissen, dass der exakte Termin im Lauf der Jahrhunderte immer weiter vorrückt (sie liegt heute zwischen dem 21. und 22. Dezember). Aber die Folgen sind ja jedermann ersichtlich. Alle Feste, die an Ostern hängen, bewegen sich mit. Alle Feste, die mit Weihnachten zu tun haben, stehen fest. Karneval und Pfingsten liegen mal früh, mal spät, Epiphanie und Lichtmess fallen immer auf denselben Tag. Höchstens kann man anmerken, dass bei Weihnachten der Wochentag »wandert«, weil nun einmal die Siebentagewoche nicht genau in Jahr und Monat passt, sondern diese Grenzen ständig (im Vorwärtsgang) überschreitet. Übrigens war im orthodoxen Osten das Kirchenjahr strikt in diesen beweglichen und den feststehenden Teil getrennt, es gab eigene liturgische Bücher dafür.

Letztlich hat der solare Termin mit Maria zu tun. Weihnachten ist das Geburtsfest Jesu, an dem die Mutter einen erheblichen Anteil hat – Jungfrau hin oder her. Und so kommt etwas sehr »Natürliches« ins Spiel, nämlich die Schwangerschaft. Als die Entscheidung fiel, die Geburt als Fest zu begehen, begann nicht nur die Suche nach dem richtigen Termin, sondern auch das große Rechnen mit den neun Monaten. Der Festlegung der Geburt auf den 25. Dezember folgte zwangsläufig das Fest Mariä Verkündigung als dem Tag, an dem der Engel die Schwangerschaft durch Mitwirkung des Heiligen Geistes »ankündigte« – am 25. März. Weil die Schwangerschaft von Maria mit derjenigen von Elisabet als der Mutter des Johannes verknüpft war, und zwar in zeitlicher Versetzung von sechs Monaten, ergab sich der Johannistag am 24. Juni – das einzige Geburtsfest (statt Todestag) eines Heiligen überhaupt und in der katholischen Kirche auch das einzige als Hochfest begangene.

Wie man sieht, handelt es sich bei diesen Terminen um wesentliche Eckpunkte des solaren Kalenders, womit das Kirchenjahr über die Gottesmutter einen starken Bezug zum kosmischen Zyklus des Jahres erhält. Die großen Geburtsfeste »besetzen« gewissermaßen die beiden Sonnenwenden sowie die Tagundnachtgleiche im Sommer. Es war sicher willkommen, dass der Beginn der Schwangerschaft eine weitere solare Stütze erhielt durch das alte Datum der Erschaffung der Welt an genau diesem Tag. Dabei kam auch noch Adam ins Visier, der »Erstgeborene der Schöpfung«, bei dem Zeugung und Geburt eins waren. Dass der Todestag Jesu auf einen 25. März gefallen sein sollte, verband schließlich Weihnachten mit Ostern. Der 25. Dezember erweist sich so gesehen als ein höchst symbolträchtiger Tag, man hätte kaum einen »besseren« zur weiteren Ausbildung des Kirchenjahres finden können. Daher ließ man mit diesem Tag – im deutschen Sprachraum nach der Mainzer Synode 813 – auch das neue Jahr beginnen, rückte es also vom römischen Jahresbeginn am 1. Januar vor. Dies hat gelegentlich zu Datierungsproblemen geführt. Die Kaiserkrönung Karls des Großen zu Weihnachten 800 fand nach damaliger Rechnung schon 801 statt, die schöne Rundzahl beruht auf der heutigen Zählung, die wieder zur alten Rechnung zurückkehrte. Das Kirchenjahr beginnt seit dem 10. Jahrhundert mit dem 1. Adventssonntag.

Aber wie baute man dieses neue Hauptfest aus bzw. wie fügte man es ins gesamte Kirchenjahr ein? In Parallele zu Ostern hieß die Vorbereitungszeit nun Advent nach dem alten Begriff des *adventus*, der ›Ankunft‹, wie sie in heidnischen Zeiten einmal dem Kaiser vorbehalten war. Den abschließenden Tag der Oktav bildete der 1. Januar, ein heikles Datum, weil es als heidnischer Jahresbeginn »besetzt« war und nicht erst von Luther als Fest bekämpft wurde. Nach dem Lukasevangelium gab es jedoch Abhilfe. Auf diesen Tag fiel die Beschneidung Jesu im Tempel, die zur peinlichsten Reliquie der Christenheit führte, von der immer wieder neue Exemplare auftauchten und wieder verschwanden. Karl der Große soll ein Exemplar anlässlich seiner Kaiserkrönung Papst Leo III. geschenkt haben, nachdem sie wiederum ihm von einem Engel geschenkt worden sein soll. Einer anderen Legende zufolge soll sie im Lateran aufbewahrt und beim Sacco di Roma 1527 von einem deutschen Söldner gestohlen, anschließend versteckt und dann in die Kirche Santissima Nome di Jesu (›Heiligster Name Jesu‹) im 1000-Einwohner-Nest Calcata (keine 50 Kilometer nördlich von Rom) gelangt sein. Dort wurde sie dann bis 1983 in Prozessionen gezeigt, ehe sie verschwand und von einem englischen Fernsehjournalisten spektakulär, aber vergeblich gesucht wurde. Auch andere rühmten sich des Besitzes, und auch diesen ging er verloren, zum Beispiel beim Bildersturm von Cambrai oder in der Abtei von Coulombs während der Französischen Revolution. Da erscheint es wohltuend, wenn für den 1. Januar die Namengebung Jesu in den Vordergrund rückte, die mit der Beschneidung nach sieben Tagen verbunden war.

Einen festen Platz im Weihnachtsfestkreis bekam freilich auch das Fest Epiphanie, die »Erscheinung des Herrn« in Verbindung mit der Anbetung durch die Heiligen Drei Könige am 6. Januar. In Italien fällt dies zusammen mit dem Fest der Hexe Befana (nach »Epiphanie«), die der Legende nach einst zu spät zur Krippe kam, dafür auf ihrem Besen durch die Lüfte fliegt, um die Kinder zu beschenken. Auch die Sonntage nach Erscheinung waren hervorgehoben, bis zum letzten (normalerweise dem sechsten) Sonntag als dem Tag der Verklärung Jesu. Dieses Ereignis geht auf die Berichte der Synoptiker zurück, wonach Jesus mit den drei Aposteln Petrus, Jakobus und Johannes einen nicht näher bezeichneten Berg bestiegen habe, auf dem er lichtumflutet mit Mose und Elias sprach. Zu dieser Zeit war die eigentliche Festzeit allerdings abgeschlossen. Das Ende fiel ursprünglich mit dem Oktavtag zusammen, ehe der in der Bibel belegte Tag der Darstellung Jesu im Tempel 40 Tage nach der Geburt (in anderer Version auch nach Epiphanie) an diese Stelle trat. Weil an diesem 2. Februar in der katholischen Kirche die Kerzenweihe für das neue Jahr stattfand, sprach man von Mariä Lichtmess. Die Liturgiereform ist zum alten Datum zurückgekehrt, womit Weihnachten wieder die typisch »kurze« Oktav im Gegensatz zur »langen« von Ostern besitzt, die bis Pfingsten reichte, also 50 Tage umfasste.

Sowohl in die Adventszeit wie in die Wochen nach Weihnachten aber fielen Heiligenfeste, Feste der *Comites Christi* (›Begleiter Christi‹), wie man gesagt hat, die die Weihnachtszeit insgesamt noch sehr prägen sollten. Dies betrifft zunächst das Barbarafest am 4. Dezember, vor allem aber zwei Tage später das Nikolausfest. Während Barbara- und Nikolausfest für das Brauchtum vor allem in Westeuropa eine wesentliche Rolle spielten, übernahm eine vergleichbare Rolle das Luciafest am 13. Dezember für den skandinavischen Norden. Der 26. Dezember war dann der Tag des ersten Märtyrers der jungen Kirche, bei dessen Steinigung noch Paulus vor seiner Bekehrung (übrigens als eigenes Fest begangen am 25. Januar) als Beobachter mitgewirkt hatte: Stephanus. Während kurz vor Weihnachten, am 21. Dezember, der Tag des Apostels Thomas eingefügt wurde, war es am 27. Dezember der Tag des Apostels und Evangelisten Johannes. Und noch ein letztes wichtiges biblisches Ereignis, das gleichzeitig in die Märtyrerfeste einzureihen ist, gehört in diese Zeit, nämlich der Tag der Unschuldigen Kinder. Er wurde auf den 28. Dezember gelegt, was der biblischen Chronologie (vor dem 6. Januar mit der Anbetung der Heiligen Drei Könige) kaum entspricht, aber zu den »Begleitern Christi« umso besser passt. Auch dieses Fest sollte noch eine ganz erhebliche Rolle bei der Ausgestaltung des Brauchtums spielen.

Allerdings berühren wir bei diesen Festen Unterschiede innerhalb der großen Kirchen. In der orthodoxen Kirche wurde an Weihnachten das »Mysterium« der jungfräulichen Geburt gegenüber der historisierenden Tendenz im Westen betont. Obwohl man Weihnachten neben Epiphanie aufgenommen hatte, betonte man an Epiphanie statt der Drei Könige die drei »Wunder« der Taufe Jesu, des Auftretens der Magier und der Verwandlung von Wasser in Wein in Kana – jeweils Manifestationen der »Herrlichkeit« Jesu. Ein Hauptunterschied ergibt sich schließlich aufgrund des Festhaltens am alten julianischen (auf Gaius Julius Caesar zurückgehenden) Kalenders, der durch Papst Gregor XIII. im 16. Jahrhundert korrigiert worden war, indem die 12 Tage »übersprungen« wurden, die mittlerweile »zu viel« angefallen waren. Weihnachten (mit allen Festen, die daran hängen) fällt deshalb in der orthodoxen Kirche auf den 6. Januar, was aber nichts mit der alten Alternative zu Epiphanie zu tun hat oder gar besagt, dass es im Osten kein Weihnachtsfest, sondern nur ein Epiphaniefest gebe.

Demgegenüber verlief der Ausbau des Kirchenjahres infolge der Reformation und ihrer starken Einschränkung der Heiligenfeste in noch stärker getrennten Bahnen. Ein Unterschied ergibt sich bereits beim zentralen Weihnachtsfest selbst. Während in der katholischen Kirche der Tag nach Weihnachten am 26. Dezember dem Märtyrer Stephanus gewidmet ist, wird er in der evangelischen Kirche zum »zweiten Weihnachtstag«. Auch für den 1. Januar ergab sich erheblich später allerdings ein gravierender Unterschied. Der Festinhalt der Beschneidung und Namengebung wurde in der katholischen Kirche mit einem weiteren Marienfest kombiniert, mit dem Hochfest der Gottesmutter. Papst Pius XI. hatte es 1931 als Erinnerung an die Fünfzehnhundertjahrfeier des Konzils zu Ephesus eingerichtet und auf den 11. Oktober gelegt, ehe sich die Liturgiereform im Rahmen des Zweiten Vatikanischen Konzils 1970 für den 1. Januar entschied – gewissermaßen als Bitte an die Gottesmutter um Hilfe für das neue Jahr. Allein in dieser Formulierung lag schon ein Grund dafür, dass dieses Fest in der evangelischen Kirche unakzeptabel blieb.

Maria war dabei nicht nur mit diesem Festtag direkt in den Weihnachtsfestkreis einbezogen. Außer am 2. Februar (dem Fest der Darstellung Jesu im Tempel anlässlich der Reinigung Mariens) begeht die katholische Kirche am 8. Dezember den Tag von Mariä Empfängnis – eines der heikelsten katholischen Feste überhaupt. Gemeint ist der Beginn der Schwangerschaft diesmal von Marias Mutter Anna. Weil das Fest der Geburt Marias auf dem 8. September lag (nach dem Kirchweihfest der Jerusalemer Anna-Kirche), brauchte man wieder einmal nur zu rechnen, um zum 8. Dezember zu gelangen. Allerdings verband sich mit der Empfängnis die Lehre, dass Maria als Mutter Jesu von vornherein ohne Erbsünde war. Als Dogma wurde diese »unbefleckte Empfängnis« erst 1854 verkündigt, aber der Streit fällt bereits ins Mittelalter mit einem Höhepunkt kurz vor der Reformation. Die Dominikaner in Bern hatten sich als Förderer des Festes gegen die ablehnenden Franziskaner dazu verleiten lassen, eine Marienerscheinung im Münster vorzutäuschen, die die Unbeflecktheit unter Beweis stellen sollte. In einem spektakulären Prozess wurden vier Obere des Ordens 1509 verurteilt und lebendig verbrannt. Auch dies erklärt die späte Einführung des Festes, das in evangelischen Kreisen natürlich strikt abgelehnt wurde.

Und noch ein letztes Fest ist zu erwähnen, ebenfalls ein rein katholisches: das Fest der Heiligen Familie am Sonntag in der Weihnachtsoktav. Es wurzelt in einer Verehrung seit dem 17. Jahrhundert und trat im 19. Jahrhundert in Kanada und im belgischen Lüttich in Erscheinung, nachdem Weihnachten sich ohnehin immer mehr zum Familienfest entwickelte. Päpste setzten das Fest ein und wieder aus, bis es 1921 endgültig vorgeschrieben wurde und in der Liturgiereform von 1969 seinen Platz in der Weihnachtsoktav erhielt. Als Evangelium dient in den heutigen drei Lesejahren mit ihren unterschiedlichen Evangelientexten entweder die Flucht nach Ägypten oder die Darstellung im Tempel oder der Aufenthalt des zwölfjährigen Jesus im Tempel. Fällt der Sonntag auf den Tag des Märty-rers Stephanus oder den der Unschuldigen Kinder, verdrängt es diese, was den Rang des Festes unterstreicht.

Man sieht nebenbei, dass der Ausbau des Kirchenjahres außer theologischen bzw. historisierenden auch seelsorgerische Aspekte einbezog, wobei die Betonung der Familie mit äußerst problemati-schen antimodernistischen Tendenzen der damaligen Zeit zusam-menging. Übrigens steht einer der bedeutendsten neueren Kir-chenbauten in dieser Tradition: die Kathedrale der Sagrada Família (›Heilige Familie‹), erbaut von Antoni Gaudí in Barcelona. Ur-sprünglich auf die Verehrung des heiligen Josef bezogen, entwi-ckelte sich das 1882 begonnene Bauwerk (die Vollendung ist für den 100. Todestag von Gaudí 2026 geplant) zu einer monumentalen Kirche, die mittlerweile ins UNESCO-Weltkulturerbe aufgenom-men wurde.

Die Ausbildung des Weihnachtsfestkreises bildete das letzte be-deutende Element im christlichen Kirchenjahr. Dabei fügte es der Auferstehungstheologie von Ostern die Ankunftstheologie von Weihnachten hinzu – beides Inhalte, die den Glauben »lebbar« und, sofern Kirchenbesuche gemeint sind, auch »begehbar« machten. Dabei erwies sich der Jahresfestkreis als eine Art Bilderbuch des Glaubens. Wer die Feste mitfeierte, »lebte« zwangsläufig im Glau-ben, bekam den Glauben in permanenter Wiederholung vorexer-ziert – schon im Judentum gibt es den Slogan, als Katechismus die-ne ihnen ihr Kalender. Man hat oft gesagt, der Glaube sei in den Bil-dern der Kirchen gespeichert, für ein nicht lesekundiges Publikum in einer Bilderschrift also. Aber diese Bilder waren oft nicht leicht verständlich und außerdem in Höhen angebracht, in denen sie sich kaum entziffern ließen. Die Feste boten demgegenüber das effekti-vere Angebot. Dass die Kirche ihre zentralen Botschaften überdies in Latein hüllte, stärkte letztlich eine »Übersetzerin«, die immer mehr Gewicht bekam: das Brauchtum.

Schließlich hat man bei der Austüftelung des Kirchenjahres nicht alles selbst erfunden, sondern wesentliche Züge der Feste der heidnisch-römischen Tradition sowie dem Judentum entnom-

Das (vorkonziliare) Kirchenjahr nach dem *Katholischen Religionsbüchlein* von Wilhelm Pichler

men – in »Kultursynthesen« eben. Auch wenn man Weihnachten nicht als »Umbesetzung« des heidnischen *Sol-invictus*-Festes sehen kann, liegt es doch am gleichen Tag. Und auch wenn Ostern sich vom Pessachfest absetzte, bezeugt es allein mit der Datierung nach dem Mondkalender die jüdische Tradition. Aber die Konstruktion insgesamt, die Gliederung des Jahres in eine Fest- und eine Alltagszeit, ist mit letztlich geringen Unterschieden im Christentum entstanden. Sie hat sich weltweit durchgesetzt und tritt erst in der Gegenwart gewissermaßen den umgekehrten Gang an, sofern nun christliche Feste »umbesetzt« bzw. imitiert werden. Der Karnevalsbeginn am 11. November liegt auf dem Martinstag, und die Umzüge an den »tollen« Tagen sind undenkbar ohne Prozessionen wie an Fronleichnam. Nur Weihnachten macht bei all dem eine Ausnahme. Seine christlichen Wurzeln sind immer noch sichtbar.

Die Liturgie

Die Konstruktion des Kirchenjahres mit seinen Festen ist das eine. Daneben steht das Feiern der Feste im Rahmen der Liturgie. Unter Liturgie versteht man dabei das gottesdienstliche Handeln in einer Gemeinde, normalerweise in der dafür bestimmten Kirche. Das griechische Wort *leiturgía* (aus »Volk« und »Werk« zusammengesetzt) kommt schon in der *Septuaginta* für die Praxis in den Synagogen vor, hat auch rein weltliche Wurzeln wie etwa bei der Ausrüstung von sportlichen Wettkämpfen. Im katholischen Bereich war es lange von der »heiligen Messe« (nach lateinisch *missio*, »Sendung«) verdrängt, ehe sich der alte Begriff wieder durchsetzte. Diese Liturgie ist heute das wohl unbekannteste Kapitel im Christentum – nicht nur aufgrund mangelnden Kirchenbesuchs, sondern auch aufgrund starker Beschneidung in der letzten Reform im Zweiten Vatikanischen Konzil. Nur die Älteren unter den Lesern dieses Buches haben vielleicht noch eine Erinnerung an die vorkonziliare Zeit mit dem Reichtum liturgischer Gestaltung, der einmal die großen Feste prägte und auch Weihnachten zu einem Höhepunkt im Jahr machte. Wer davon noch einen Eindruck erhalten will, muss in den Osten reisen, nach Moskau zum Beispiel, mit der nach wie vor grandiosen Feier in der Christ-Erlöser-Kathedrale, die nach ihrem Abriss in kommunistischen Zeiten in den 1990ern neu erstand. Allerdings bekommt man es hier mit einer Liturgie zu tun, die auch die älteste römische an Komplexität weit übertrifft, sofern sie aus einem unendlich reichen Schatz an Hymnen schöpft.

Dabei ist im lateinischen Westen eine lange Geschichte mit verhältnismäßig dunkler Entstehungszeit bzw. mehr oder weniger zufällig erhaltenen Zeugnissen zu berücksichtigen. Zur gemeinsamen ost-westlichen Tradition gehört noch der Bericht über die Jerusalemer Liturgie durch die Pilgerin Egeria im 4. Jahrhundert. Die überhaupt älteste Quelle stellt eine Anweisung mit dem Namen *Didache* (*Lehre der zwölf Apostel*) aus der ersten Hälfte des 2. Jahrhunderts im syrischen Raum dar. Seit dem 7. Jahrhundert sind wiederum im Osten Sakramentare (Handbücher für den Vorsteher der Kirche) überliefert – auch dem sind wir schon beim *Bericht der Egeria* begegnet. Im lateinischen Westen gilt der Bericht über eine Papstmesse um 700 als frühestes Zeugnis. Im Osten war die Liturgie dabei volkssprachlich geprägt, griechisch im hellenistischen Raum, daneben aber auch armenisch, syrisch, koptisch oder gotisch wie die berühmte Bibel des Bischofs Wulfila, von der die Prachthandschrift des *Codex Argenteus* aus dem frühen 6. Jahrhundert erhalten blieb (nach der heutige Germanisten Gotisch büffeln). Im Westen übernahm man zunächst das Griechische, ersetzte es jedoch im 4. Jahrhundert durch das Lateinische. Karl der Große ließ lediglich die wichtigsten Texte ins Deutsche übersetzen, ansonsten blieb in ganz Europa Latein die Sakralsprache der katholischen Kirche bis zum Zweiten Vatikanischen Konzil. Was oft übersehen wird: Auch Luther hat das Latein keineswegs abgeschafft, sondern lediglich durch seine »Deutsche Messe« von 1526 ergänzt. Allerdings sollten in den verschiedenen Ausprägungen der Reformation letztlich die Volkssprachen die Oberhand gewinnen.

Wer jedoch bei Liturgie lediglich an die Texte denkt, hat ohnehin ein äußerst wichtiges Element übersprungen. Kein Text wurde gesprochen, alles wurde gesungen. Die Liturgie stattet nicht nur ein Fest aus, sondern macht es dazu in einem Maße, wie es sich heute am ehesten noch im orthodoxen Osten, etwa an einem Weihnachtsfest in der Moskauer Christ-Erlöser-Kathedrale, erleben lässt. Nach Gregor dem Großen (gestorben 604) benannt ist der einstimmige Choralgesang, die »Gregorianik«, deren Anfänge im Dunkeln liegen, aber mit der Gründung einer *schola cantorum* dieses bedeutenden Papstes in Rom zusammenhängen dürften. Der Gesang ist seit dem 9. Jahrhundert durch sogenannte »Neumen«, auf einen Laien krakelig wirkende Zeichen ohne Notenlinien, noch unvollkommen, dann ab dem 11. Jahrhundert mit Notenschrift im Vier-Linien-System mit Quadrat-Noten überliefert. Die Komplexität dieser Kunst ist enorm, ihr Erlernen machte einen Hauptbestandteil des Unterrichts in den Klöstern und Domschulen aus, wobei man besonders auf helle Knabenstimmen setzte, die dem mutmaßlichen Engelsgesang am nächsten kommen sollten.

Der Text soll beim Choral stets durch den Gesang unterstützt werden, nach festgelegten, aber unendlich variationsreichen Schemata musikalisch ausgemalt werden. Wo etwa von der »Erhebung« der Seele die Rede ist, geht der Melodieverlauf nach oben. Aber es gibt verborgene und verborgenste Beziehungen, wenn etwa im Graduale vom Ostersonntag und im Graduale der Mitternachtsmesse von Weihnachten bei der jeweiligen Berufung auf die Ankunft des Messias eine gleiche Formel verwendet wird. Wer die Gesetze dieser Gregorianik kennt – man rechnete damals für ihre Erlernung zehn Jahre –, »hört« den Text nicht nur, sondern findet eine gewisse Form der Auslegung gleich mitgeliefert. Es handelt sich so gesehen nicht (nur) um ein ästhetisches Phänomen. Die musikalische »Sprache« drückt vielmehr den Sinn des »Gesagten« mit aus. Zu singen waren dabei nicht nur Messen, sondern weitere Gottesdienste wie die Vesper und Komplet sowie sämtliche Stundengebete mit ihren in Wechselgesängen vorgetragenen Psalmen. Noch heutige Spezialisten, vorwiegend in Benediktinerklöstern, schildern hinter vorgehaltener Hand durchaus ihre Nöte, selbst wenn die Leiter ein Musikstudium an der Musikhochschule hinter sich haben.

Und nun Weihnachten. Wir wissen schon, dass in diesem Fall die Messen nach dem Jerusalemer Vorbild auf Stationen verteilt waren. In Rom gab es ebenfalls drei Kirchen, die in Prozessionen aufgesucht wurden. Die Messe in der Nacht wurde in Santa Maria Maggiore gefeiert, die Messe bei Sonnenaufgang in Santa Anastasia, die Messe am Morgen in San Pietro, seit dem 10. Jahrhundert wieder in Santa Maria Maggiore. Vom Evangelium her ergab sich die Verteilung auf die Geburtsgeschichte nach Lukas (im »Engelamt«), dann die Hirtengeschichte ebenfalls nach Lukas (im »Hirtenamt«),

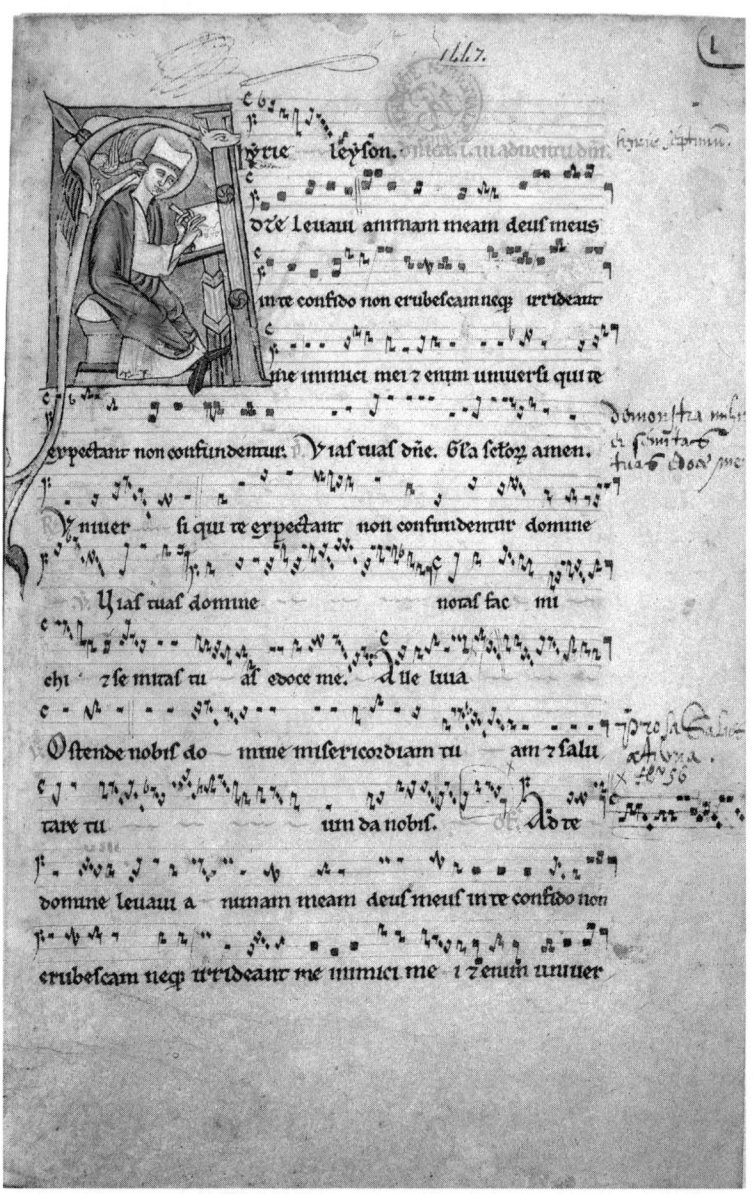

Notenhandschrift in Quadratnotation. In der Initiale der heilige Gregor
am Schreibpult, Kirchenmusik komponierend

schließlich der Beginn des Johannesevangeliums (im »Herrenamt«). Man hat diese Stationen immer in Erinnerung bewahrt, allerdings aus praktischen Gründen die drei Messen in der Regel in ein und derselben Kirche bzw. Kloster gefeiert.

Aber es gab spektakuläre Nachahmungen wie etwa im mittelalterlichen Köln. Dort begann im 12. Jahrhundert Weihnachten mit der Vigil im Dom am Vortag von Weihnachten. Noch vor deren Ende bestieg der Erzbischof eine Sänfte und ließ sich zur Nachtmesse in das vornehme Damenstift von St. Maria im Kapitol tragen. Nach der Messe erhielt er von der Äbtissin ein weißes Maultier, mit dem er – vom »Volk« begleitet – zum nächsten vornehmen Damenstift St. Cäcilien für die Messe beim Sonnenaufgang ritt. Dort gab man ihm einen Schimmel, auf dem er zum Dom zurückkehrte, um die Messe am Tage zu lesen. In allen diesen Messen fanden Prozessionen statt. Eine Kölner Besonderheit lag schließlich darin, dass man zum Abschluss der Messe im Dom (schon einmal) das Evangelium von Epiphanie las, da man in der Stadt seit 1164 die Gebeine der Heiligen Drei Könige besaß – davon später mehr. Um einmal einen Eindruck von der szenischen und musikalischen Ausgestaltung zu erhalten, greife ich auf die Zusammenstellung zurück, die der Siegburger Benediktiner Mauritius Mittler aus zahlreichen Akten wie Monte Cassino, Cluny, St. Denis (Paris) und dem eigenen (mittlerweile geschlossenen) Kloster zusammengestellt hat und die sich letztlich mit sehr geringen Varianten als »römisch« erweisen.

Die Feierlichkeiten in Siegburg begannen mit der nächtlichen Vigil am Vortag, und zwar mit dem Einzug in die Kirche. Der gesamte Konvent ging unter dem Gesang des dafür verantwortlichen Kantors in die Krypta, wo Abt und Chor am Marienaltar erste Psalmen vortrugen, um dann zum ersten Stundengebet des neuen Tages, der Matutin, überzugehen. Das Ganze dauerte mehr als zwei Stunden. Danach gab es eine kleine Pause zum Waschen und Kämmen, bevor man die Kleidung für den Altardienst des nächsten großen Ereignisses anlegte.

Dies betrifft die erste eigentliche Weihnachtsmesse (»zum ersten Hahnenschrei«, gegen drei Uhr morgens), die wieder mit einer Prozession begann. Der die Messe leitende Zelebrant (in der Regel der Abt) und seine Assistenten waren in weiß-goldene Gewänder gekleidet, die zum Singen bestimmten Brüder trugen etwas schlichtere Paramente, die für den Vortrag des Graduale samt Alleluja ausgewählten Brüder vornehmere Chormäntel, alle anderen Beteiligten einfache Alben. An Hauptsängern werden sieben hervorgehoben, die bei ihrem Vortrag von Kerzenträgern zur Rechten und Linken umgeben waren. Beim Einzug läuteten alle Glocken, und alle Lichter wurden entzündet. Dann begann der Kantor mit dem Introitus als Gesang zum Einzug. Es handelte sich um den Psalmvers »Der Herr spricht zu mir: mein Sohn bist du, heute habe ich dich gezeugt ...«. Es folgte das Gloria, bei dem wieder alle Glocken läuteten. Daran schloss sich als virtuosester Teil zwischen Lesung und Evangelium das Graduale mit Alleluja – auf der letzten Silbe zähle ich in meinem alten Choralbuch nach der verbindlichen vatikanischen Ausgabe von 1958 immerhin 44 Töne.

Im weiteren Verlauf reiht sich Gesang an Gesang. Am Ende der Messe zogen alle Mönche aus, um in der Sakristei die Messgewänder gegen Chormäntel zu tauschen – und wieder in die Kirche zurückzukehren, um das nächste Stundengebet, die Laudes, zu singen. Die Mönche saßen dabei in ihrem Chorgestühl einander in zwei Gruppen gegenüber, die die Psalmen abwechselnd vortrugen. Nach Beendigung begaben sich alle in den Schlafsaal, legten sich jedoch nicht zu Bett, sondern zogen Hausschuhe an, setzten sich ans Feuer, wuschen und kämmten sich. Nach noch strengerer Tradition verblieben die Mönche sogar in der (vermutlich eiskalten) Kirche, um dort den Sonnenaufgang zu erwarten. Nach einer weniger strengen Tradition durften sie einen Moment schlafen, um jedoch beim Aufflackern der Lichter und Ertönen der Glocken »aufzuspringen« und mit gewaschenen Händen zur Kirche zu eilen.

Dann begann die Messe »in der Morgenfrühe« auf entsprechendes Glockengeläut hin. Im Prinzip war es wieder eine Messe mit allen Zutaten, nur nicht ganz so feierlich wie die erste. Sie wurde an einem anderen Altar gefeiert, um die Stationen umzusetzen. Nicht alle Mönche trugen nun die festliche Albe (aus weißem

Leinen oder Battist), die Farbe der Paramente (kunstvoll verzierte Obergewänder) war rein Weiß, also ohne Goldbesatz. Andererseits enthielt auch diese Messe wieder feierlichste Gesänge – allein wegen des Hirtenthemas mit dem Engelsgesang auf den Feldern. Wieder stachen ein umfangreicher Introitus sowie ein noch umfangreicheres Graduale mit abschließendem Alleluja heraus. Und wieder war es damit nicht zu Ende. Nach der zweiten Weihnachtsmesse wurde als Stundengebet die Terz gesungen.

Danach begann unter großem Glockengeläut die dritte Weihnachtsmesse »am Tage«, und zwar erneut mit einer Prozession. Weihwasser und ein Weihnachtsbild (mit Maria und dem Kind) wurden vorangetragen, von Leuchtern und Weihrauchfässern begleitet. Wo kostbare Reliquien vorhanden waren, wurden sie ebenfalls mitgeführt wie etwa das goldene Gemmenkreuz, das Kaiser Heinrich II. einmal der Abtei Cluny geschenkt hatte. Auch der Arm des heiligen Maurus und kaiserliche Insignien wie Reichsapfel und Zepter konnten die Pracht der Prozession steigern, in der außer den Mönchen die Schüler mit ihren Magistern bis hin zu den Jüngsten gemäß ihrer Rangordnung mitgingen. Natürlich war die Prozession außer von Glockengeläut von Gesängen begleitet. In Monte Cassino trug einer der Mönche das kaiserliche Gewand, das das Kloster einmal als Geschenk erhalten hatte. Die Kleidung der Mönche war so festlich wie möglich. Und mindestens ebenso feierlich der Gesang, bei dem drei Kantoren den Introitus anstimmten, wobei sie in den Händen Zepter trugen. Man darf unterstellen, dass sämtliche Beteiligte nach Abschluss dieser Messe an ihre körperlichen Grenzen gelangt waren.

Wir sprechen hier allerdings über Weihnachtsfeiern in rein professionellem Milieu – ein »Volk« war nicht beteiligt, auch nicht als Zuschauer. Das gestaltete sich in Stadtkirchen anders, sehr viel bescheidener, wenn auch mit gregorianischem Gesang. Ein wirklicher Wandel trat mit der Reformation ein, als die Liturgie in den neuen evangelischen Gottesdiensten erheblich zurückgeschnitten, die Beteiligung des Volkes dafür hervorgehoben wurde. Als neue musikalische Größe tritt dabei ein ganz anderer »Choral« in Erscheinung:

das volkssprachliche Lied, das die Gemeinde lautstark sang und all-mählich auch von kräftigen Orgeln begleitet wurde. Luther hat nicht nur die evangelische Liturgie beschränkt, sondern auch für die Übersetzung der alten lateinischen Psalmen in deutsche Lieder ge-sorgt. 1524 entstanden allein 24 solcher Lieder. Gerade Weihnachts-lieder gehören dazu: *Vom Himmel hoch, da komm ich her* dichtete Luther (nach *Ich komm aus fremden Landen her*) ausdrücklich für die Bescherung beim Weihnachtsfest in seiner eigenen Familie, als »Kinderlied auf die Weihnacht«, und gab ihm möglicherweise auch noch selbst die bis heute gesungene Melodie.

Es wäre selbstverständlich sinnlos, die Gregorianik mit Luthers Chorälen zu vergleichen und dann gegeneinander auszuspielen. Viel interessanter ist ein anderer Gesichtspunkt: Beides existierte lange Zeit gleichzeitig nebeneinander. Während man noch im 18. Jahrhundert in evangelischen Kirchen Choräle sang, sang man in katholischen weiterhin gregorianische Messen. Dann aber zog die katholische Kirche nach und gestaltete auch ihre Messen mit volks-sprachlichem Liedgut. Die sozialen Bedingungen (und nicht zuletzt die Hörgewohnheiten) hatten sich eben geändert. Erstaunlicher-weise schaffen es in den letzten Jahrzehnten gregorianische Gesän-ge doch immer wieder in die Charts, wie etwa die Benediktiner-mönche von St. Maurice & St. Maur in Clairvaux oder die Zisterzi-enser vom Stift Heiligenkreuz in Niederösterreich.

Advent

Wir sind bei der Ausbildung des Kirchenjahres immer wieder auf Unterschiede gestoßen, vor allem im Osten gegenüber dem Wes-ten. Dies zeigt sich auch beim Advent, dessen lateinische Ableitung von *adventus* im Griechischen auf *epiphania* zurückgeht. Beides bedeutet ›Ankunft‹, aber im Osten war damit nicht das verbunden, was im Westen wesentlich wurde: gewissermaßen die weihnacht-liche Ankunft im Sinne der Geburt, die einer Vorbereitung bedurf-te. Im Osten gab es eine ganz andere Vorbereitung, nämlich auf die

Taufe, die an Epiphanie erfolgte. Dem entsprach eine Fastenzeit vom 14. November (in den Ostkirchen der Tag des Apostels Philippus, danach »Philippsfasten«) bis zum 5. Januar, die (wenn man die fastenfreien Samstage und Sonntage herausrechnet) genau 40 Tage umfasste, also eine Quadragesima wie bei Ostern.

Wenn man genauer hinsieht, gibt es Unterschiede in der Gestaltung des Kirchenjahres, aber auch innerhalb des Westens selbst. Unter seinem Bischof Ambrosius hatte an der Wende vom 4. zum 5. Jahrhundert Mailand eine Vorreiterrolle mit speziellen Eigenständigkeiten übernommen, zumal in dieser Zeit dort ein Kaiser residierte. Die große »Basilika Ambrosiana« war aus der eigenen Tasche des machtbewussten Kirchenfürsten bezahlt worden, der im Streit um den Arianismus eine ultranicänische Position bezog. Nordafrika mit Karthago und dem Hippo des Augustinus übernahm zeitweise die Führungsrolle in theologischen Fragen. Auch das alte Gallien, das in der Zeit der Völkerwanderung an merowingische Könige gefallen war, zeigte viel Selbstbewusstsein, wobei hier iroschottische Mönche wie Columban die Missionierung übernommen hatten und dabei Traditionen mitbrachten, die noch mit der Ostkirche verbunden waren. Man kann von einem »Gallikanismus« ebenso sprechen wie von einem iroschottischen Christentum im hohen Norden oder der mozarabischen Tradition in Spanien.

Als es darum ging, dem Kirchenjahr eine Art Feingliederung zu geben, machten sich entsprechende Unterschiede bemerkbar. Für Rom besitzen wir zehn Predigten Leos des Großen über das »Fasten im Dezember«, die deutlich zeigen, dass von Advent im Sinne einer Vorbereitung auf Weihnachten noch keine Rede sein kann. Denn Leo spricht über eine ganz andere Tradition, nämlich das sogenannte Quatemberfasten (›Viererfasten‹): eine viermalige Fastenzeit im Jahr, die mit der Sorge um das tägliche Brot zu tun hat. Leo bezieht sich ausdrücklich auf das »Gesetz« des Fastens im Alten Testament, das keineswegs aufgehoben, sondern neu zu gestalten sei: speziell im Dezember als »Opfer der Enthaltsamkeit« zum Dank für die eingebrachte Ernte. Das Opfer sollte weiter der Reinigung des Herzens »von allem Unkraut« dienen, insofern ganz allgemein für die »Ankunft des Reiches Gottes« rüsten. Daneben aber sollte der gewissermaßen erwirtschaftete Überschuss als Almosen weitergegeben werden an die Armen und damit als Bestätigung der Nächstenliebe. Aber man muss abschließend deutlich sagen: Leo kennt (genauso wie der orthodoxe Osten) keine adventliche Fastenzeit, überhaupt keinen Advent.

Genau dies aber war in Gallien anders. Schon der Bischof von Poitiers Hilarius, ebenfalls ein verbissener Kämpfer gegen den Arianismus, der deshalb aus dem Osten in den Westen abgeschoben worden war, setzte im 4. Jahrhundert eine dreiwöchige Fastenzeit als Vorbereitung auf Weihnachten durch. Im spanischen Tarragona gab es ebenfalls drei Wochen. Das entsprechende Dekret nennt seltsam klingende Formen des Fastens, unter anderem, dass niemand ins Gebirge gehen oder barfuß laufen dürfe. Die Menschen sollten wohl zu Hause bleiben und sich ordentlich anziehen, um täglich am Gottesdienst teilzunehmen. Bei Gregor von Tours, der als Autor der sogenannten *Geschichte der Franken* (*Decem libri historiarum*) berühmter wurde denn als Bischof, sind dann die Anforderungen am Ende des 6. Jahrhunderts schon erheblich verschärft, wenn er für die Zeit zwischen Sankt Martin am 11. November und Weihnachten einen generellen Rückzug aus der Welt verlangt. Dieser »gallische« Advent mit seinem Grundcharakter der Bußzeit, der genauso in Mailand galt, besaß also sechs Sonntage.

Dabei ist es bekanntlich nicht geblieben. Als man in Rom im 6./7. Jahrhundert den Advent übernahm, reduzierte man ihn zunächst auf fünf, unter Papst Gregor dem Großen schließlich auf die bis heute üblichen vier Sonntage. Noch Karl der Große bestätigte die Zahl auf einer Aachener Synode 826 ausdrücklich, ohne die Alternative wirklich zu beenden – eine Synode auf der Burg Limburg bei Bad Dürkheim 1038 in Anwesenheit von Kaiser Konrad II. beschäftigte sich erneut mit dem Thema, aber erst 1570 fiel eine endgültige Entscheidung des Papstes.

Jedenfalls war der Advent damit durchgesetzt, und zwar in der zweiten Bedeutung von »Epiphanie«, die nun nicht auf die Darstellung Jesu vor die Heiligen Drei Könige reduziert war, sondern sich auf die »Ankunft« insgesamt bezog. Zugleich aber rückte noch eine weitere »Ankunft« in den Blick, die letzte am Ende aller Tage, die »Wiederkunft« Christi. Man merkt es an den Evangelientexten, die ausgewählt wurden. Am 1. Adventssonntag wurde ursprünglich in der katholischen wie evangelischen Kirche der Einzug Jesu in Jerusalem vorgelesen. Dann setzte man in der katholischen Kirche die Ankunft des »Menschensohnes« zum Jüngsten Gericht an diese Stelle, die die Synoptiker als Reden von Jesus überliefern (Mt 24,37 ff., Mk 13,33 ff., Lk 21,25 ff.). Am 2. und 3. Adventssonntag ist es das Auftreten von Johannes dem Täufer mit seinem Ruf zur Buße. Mit dem 3. Adventssonntag war dabei immer eine Art Unterbrechung der eher düsteren Stimmung verbunden. Nach dem Psalmvers »Gaudete« (›Freuet euch‹) im Introitus wechselte in der katholischen Kirche die violette Farbe in das hellere Rosa, das die nahe Freudenzeit ankündigte. Das Zweite Vatikanische Konzil hat noch einmal diesen Charakter der Freude auf den kommenden Erlöser betont, womit der alte »gallische« Advent endgültig in den Hintergrund rückte.

Am 4. Adventssonntag folgt dann im Evangelium die Verkündigung des Engels an Maria (alternativ der Besuch von Maria bei Elisabet), wobei in diesem Fall das Jesajazitat (Jes 45,8) im Introitus »Rorate caeli desuper, et nubes pluant iustum« (›Taut ihr Himmel, von oben, ihr Wolken, lasst Gerechtigkeit regnen‹) zur besonderen liturgischen Gestaltung der Rorate-Messen führte. Es waren Messen zur Ehre Marias, die vorwiegend an Samstagen der Adventszeit am frühen Morgen oder am Abend ausschließlich im Kerzenschein gefeiert wurden. Die passenden Lieder dazu sind *O Heiland, reiß die Himmel auf* und *Tauet, Himmel, den Gerechten*. Die besonders schöne gregorianische Melodie mit ihrem ungewöhnlich jähen Aufschwung zu Beginn ist immer wieder von Komponisten der Neuzeit aufgegriffen worden – zum Beispiel von Heinrich Schütz in seinem *Kleinen geistlichen Konzert* mit dem Textbeginn als Titel, aber auch noch von Franz Liszt in seinem Oratorium *Christus*. Natürlich hat das (noch zu besprechende) Brauchtum daran angeschlossen.

Der Charakter des Advents lässt sich ohnehin gut aus dem kirchlichen Liedgut erschließen, das sich hier besonders reich entfaltete und zu Unrecht in den Schatten der Weihnachtslieder trat, die heute auch da die Oberhand behalten, wo nicht bloßer Kitsch dominiert. *Nun komm, der Heiden Heiland* könnte noch auf Ambrosius von Mailand als einen der frühen Hymnendichter zurückgehen. Die deutsche Fassung stammt wieder einmal von Luther. Übrigens hat Johann Sebastian Bach den Choral gleich mehrfach mit Choralvorspielen für die Orgel versehen, darunter ein virtuoser Kanon (mit Melodie im Pedal), bei der das musikalisch »Zwingende« des Kanons das »Zwingende« der Erlösung ausdrücken sollte. Von katholischen Textdichtern wäre Friedrich Spee mit *O Heiland, reiß die Himmel auf* zu erwähnen, von reformatorischen *Wachet auf, ruft uns die Stimme* von Philipp Nicolai. *Tochter Zion, freue dich* entstammt den Oratorien *Joshua* und *Judas Makkabäus* von Georg Friedrich Händel, wo es den Jubel über den Sieg der Israeliten über ihre Feinde ausdrückt. Das Kirchenlied wandelt dies um in die Erwartung des Siegs Christi, der mit seiner Geburt zum Greifen nahe ist. Der Text stammt vom Propheten Sacharja (Sach 9,9 ff.) und hängt eng mit dem Evangelium vom 1. Adventssonntag, dem Einzug Jesu in Jerusalem, zusammen. In Bachs *Weihnachtsoratorium* nimmt die sehnsüchtig jubilierende Alt-Arie *Bereite dich Zion* gleich zu Beginn von Teil I darauf Bezug.

Der Advent hat sich insgesamt also weit von seinen »gallischen« Ursprüngen entfernt. Aber nicht immer und für alle. Einen Reflex besonderer Art zeigt die alte gallikanische Auffassung im Auftreten der Adventisten im frühen 19. Jahrhundert. Hierbei handelt es sich um eine protestantische Frömmigkeitsbewegung mit apokalyptischen Tendenzen, die in verschiedenen Zweigen aufgetreten ist und ihre Gemeinsamkeit in der Erwartung des baldigen Weltendes findet. Dazu gehören etwa die Mormonen als die »Kirche Jesu Christi der Heiligen der Letzten Tage«.

Heilige Drei Könige

Das Fest der Heiligen Drei Könige am 6. Januar gehört streng-
genommen nicht mehr zum Weihnachtsfestkreis. Denn der endet
mit dem Oktavtag am 1. Januar, dem Fest der Beschneidung und
Namengebung Jesu. Aber in anderer Benennung wird die Beziehung zu Weihnachten ja viel deutlicher: als Epiphaniefest, der ursprünglich großen Alternative zum Geburtsfest am 25. Dezember.
Als man sich im 4. Jahrhundert auf die heutige Verteilung der
Festinhalte einigte, war der Weg frei für die sterngeleiteten Könige
an der Krippe in Betlehem – die übrigens niemals heiliggesprochen
wurden und dann doch zu Heiligen allerhöchsten Grades aufstie-
gen. Nur erfolgte dies nicht in spätantiken, sondern mittelalterlichen, sogar erst hochmittelalterlichen Zeiten. Der Weihnachtsfestkreis erhielt damals diesen neuen Akzent, der immer schon im
Evangelium angelegt war, aber erst jetzt voll ausgebaut wurde. Das
Thema der Jungfrauengeburt mit den komplizierten theologischen
Implikationen barg nur noch wenig Konfliktstoff und erst recht
keine Faszination mehr. Eine solche Faszination ging mittlerweile
von Heiligen aus, besser gesagt: von ihren Überbleibseln, den Reliquien. Sie sollten sich zu einem »sakralen Kapital« entwickeln, das
in den Augen des Volkes sogar die Heilswirkung der Eucharistie
übertraf.

Man erkennt es daran, dass Reliquien immer begehrter wurden,
die Diebstähle zunahmen und Translationen (›Überführungen‹)
ein großes Ereignis darstellten. Man kann von einem regelrechten
Hype sprechen, vielleicht mit unübertroffenem Höhepunkt 1204,
als ein christliches Kreuzfahrerheer Konstantinopel einnahm und
plünderte – mit besonderer Berücksichtigung seines reichen Reli-
quienschatzes. Vorangegangen aber war ein anderer spektakulärer
Coup, eben der Raub der Heiligen Drei Könige aus Mailand und
ihre Verbringung nach Köln im Jahr 1164. Seither sind die »Magier«
nicht mehr aus der Weihnachtszeit im Westen wegzudenken. Nicht
die eigentlichen Weihnachtsfestlichkeiten selbst, sondern der zu
Weihnachten gehörende Sternsingerbrauch wurde mittlerweile ins

immaterielle Kulturerbe der UNESCO aufgenommen (während der Antrag, dies auch für das Lied *O du fröhliche* vorzunehmen, wohl mit Recht abgeschmettert wurde). Das »CMB«, das sie für empfangene Gaben über die Türen schreiben, erinnert nicht, wie viele glauben, an Caspar, Melchior und Balthasar, sondern ist die Abkürzung für »Christus mansionem benedicat« (›Christus segne dieses Haus‹).

Trotz dieser heutigen Präsenz – im kirchlichen Leben der Stadt Köln insbesondere auch durch den Dreikönigenschrein im Dom – sind die auslösenden Ereignisse im Fall der Reliquien der Heiligen Drei Könige nach wie vor geheimnisumwittert. Kaiser Friedrich Barbarossa hatte nach vielen Anläufen eine besonders grausame Eroberung der stets widerspenstigen lombardischen Metropole befohlen. Zwar wurden die Bewohner nicht einfach niedergemetzelt, sondern auf umliegende Dörfer verteilt. Aber die Stadt selbst war am Ende dem Erdboden gleichgemacht, wozu auch die Kirchen samt Dom gehörten. Altäre wurden verwüstet, die Reliquien geraubt, als wollte man die Stadt nicht nur materiell, sondern auch sakral regelrecht auslöschen. Zu diesen Reliquien aber gehörten drei Leiber von Toten, die verhältnismäßig unversehrt waren. Statt auf einen nicht weit zurückliegenden Tod zu schließen, schloss man auf ein Wunder und erklärte die Leiber zu den drei Magiern des Matthäusevangeliums. Über Einzelheiten ist schlicht nichts bekannt, vor allem nicht, woher die Zuschreibung stammte, die in Mailand selbst jedenfalls bislang keine Rolle spielte. Hatte wirklich schon Konstantin die Gebeine besorgt, nachdem seine Mutter sie gefunden und nach Konstantinopel gebracht hatte? Oder war der Mailänder Bischof Eustorgius im 4. Jahrhundert der Überbringer?

Einer der wichtigsten Berater des Kaisers, der zum Erzbischof von Köln bestimmte, aber noch nicht ernannte Rainald von Dassel, ein Befürworter der totalen Zerstörung, muss die Chance gesehen haben, seine künftige Stadt aufzuwerten. Noch aus Italien schrieb er im Juni 1164 einen Brief an den Kölner Dompropst und kündigte ihm den unschätzbaren Wert der Reliquien der *trium magorum ac regum* (der ›drei Magier und Könige‹) an – übrigens der erste Beleg dieser Benennung. Wie wertvoll der Schatz eingeschätzt wurde, zeigt auch die Reaktion der Gegner, die Rainald auf seiner Rückreise regelrecht verfolgten. Aber er kam unversehrt davon, reiste symbolträchtig durch die »drei Länder« des Reiches, nämlich Italien, Burgund und Deutschland, zuletzt auf dem Rhein, um schließlich im Triumphzug am 23. Juli 1164 in Köln begeistert empfangen zu werden. In Köln bekommen Touristen heute das mehrfach erneuerte (als Original im Museum Schnütgen aufbewahrte) »Dreikönigenpförtchen« gezeigt, das vor der Ankunft im Alten Dom angeblich durchschritten wurde.

Man kann sich heute schlecht vorstellen, worauf die Wirkung dieser »sakralen PR-Kampagne« (Stefan Burkhardt) beruhte. Dabei gilt es als erwiesen, dass sogar das deutsche Königtum von diesen Heiligen profitierte, sofern ihr Besitz im eigenen Land die jeweils amtierenden Herrscher in eine Nähe zu Christus brachte, die selbst den Päpsten verwehrt war. Und dies in einer Situation, in der Kaiser und Päpste nach wie vor um die Vormacht stritten, wobei die Kaiser zuletzt in der Person Heinrichs IV. und seinem Gang nach Canossa einen erheblichen Rückschlag hinnehmen mussten. Nun also waren diese »Heiligen Drei« im Kölner Erzbistum, in dessen unmittelbarer Nähe die Königskrönungen durch den Kölner Erzbischof stattfanden – in der Karlsstadt Aachen nämlich. Dabei war das Messformular stets dasjenige vom Dreikönigstag, also mit Matthäus Bericht von der Huldigung an der Krippe. Der Kölner Erzbischof krönte den neuen König gewissermaßen fast im Beisein der größten Könige der Christenheit überhaupt. Mehr Legitimität ging nicht.

Für das Kölner Erzbistum aber sollte sich der Raub auch sonst auszahlen. Schon Rainald zweigte von den umfangreichen Skeletten erste Teile ab, um sich damit Gefolgsleute zu sichern. So gingen drei Finger an den Hildesheimer Dom, wo Rainalds Aufstieg erfolgt war – ehe der heutige Kölner Kardinal Rainer Maria Woelki noch einmal einen Finger der mit Köln verbundenen Kirche in Tokio stiftete. All dies aber vollzog sich vor einem Hintergrund, der zu jenem »heiligen Köln« führte, das die Stadt im Hochmittelalter zu einer der bedeutendsten und größten Metropolen in Europa machte. Man saß nämlich in dieser ehemaligen Römerstadt auf zwei Gräberfeldern, die geradezu unerschöpflich Heilige lieferten: dem der thebäischen Legion, die unter ihrem Anführer Mauritius und dem Offizier Gereon in spätrömischen Zeiten den Märtyrertod starben, und dem der heiligen Ursula mit ihren 11 000 Jungfrauen, die das gleiche Schicksal in Wikingerzeiten erlitten.

Köln besaß also nicht nur die »Heiligen Drei«, die mit ihren Kronen zusammen mit den elf Flammen für die Jungfrauen ins Stadtwappen eingingen, vor allem lockten diese Könige unendliche Scharen von Wallfahrern an, die in Prozessionen einen Schrein umkreisen konnten, der nach einer entsprechenden Kathedrale förmlich schrie. Wie in Paris Ludwig der Heilige die Sainte Chapelle über der Dornenkrone Christi errichten ließ, erhob sich dann auch ab 1248 der Kölner Dom über den Gebeinen seiner Könige. Der Dachreiter über der Vierung ist bis heute nicht wie sonst üblich ein Kreuz, sondern ein Stern.

Und nicht nur Wallfahrer wurden angelockt. Auch die Kölner selbst feierten ihren Schatz jedes Jahr an seinem Festtag mit einer aufwendigen Prozession. Als Könige gekleidete Personen spielten die biblischen Ereignisse nach, der gesamte Klerus der Stadt nahm teil, Honoratioren trugen den Schrein – wohl einigermaßen ächzend, denn wegen des vielen Goldes wog er sechs Zentner – mit seinen Reliquien auf ihren Schultern durch die Straßen. Neben einer Stärkung des Königtums hatte die Reliquie also auch eine starke gemeinschaftsstiftende Funktion in der Stadt selbst. Sie hat noch lange nachgewirkt. Als Napoleon die Kathedrale zum Pferdestall umfunktionieren ließ, brachte man den kostbaren Schatz im weit entfernten Arnsberg in Sicherheit und machte die Rückführung am 4. Januar 1804, also kurz vor dem Fest, zum Großereignis, bei dem alle Glocken läuteten und ganz Köln auf den Beinen war. 1889, ausgerechnet nach der Fertigstellung des Doms, verschwand der Schrein in der Schatzkammer, aber seit 1948, zum 700. Geburtstag der Grundsteinlegung, steht er wieder in seiner ganzen Pracht hinter dem Hochaltar.

Bei all dem wurde ein besonders dramatisches Ereignis übersprungen. Große politische Ereignisse wurden im Mittelalter häufig auf die hohen Kirchenfeste verlegt. Den meisten wird dabei das Weihnachtsfest des Jahres 800 in Rom einfallen, an dem Karl der Große vom Papst zum Kaiser gekrönt wurde. Die Taufe des Sachsen Widukind, mit der Karl der Große zuvor so erhebliche Schwierigkeiten hatte, fand ebenfalls an Weihnachten statt. Gerne gingen mittelalterliche Herrscher an diesem Fest in besonders bevorzugte Pfalzen, Heinrich II. beispielsweise wiederholt nach Paderborn. Weihnachten aber spielte auch sonst eine besondere Rolle. Bei der Christmette übernahm der mittelalterliche Kaiser das Amt des Diakons und sang, im Krönungsornat mit gezogenem Schwert, das Evangelium: »Es geschah aber in jenen Tagen …« Bei Krönungen jedoch spielte seit dem Raub der »Heiligen Drei« auch ihr neuer Aufenthaltsort in Köln eine bedeutende Rolle. Etliche Könige zogen sofort nach ihrer Krönung in Aachen (wo sie Gold gespendet hatten) nach Köln.

Wie wichtig all dies genommen wurde, zeigte sich in einer Situation, die für das Reich äußerst bedrohlich war. Nach dem plötzlichen Tod des Stauferkaisers Heinrich VI. im Jahr 1097 kam es zu einer Doppelwahl: dem Staufer Philipp von Schwaben und dem Welfen Otto IV. Zwar besaß Philipp von Schwaben die prestigeträchtigen Reichsinsignien, ließ sich aber im unbedeutenden Mühlhausen von einem unbedeutenden Bischof zum König krönen. Otto IV. dagegen reiste nach Aachen, wo der Kölner Erzbischof die Krönung vornahm. Weil in Köln gerade der Nikolaus von Verdun zugeschriebene Dreikönigsschrein entstand – der prachtvollste Goldschrein des gesamten Mittelalters mit einer Länge von mehr als zwei Metern und einem Gewicht von 500 Kilogramm –, ließ er sich tatsächlich halbplastisch auf der Stirnseite links neben die »Heiligen Drei« setzen, als vierter König also, sogar gleich groß wie die anderen, wenn auch wenigstens ohne Krone. Aber Philipp holte auf. 1199 feierte er auf spektakuläre Weise das Weihnachtsfest in Magdeburg. Vor allem ließ er sich 1203 noch einmal krönen – man darf dreimal raten, wo und wann. Es war in Aachen, und es war am

6. Januar, dem Dreikönigstag. Wäre er nicht kurz darauf ermordet worden, hätte die deutsche Geschichte womöglich eine andere Richtung genommen.

Nikolaus

Am 8. Mai 1087, 23 Jahre nach dem Raub der Gebeine der Heiligen Drei Könige aus Mailand, ging ein ähnlich spektakulärer Raub, gewissermaßen in umgekehrter Richtung, zu Ende. In diesem Fall waren kostbare Reliquien nach Italien überführt worden, um sie dort für immer aufzubewahren. Es handelt sich um die Gebeine des Nikolaus, *Agios Nikolaos* (›heiliger Nikolaus‹), wie er in seiner griechischsprachigen Heimatstadt Myra, dem heutigen Demre in der türkischen Provinz Antalya, hieß. Weil in der orthodoxen Welt Bilder ohnehin wichtiger sind als körperliche Überbleibsel, gab es aus Konstantinopel keine ernsthafte Initiative zur Bergung, und so gelangten diese nach Bari.

Der leere Sarkophag von St. Nikolaus in Demre, Türkei (antikes Myra, Lykien)

Warum den Barensern so sehr an diesem Nikolaus gelegen war, ergibt sich aus der Verehrung des Heiligen in der orthodoxen Kirche. Denn der Süden Italiens stand lange unter byzantinischer Herrschaft, Apulien mit seiner Hauptstadt Bari bis ins Jahr 1080. Es war der Patriarch von Konstantinopel gewesen, der Bari zum Erzbistum erhoben hatte.

Man wusste also über diesen Nikolaus, der im 4. Jahrhundert Bischof von Myra war, gut Bescheid, auch wenn dieses Wissen sich mittlerweile immer neuen Legenden verdankte und mit dem über einen zweiten Nikolaus zwei Jahrhunderte später verschmolzen war. Bei diesem Nikolaus handelte es sich um den Gründer des Klosters Sion (benannt nach dem Vorbild in Jerusalem) oberhalb von Myra, der dann Bischof in einer Nachbarstadt wurde. Schon weil die Todestage eng beieinanderlagen – Nikolaus von Myra mit dem 6., Nikolaus von Sion mit dem 10. Dezember –, trennten die Lebensbeschreibungen kaum mehr zwischen den beiden und ihren zahlreichen Wundertaten. Am Ende war es ein einziger »heiliger Nikolaus«.

Im Osten war sein Kult früh von Myra nach Konstantinopel und von dort auch in den Westen gelangt. Das älteste Abbild findet sich in einem Fresko des 8. oder 9. Jahrhunderts in Santa Maria Antiqua in Rom, einer Kirche auf dem ehemaligen Forum Romanum. Die römische Kirche San Nicolai in Carcere (›St. Nikolaus im Kerker‹) wurde im 8. Jahrhundert gegründet. Sie befand sich im griechischen Quartier der Stadt, direkt neben einem Gefängnis – nicht zufällig. Denn die älteste Legende, wohl schon im 6. Jahrhundert entstanden, berichtet über eine Art doppeltes Wunder der Errettung Gefangener vor dem Tode. Kaiser Konstantin hatte einst Feldherren nach Myra geschickt, um dort Unruhen zu bekämpfen. Sie kamen mit Nikolaus, dem Bischof der Stadt, gerade hinzu, als ein bestochener Präfekt drei Unschuldige hinrichten lassen wollte. Nikolaus verhinderte es, indem er dem Scharfrichter das Schwert entriss, der Präfekt gestand, und die Feldherren verziehen ihm. Nach ihrer Rückkehr wurden diese Feldherren nun selbst fälschlich angeklagt und zum Tode verurteilt. Im Gefängnis aber riefen sie Nikolaus um

Hilfe an, der prompt Konstantin im Traum erschien und die Befreiung befahl. Vom Kaiser gerettet und beschenkt, reisten sie nach Myra, um sich bei diesem großen Bischof zu bedanken.

Zu dieser Legende, die Nikolaus zum Patron von Gefangenen prädestinierte, kamen weitere hinzu, die mit Nöten im Zusammenhang der Seefahrt stehen. Schiffer wurden also nach Anrufung des Heiligen aus tosenden Wellen gerettet. Und eine Flotte mit Korn, die am hungernden Bari nur haltmachte, um nach Rom weiterzusegeln, brachte Nikolaus zu einer freiwilligen Abgabe, wonach sie an ihrem Ziel wieder über die volle Ladung verfügte. Nikolaus wurde nach und nach zum *Hyperhagios*, zum ›Superheiligen‹, bei dem sogar der Sarkophag wundertätig war. Er steht nämlich für das Myron-Wunder, wonach aus ihm heilkräftiges Wasser floss, das dann auch in Bari wiedergewonnen wurde – nach einer Untersuchung im Jahr 1925 sickerte Grundwasser aus der Krypta mit wenigen Litern im Jahr, die trotzdem für jeweils 20 000 Flaschen reichten.

1087 war man sich also sicher, einen höchst bedeutsamen Heiligen in die Stadt geholt zu haben. Dabei entspann sich sogleich ein ebenso erbitterter wie kurioser Kampf um den Besitz. Denn die Bürger wollten den Heiligen partout nicht dem eilends aus dem Heiligen Land zurückgekehrten Erzbischof aushändigen, sondern hatten geschworen, ihm auf dem Palastgelände des Statthalters des Normannenherzogs eine eigene Kirche zu errichten. Dies gelang nach vielem Hin und Her, zu dem auch ein gewaltsamer Raubversuch des Erzbischofs gehörte. Die Nikolauskirche wurde also erbaut, ihre Einweihung mit Überführung der Gebeine in einem kostbaren Schrein 1098 vom Erzbischof in Begleitung von Papst Urban II. vollzogen – dem Papst, der drei Jahre zuvor den ersten Kreuzzug gegen genau die Seldschuken ausgerufen hatte, aus deren Händen Nikolaus mittlerweile gerettet war. Zwar wurde im nächsten Jahr Jerusalem zurückerobert, aber die Kreuzfahrer konnten nur kleine Staaten in der Region gründen und einige Jahrzehnte erfolgreich verteidigen – Myra lag viel zu weit weg und gehörte nicht dazu, die Gebeine wären wohl verloren gewesen.

Basilika San Nicola, Bari

Wie berühmt die Basilika San Nicola in Bari mit ihren wertvollen Reliquien wurde, ergibt sich daraus, dass der gleiche Papst in der Krypta noch im Einweihungsjahr ein allgemeines Konzil einberief, zu dessen 185 Anwesenden auch der berühmte Anselm von Canterbury gehörte. Noch wichtiger aber: Bei den künftigen Eroberungen der Stadt im ständig umkämpften Süden Italiens blieb die Nikolauskirche stets unversehrt. Man kann bei den Besuchern der Nikolauskirche fast von einem Who's who des Hochmittelalters sprechen: Herzöge, Könige besuchten die Nikolauskirche, Papst Innozenz II. etwa feierte 1137 mit Kaiser Lothar dort Pfingsten, unter Teilnahme von Bernhard von Clairvaux. Es waren immer größer werdende Scharen hilfesuchender Wallfahrer, die den Kult des Wundertäters nach ganz Europa trugen.

Man kann diese Reiserouten gut nachvollziehen. Die in Süditalien und Sizilien erfolgreichen Normannen stammten schließlich aus der Normandie, und so ist es wenig erstaunlich, dass die Nikolausverehrung früh nach Nordfrankreich kam, von dort ins Deutsche Reich sowie nach Nord- und sogar Osteuropa. Schon im 11. Jahrhundert gibt es dafür die ersten Belege, besonders in Benediktinerklöstern, die sich, wie übrigens auch die späteren Bettelorden der Dominikaner und Franziskaner, dabei besonders hervortaten. Altäre wurden mit seinen Reliquien ausgestattet, Kirchen nach ihm benannt, gelegentlich mit abgelegten Ketten, die vom Gefangenenpatronat zeugen.

Wenn man liest, dass sich in Köln Nachrichten über den Kult verdichten, erste Kapellen bereits in den Jahren 1167 und 1172 entstanden, stutzt man vielleicht, weil sich damals die Reliquien noch in Myra befanden. Aber Köln hatte schon lange vor dem Raubzug Kontakt mit Nikolaus, und zwar über Theophanu, die 972 die Ehefrau des deutschen Königs Otto II. geworden war und bei dessen Kaiserkrönung Mitkaiserin wurde. Diese tatkräftige Dame, die viele Jahre die Regierung für den noch minderjährigen Sohn Otto III. führte, brachte ganz offensichtlich den Kult aus ihrer Heimat Konstantinopel mit. Daher also die Kapellen in Köln, daher die Altäre in der dortigen Kirche St. Kunibert und vor allem im Benediktinerstift St. Pantaleon, der Begräbnisstätte von Theophanu, von wo aus man auch eine ganz kleine Kapelle im Westen Kölns ausstattete – in Sülz, mit der noch heute bestehenden Nikolauskirche (ich kann es mir nicht verkneifen: meiner Heimatgemeinde). Die byzantinische Mosaik-Ikone in Aachen-Burtscheid mit dem griechischen Segensgestus wurde auf den Spuren von Theophanu um 1000 vom ersten Abt des Klosters, einem griechischen Mönch, mitgebracht.

Der Raub von Bari hat dann dem wachsenden Ruhm erheblich nachgeholfen. Historiker zählen zwischen 4000 und 5000 Nikolauskirchen in Europa. Nicht zufällig sind häufig Küsten- bzw. Hafenstädte darunter, Amsterdam zum Beispiel, das den Heiligen zum Stadtpatron erkoren und nach Neu-Amsterdam bzw. New York exportiert hat. Nicht vergessen sei auch das ferne Shanghai, in dem in der Cola Road (nahe der Touristen gut bekannten Französischen Konzession) eine orthodoxe Nikolauskirche mit schönen

Zwiebeltürmen steht, die zur Zeit der Abfassung dieses Buches restauriert wird. Auf einem englischsprachigen Schild ist zu lesen, dass sie 1932 erbaut wurde. Wie meine Shanghaier Studenten recherchiert haben, ging die Initiative auf russische Flüchtlinge nach der Oktoberrevolution von 1917 zurück. Ob die Hafenstadt bei dieser Widmung eine Rolle gespielt hat oder eher eine Anspielung war auf den mit seiner Familie ermordeten letzten Zar Nikolaus II., ließ sich nicht ermitteln.

Nun war einige Seiten nicht mehr von Weihnachten die Rede, aber es ist klar, wieso Nikolaus in dieser Festzeit erwähnt werden muss. Sein Gedenktag fiel und fällt auf den 6. Dezember, also in den Festkreis von Weihnachten. Dies gilt zwar auch für andere Heilige wie etwa Barbara am 4. Dezember, aber niemand sollte dem Festkreis auf Dauer derart mit prägen wie Nikolaus. Dies hängt vor allem mit den in vielen bedeutsamen Sammlungen überlieferten Legenden zusammen.

Von der erwähnten Feldherrenlegende zeugen allein etwa 50 Handschriften. Darüber hinaus gewann eine im 9. Jahrhundert entstandene neue Legende zunehmend an Bedeutung. Sie betrifft die Rettung von drei Jungfrauen, die ihr verarmter Vater an ein Bordell verkaufen möchte und deren missliche Lage Nikolaus am Fenster mitbekommt. Er wirft drei goldene Äpfel ins Zimmer, worauf die Unglücklichen »anständig« heiraten können. Nikolaus wird damit zum Kinderfreund, was auch zur Gesamttendenz seines Auftritts in der lateinischen *Legenda aurea* passt. Sie berichtet nämlich von einem schon in der eigenen Kindheit heiligen Leben, sofern dieser Nikolaus im Säuglingsalter die Mutterbrust an Fastentagen nur zu den verordneten Stunden nahm, in seiner Jugend keine Liebschaften kannte, Schauspiele mied und sich seine Jungfräulichkeit bewahrte. Man ahnt, worauf das hinauslief, nämlich auf ein Vorbild für die Jugend. Noch etwas später, um 1150, taucht eine zweite »Kinderlegende« als volkssprachliche Verserzählung des normannischen Dichters (Robert) Wace auf. Sie handelt von einem verbrecherischen Wirt, der Studenten umbringt, um sie auszurauben, und anschließend zur Verbergung des Verbrechens in einem

Fass einpökelt. Da erscheint Nikolaus als angeblicher Bettler, verlangt Fleisch und soll auch solches aus dem Fass bekommen. Aber ehe der Wirt es bringen kann, hat Nikolaus eingegriffen – ein Engel verkündet, dass die Knaben wieder leben.

All dies ging in die größte Legendensammlung des Mittelalters ein, die der Deutsche Orden im 13. Jahrhundert in (mittelhoch-) deutscher Sprache hatte anlegen lassen: das sogenannte *Passional* mit 110 000 Versen, in dem Nikolaus die Reihe von 75 Heiligen sogar eröffnet. Der Augsburger Günther Zainer hat nur wenige Jahrzehnte nach Gutenbergs Erfindung 1471/72 einen Druck unter dem Titel *Der Heiligen Leben* mit Holzschnitten für jeden Heiligen herausgebracht, wobei er bei Nikolaus das Jungfrauenwunder mit den drei goldenen Äpfeln auswählte, das übrigens schon Dante in seine *Göttliche Komödie* aufnahm (*Purgatorio* XX,32). Dieses Wunder scheint in Deutschland besonders wichtig gewesen zu sein, während man in Frankreich eher die Rettung der gepökelten Studenten bevorzugte. Denn Frankreich besaß mit Paris die anziehendste Universität in ganz Europa, zumal lange Zeit nur dort der theologische Doktorgrad zu erwerben war. Und nun gab es dazu mit Nikolaus den passenden Heiligen, den Schutzpatron.

Eine besondere Art von Schülern aber, die Sängerknaben an den Kathedralen und in den Klöstern, wurden aktiv und bemächtigten sich des Bischofs Nikolaus auf eine ganz unerwartete Weise. Zuvor bedarf es dazu eines kurzen Blicks auf ein weiteres Fest in der Weihnachtszeit: das Fest der Unschuldigen Kinder am 28. Dezember.

Das Fest der Unschuldigen Kinder

Anders als Nikolaus gehören die »Unschuldigen Kinder« schon dank des Matthäusevangeliums zu Weihnachten. Sie erhielten ihr Fest in der unmittelbaren Nähe zum 25. Dezember, als es darum ging, Jesus heilige »Begleiter« an die Seite zu stellen. Dazu gehörte wie bereits erwähnt Stephanus, der erste Märtyrer der frühen christlichen Gemeinde, gefeiert am 26. Dezember.

Früh aber entschied man sich auch zur Aufnahme von »Märtyrern«, deren Status nicht unumstritten war: eben der Unschuldigen Kinder, angeblich 1400 an der Zahl, die Opfer der von Herodes angeordneten Kindermorde geworden sein sollen. Ein Problem lag in der Tatsache, dass diese Kinder noch vor dem Opfer- bzw. Erlösertod Jesu gestorben waren und sich auch nicht aus Glaubensgründen dafür entschieden hatten – sie konnten ja nicht einmal sprechen. Aber sie waren eben »Blutzeugen«, hatten gewissermaßen die fehlende Taufe durch ihr Blut ersetzt. Und sie waren Kinder gewesen, unschuldig und rein – das zählte gegenüber den Argumenten derer, die tatsächlich mangels Taufe für eine Platzierung in der Hölle stimmten. So setzte schon im 5. Jahrhundert in Jerusalem die Verehrung ein, gelangte von dort nach Konstantinopel und verbreitete sich dann in der gesamten Kirche, zuerst am 29., dann bis heute am 28. Dezember. Während man das Fest in der Messe ursprünglich als Trauertag ohne *Gloria* und *Halleluja* beging, dominierte schließlich der Freudencharakter. Es gibt dazu eine einschlägige Predigt von Petrus Abaelardus, dem großen Pariser Theologen des 12. Jahrhunderts, der bei seiner Verteidigung der Vernunft in Glaubensfragen mit Bernhard von Clairvaux aneinandergeriet.

Mit diesem Fest im Weihnachtsfestkreis aber verband sich etwas, was uns wieder zu den Schülern zurückbringt. Denn genau in den Weihnachtstagen beging der gesamte Klerus Feste, in denen der anstrengende kirchliche Alltag mit seinen Stundengebeten und Gottesdiensten eine Unterbrechung erfuhr. Die Diakone feierten am 26. Dezember, die Priester am 27., die Subdiakone zwischen dem 1. und 6. Januar – und die auf der untersten Stufe stehenden Schüler bzw. Chorknaben eben passenderweise am 28. Dezember, am Tag der Unschuldigen Kinder. Dies geschah in einer höchst eigenartigen Form. Denn die Sieben- bis Zehnjährigen wählten aus ihren Reihen einen »Kinderbischof« (*episcopus innocentium*), der anschließend mit allem ausgestattet wurde, was dem richtigen Bischof zustand: mit Gewändern, Ring, Stab und Mitra. So ausstaffiert, trat er bei der Feier der Messe und allen sonstigen Gottesdiensten auf, saß auf erhöhtem Stuhl und erteilte zum Schluss den

Segen, während die Priester Messdiener spielten. So zeigte man sich auch dem »Volk«, ging also per Prozession durch die Stadt und sammelte Gaben, um die Kosten für Ausstattung und Festmahl zu erwirtschaften, soweit nicht Spender aushalfen. Am Tag der Unschuldigen Kinder fand mit anderen Worten das Fest des Kinderbischofs statt. Die klerikale Welt stand für einen Augenblick kopf, oben und unten waren verkehrt – wie es die Jungfrau Maria als Antwort auf die Ankündigung ihrer Schwangerschaft im *Magnificat* so prägnant ausgedrückt hatte: »Er stürzt die Mächtigen vom Thron und erhöht die Niedrigen« (Lk 1, 52).

Nach ersten Erwähnungen im 10. Jahrhundert ist dieses Fest in der genannten Ausprägung seit Mitte des 11. Jahrhunderts gut belegt. Im 11. Jahrhundert gab es in Rouen ein *Officium Infantum*, also ein Messformular zum Tag der Unschuldigen Kinder, woraus zum Beispiel hervorgeht, dass der Kinderbischof bei seinem Auftritt kostbare Pontifikalgewänder trug und das *Te Deum* (›Großer Gott, wir loben dich‹) intonierte. Dann schießen die Belege im 13. bis 15. Jahrhundert förmlich durch die Decke. In England sind es 69, in Frankreich 28, im deutschsprachigen Raum 45. Die Orte sind jeweils Dome, Stiftskirchen, Klöster – überall da, wo Chorknaben tätig waren und in entsprechenden Schulen unterrichtet wurden.

Man hat lange gerätselt, wie es dazu kommen konnte. Dabei spielte die Vermutung eine Rolle, es handle sich um eine Art Wiederkehr dessen, was einmal in Rom die Zeit im Herbst bzw. um Neujahr geprägt hatte: die Saturnalien und die heidnischen Bräuche zum Jahreswechsel, bei denen ebenfalls schon die Statusumkehr eine wesentliche Rolle gespielt hatte. Das Kinderbischofsfest schien sich somit einzureihen in Theorien wie die von der »Ventilfunktion« angesichts religiösen Stresses oder einer untergründigen »Karnevalisierung« (Michail Bachtin) innerhalb der Kultur, die verdrängten oder aufgeschobenen Lüsten ihr Recht verleihen sollten. Demgegenüber konnte die Mittelalterhistorikerin Tanja Skambraks die Quellen vorlegen. Und die zeigen: Das Kinderbischofsfest war ein Fest wie jedes andere, der Klerus unterstützte es, die Liturgiker gaben ihm einen würdigen Rahmen, weil das Anliegen einleuchte-

Darstellung des sog. Kinderbischofs, Bamberg, 16 Jh.

te: Einmal im Jahr sollte der Gedanke Ausdruck finden, dass Kinder die wahren Weisen sind, wie es Jesus selbst ja wörtlich gesagt hatte (»Wenn ihr nicht umkehrt und werdet wie die Kinder, werdet ihr nicht in das Himmelreich hineinkommen« (Mt 18,3). Einmal sollte deutlich werden, dass kindliche Unschuld oder Einfachheit ein hohes Gut darstellt. Und wann sonst als an diesem Fest? Dass moderne Historiker diese Bewertung übersahen, hatte allerdings seinen Grund: Das Fest brachte kontinuierlich Beschwerden über Ausschreitungen und Verbote mit sich, die es spektakulärer erschienen ließen als die harmlosere Realität.

Die Chorknaben sangen üblicherweise viel, und sie sangen äußerst schwierige Texte – davon war schon die Rede. Und nun, an diesem ihrem Fest, traten sie einmal anders auf. Die Messe wurde gefeiert wie sonst, aber es vollzog sich ein kleines Schauspiel, bei dem der Kinderbischof zum Beispiel wie sonst nur der »richtige« auf einer Trage in die Kirche gelangte. All dies untergrub nicht die Frömmigkeit, sondern ergänzte sie eher spielerisch. Man könnte von einer Art Kompensation für die ungenügende Teilnahme der »Gläubigen« am Kult sprechen. Vor allem aber auch von dem Bedürfnis, der Religiosität auf spielerische Weise zusätzlich Ausdruck zu verleihen. Im Übrigen war die Statusumkehr etwas, was zur Theologie von Weihnachten allein wegen des *Magnificats* bestens passte. Im Kloster Pforta gingen die Kinder zum Abt und erinnerten ihn an seine eigene Kindheit, wofür sie kleine Geschenke erhielten. In Padua ließ sich der Bischof gar vom Kinderbischof über die Korrektheit seiner Amtsführung befragen.

Der Kern dieser Form von »erweiterter« Religiosität zeigt sich dabei weiterhin in Predigten, die berühmte Theologen den Kinderbischöfen in den Mund legten. Der Bischof an der St Paul's Cathedral in London, John Alcock, hat 1511 eine solche Predigt formuliert, Erasmus von Rotterdam, sein Freund, der an der gleichen Schule mitwirkte, ebenso. Es geht in diesen Predigten um die Vorbildlichkeit der Unschuldigen Kinder wie die des Jesuskindes selbst. Gerade Erasmus betont die Reinheit und Einfachheit der Kinder, ein Vorbild für die Schüler. Sie sollten es ruhig auf diese im wahrsten Sinne des Wortes »spektakuläre« Weise unter Beweis stellen. Weihnachten wird also weder entweiht noch unterbrochen. Ein Aspekt von Weihnachten, der mit dem Erlöser als Kind zusammenhängt und durch das Martyrium von Kindern unterstrichen wird, kommt so erst richtig zum Vorschein. In einem Messformular der Kathedrale von Salisbury und einem weiteren derjenigen von

Exeter wird der Kinderbischof direkt mit dem Jesusknaben gleichgesetzt.

Interessanterweise hat es allerdings einen Wandel beim Termin gegeben. Seit dem 13. Jahrhundert wandert das Fest des Kinderbischofs auf einen neuen Tag – auf den 6. Dezember, also Nikolaus. Keine Quelle gibt wirklich Auskunft über das Warum, aber der Wandel vollzieht sich flächendeckend, wenn auch mit Verzögerung, was die Territorien angeht. Vom King's College in Cambridge hört man erst 1443, dass das Kinderbischofsfest nicht mehr am Tag der Unschuldigen Kinder, sondern an dem des Nikolaus zu feiern sei. Experten, die mit dem Nikolauskult vertraut sind, brachten es mit dem Aufkommen von Nikolaus als Schutzpatron der Schüler, ja sogar ganz direkt mit der Pökellegende in Verbindung. Jedenfalls wird das Kinderbischofsfest ein (gelegentlich auch so genanntes) »Nikolausbischofsfest«, wobei möglicherweise die Mitra das wichtigste Verbindungsstück darstellte – Nikolaus erscheint jedenfalls nun bevorzugt mit dieser Kopfbedeckung, die das spätere Bild so sehr prägen sollte. Inhaltlich geändert hatte sich dabei kaum etwas, das Fest blieb ein kirchliches Fest mit stabiler Liturgie und stabiler Einbeziehung der spielerischen Eigenheiten. Fast möchte man sagen: Alles ganz normal.

Wenn da nicht die Ausschreitungen gewesen wären, die natürlich zu Weihnachten wenig passen und den Subversionstheoretikern und Saturnalienwitterern Wasser auf die Mühlen leiteten. Man kann die Geschichte dieser Ausschreitungen an den Regulierungs- und Verbotsmaßnahmen studieren, die die Entwicklung des Kinderbischofsfestes von Anfang an begleiteten. Richard von St. Viktor, Theologieprofessor an der sich etablierenden Pariser Universität und dort konservativer Gegner von Petrus Abaelardus, beklagt in einer Predigt im 12. Jahrhundert die »lächerlichen und gar teuflischen Spiele«, die mit weltlichem Gesang und Gelächter verbunden waren. An der Kathedrale Notre-Dame in Paris begnügte man sich um die Wende vom 12. zum 13. Jahrhundert mit Reformen, nur das Tragen von Masken und die übermäßige Beleuchtung wurden verboten. In Worms waren es im Jahr 1307 Bürger, die sich

beim Bischof über die Ausgelassenheit der Schüler beim Bischofs-
spiel beschwerten und damit offenbar durchdrangen. Andernorts
warfen Knaben die Süßigkeiten, die man ihnen zugesteckt hatte,
auf die Spender zurück. In Padua war mit dem Fest ein Weihnachtsspiel verbunden, bei dem Herodes einen Speer in die Menge schleu-
derte und Soldaten auf ihrer angeblichen Suche nach der Jungfrau
Maria die anwesenden Frauen belästigten. Wo es allerdings zu Blutvergießen im Zusammenhang mit Raufereien gekommen war, ha-
gelte es Gefängnisstrafen. In Eichstätt folgte auf solche Fälle schon
1282 ein endgültiges Verbot, in Regensburg 1357.

Immer wieder setzten sich bekannte Theologen auch grundsätzlich für die Abschaffung des Kinderbischofsfestes ein. Insgesamt
lassen sich 80 Verurteilungs- bzw. Verbotsschreiben anführen. Das
Baseler Konzil formulierte 1435 einen Beschluss mit europaweiter
Wirkung unter dem Titel: *De spectaculis in ecclesia non faciendis*
(*Über in der Kirche unangebrachte Schauspiele*). Darin liest man: »Es
gibt auch noch jenen entsetzlichen Missbrauch, der in einigen Kirchen häufig vorkommt: an bestimmten Festen des Jahres verklei-
den sich einige Leute mit Mitra, Stab und Pontifikalgewändern und
spenden nach Art der Bischöfe den Segen. Andere sind am Fest, das
man in manchen Gegenden Fest der Narren, der Unschuldigen oder
der Kinder nennt, wie Könige und Herzöge verkleidet …«

Noch wichtiger, jedenfalls bekannter wurde ein Schreiben der
Pariser Theologischen Fakultät 1445. Es wandte sich in einem Brief
an sämtliche Kirchen Frankreichs gegen die Klerikerfeste um Weihnachten, wobei wohl besonders das Narrenfest ins Visier genommen wurde. Darin finden sich genüsslich dargelegte Einzelheiten:
»Welcher vernünftige Christ würde nicht sein Schuldig sprechen
über Kleriker, die während des Gottesdienstes mit Masken und
monströsen Larven, in Weiberkleidung oder Narrentracht Tänze
aufführen, unziemliche Lieder singen, dem Würfelspiel obliegen,
auf dem Altar neben dem Priester fette Brühen schmausten, inzen-
sieren mit altem, übelriechenden Sohlenleder …« Am interessan-
testen aber ist der Hinweis auf die Herkunft des Festes. Es entstam-
me, so liest man, heidnischem Brauchtum, speziell dem »Janus-

kult«, womit die römischen Neujahrsfeiern gemeint sind. Schon Augustinus habe dies in einer Predigt über das Fest der Beschneidung angeprangert. Unterstellt wird also eine untergründige Beziehung zu den heidnischen Vorgängerfesten von Weihnachten, die letztlich das christliche Fest immer noch gefährde. Das Argument wird dann in der Renaissance herangezogen, als man die antiken Texte wieder umfassend studierte, ehe noch später heidnische Traditionen aus dem Germanentum eine wichtigere Rolle spielen.

Auf all dies aber kann man (mit Tanja Skambraks) eine Antwort geben. Häufig geht es nicht um ein generelles Verbot, sondern um ein Vorgehen gegen Exzesse, worunter immer wieder die gleichen Vorwürfe auftauchen: die Verschwendung von Geldmitteln sowie die Verunglimpfung und Verspottung der Kirche zum Beispiel. Vor allem aber haben sich auch generelle Verbote sehr lange Zeit nicht wirklich durchgesetzt – das Kinderbischofsfest ist in ganz Europa bis in die Neuzeit weiterzuverfolgen. In Köln setzte der Erzbischof erst 1644 ein Verbot durch, das offenbar wegen Nichtbefolgung 1662 noch einmal wiederholt werden musste. In Einzelfällen hielt sich das Fest sogar bis ins 18. Jahrhundert. Im Übrigen trafen die aufgebrachten Theologen mit ihrer Begründung ohnehin kaum das Richtige. Wo auch sollte die »Tradition« der heidnischen Antike herkommen?

Man sieht es besonders deutlich an dem Narrenfest, das das Schreiben der Theologischen Fakultät in Paris vornehmlich ins Visier nahm. Tatsächlich scheinen in diesem Fall die Späße derber, wenn man in regulierenden Beschreibungen liest, der Anführer der Narren dürfe höchstens mit drei Eimern Wasser übergossen werden oder Kleriker nicht »nackt« (was im Mittelalter immer als »leicht bekleidet« zu verstehen ist) durch die Kirche laufen. Auch der Auftritt eines Esels (mit dreifachem Iah bei der Entlassung) wird angeprangert, er erhielt sogar ein eigenes Eselsfest am 1. Januar und war, was die Kritik übersieht, liturgisch durchaus überzeugend und alles andere als »subversiv« eingebunden. Gehörte er doch an Weihnachten zur »Heiligen Familie« als derjenige, der Maria mit dem Kind nach Ägypten trug. Außerdem liegt keine geringe Kreativität darin, falls die Kleriker sich in diesem Esel auf ironische Weise als die »Lastenträger« innerhalb der klerikalen Hierarchie hingestellt haben sollten.

So umstritten das Kinderbischofsfest zusammen mit den Klerikerfesten insgesamt war, muss man festhalten, dass es sich um eine Ausgestaltung von Weihnachten bzw. dem Weihnachtsfestkreis handelte, die nicht für das »Volk«, sondern für die kirchliche Elite bestimmt war. Weihnachten ist im gesamten Mittelalter schlicht kein Volksfest, es findet allenfalls vor staunenden Augen in einigem Abstand zum Geschehen statt. Wenn der Bischof von Eichstätt 1282 den »schlechten Brauch« des Kinderbischofsfestes anprangert und als Begründung angibt, damit werde das Weihnachtsfest vernachlässigt, meint er kein Brauchtum im »Volk« und auch kein volkstümliches Weihnachtsfest. Weihnachten – um es etwas zugespitzt zu sagen – ist im Mittelalter im Wesentlichen eine liturgische Feier bzw. ein theologisches Fest für Insider. Es gibt nur zwei Ausnahmen, die im Folgenden gesondert zu betrachten sind. Die erste betrifft die Weihnachtsspiele, die das biblische Geschehen jenseits von Predigten oder gar lateinischen Bibellesungen buchstäblich jedermann vor Augen stellen sollten. Schon die Klerikerfeste enthielten Elemente eines solchen Spiels. Aber nun konnten und wurden tatsächlich bevorzugt Laien einbezogen.

Weihnachtsspiele

Für jeden, der sich mit der europäischen Theaterkunst befasst, stellen die mittelalterlichen Spiele eine Herausforderung dar. Sie passen in kein Schema, das man von den antiken und neuzeitlichen Formen her kennt – es ist nichts mit Tragödie oder Komödie, nichts mit fünf Akten oder zentraler (Guckkasten-)Bühne. Das mittelalterliche Spiel stammt aus der Liturgie und entfaltet sich als Umsetzung des biblischen Geschehens in Dialogen, die von Klerikerschauspielern nach gregorianischen Melodien vorgetragen werden. Am Anfang stehen Tropen, Erweiterungen der Liturgie wie die sogenannten Sequenzen, liedartige Texte in Strophen, die das festliche Geschehen gewissermaßen interpretieren, nur dass jetzt das dialogische Element hinzukommt, das aus dem *tropus* ein *ludus* macht, ein ›Spiel‹.

Wir müssen uns hier nicht um die schwierige Frage der Entstehung und Entwicklung kümmern, die vor allem beim ursprünglichsten und am häufigsten belegten Spiel breit erforscht wurde, beim Oster- und Passionsspiel. Es genügt der Hinweis, dass am Anfang, im 10. Jahrhundert, auf jeden Fall die Szene steht, bei der die Frauen zum Grab gehen, es leer finden und vom Engel gefragt werden, wen sie denn suchen, um die alles entscheidende Antwort zu erhalten, dass dieser Gesuchte nicht da ist, weil er von den Toten auferstand (vgl. Lk 24, Mt 28, Joh 20). Mitten in der Messe traten also Kleriker in Frauengewändern auf, trafen auf einen Kleriker in einem Engelsgewand und spielten singend die Szene vor. Es war anfangs kaum absehbar, dass sich daraus eine immer verwickeltere Handlung ergab, die bald weder in die Messe noch in den Kirchenraum passte. Sie wurde daher von der Liturgie völlig getrennt auf einem Marktplatz aufgeführt, wo die einzelnen Stationen des Spiels aufgebaut waren, die die Akteure nacheinander aufsuchten. Statt Teilnehmer am Gottesdienst gab es nun Zuschauer auf Tribünen, um das Spiel optimal verfolgen zu können. Und es war ein wirkliches »Spektakel«. Auf dem Höhepunkt im Spätmittelalter schlossen Städte ihre Tore, während sämtliche Bewohner teilweise mehrere Tage dem Geschehen beiwohnten.

Dabei fächerte sich diese Spieltradition im Laufe des Mittelalters rasch auf, bereicherte letztlich alle bedeutenden Feste einschließlich der Märtyrergedenktage. Und so verwundert es nicht, dass auch Weihnachten bzw. der gesamte Weihnachtsfestkreis einbezogen wurde. Am Weihnachtstag ist es das Hirtenspiel, gelegentlich eingeleitet durch ein Prophetenspiel mit der Ankündigung des Ereignisses. Am Tag der Unschuldigen Kinder folgt das Spiel von Herodes und dem Kindermord mit anschließendem Spiel von der klagenden Rahel. An Epiphanie wird das Stern- oder Magierspiel gegeben. Schließlich bildet das Lichtmessspiel den Abschluss. Nicht immer, ja eher selten sind es die einzelnen Elemente je für sich, die zur Aufführung kommen, eher fasste man die »weihnachtlichen« Szenen zusammen.

Für uns entscheidend ist, wie diese Spiele das Weihnachtsfest ausgestalteten, ja als Fest mit hervorbrachten. Dabei stellt sich der Eindruck ein, der schon das Kinderbischofsfest prägte: Weihnachten ist ursprünglich ein Klerikerfest, denn die ältesten Texte sind sämtlich auf Latein verfasst. Das heißt nicht, dass es keine lateinunkundigen Zuschauer in der Kirche gab, die sich das Spiel anschauten, die Gestalten irgendwie identifizierten und nach Predigten und sonstigen Unterweisungen mitbekamen, worum es ging. Aber es dauerte eine Weile, bis man erkannte, dass das Spiel eine große Chance bot, die Laien wirklich zu unterrichten. Erst Ende des 14. Jahrhunderts wurden die lateinischen Texte allmählich durch volkssprachliche abgelöst, sie enthielten dann auch vermehrt Elemente, die dem »Volk« entgegenkamen – Spaßhaftes zum Beispiel, nach unserem heutigen Verständnis überraschend Derbes, ja Zotiges, so dass schon im 12. Jahrhundert erste Stimmen warnten, weil sie den Ernst des Festes gefährdet sahen.

Dabei lag eine vielleicht noch größere Herausforderung darin, dass das biblische Geschehen aus Gründen der Dramatisierung um Unbiblisches ergänzt wurde. Bei einer der sehr frühen Hirtenfeiern – dem *Freisinger ordo Rachelis* (einer Rahelklage) aus dem 11./12. Jahrhundert – tauchen Hebammen auf, die aus dem Protoevangelium des Jakobus aus dem 2. Jahrhundert stammen und dort, man glaubt es fast nicht, als medizinische Gutachter für die Jungfräulichkeit Marias fungieren. Im Spiel dienen sie nun als Gesprächspartner der Hirten, die ihr Staunen über diese Geburt des Erlösers ausdrücken. Im immer noch auf Latein verfassten *Benediktbeurer Weihnachtsspiel* aus der ersten Hälfte des 13. Jahrhunderts sind es dann die aus den Osterspielen stammenden Teufel, die für noch weit mehr Wirbel sorgen: Dreimal erklären sie die Verkündigung der Engel für reine Täuschung, dreimal wollen die Hirten bereits wieder zurückgehen, ehe die Engel mit ihrem Lobgesang sie von der Wahrheit des Geschehenen überzeugen.

Verständlicherweise bot das Spiel um die Heiligen Drei Könige besonders viel Raum für dramatische Entfaltung. Am Beginn steht hier die Szene an der Krippe mit einem Dialog zwischen Magiern und Hebammen sowie die Darbringung der Geschenke, also eine Art Kombination von Matthäus (Magier) und Lukas (Krippe). Die alte Streitfrage, ob der Auftritt unmittelbar nach der Geburt oder zwei Jahre später erfolgte, ist in den Spielen klar zugunsten der Geburt entschieden. Im ältesten Text, dem *Officium Stellae* (*Spiel vom Stern*) von Rouen aus dem 11. Jahrhundert, sieht es so aus, als hätte man das Spiel zuerst vor der Messe und dann noch einmal beim Offertorium aufgeführt, womit die Prozession zur Gabenbereitung gewissermaßen mit der Prozession der Drei Könige zur Krippe synchronisiert war. Aber auch in diesem Fall entwickelte sich die Ursprungsszene weiter, indem weitere Figuren auftraten: zuerst Herodes als bösartiger Gegenspieler, dann eine Szene mit Herodes und den jüdischen Schriftgelehrten, bis schließlich der Kindermord samt Rahelklage angefügt wurde. Die Vermischung von biblischen und außerbiblischen Textbestandteilen konnte noch weitergehen, wenn man etwa die Könige auf die heimkehrenden Hirten treffen ließ, woraus sich ein willkommener Dialog über das Geschehene ergab.

Das am wenigsten »dramatische« Geschehen betraf die Szenerie an Lichtmess mit der Reinigung Marias und dem Erkennen des Messias durch den blinden Simeon und die Prophetin Hanna. In Deutschland erhielten sich nur wenige Beispiele aus späterer Zeit, die dafür in deutscher Sprache abgefasst sind. Aber, wie schon gesagt, an Bedeutung werden ohnehin diese Einzelspiele überragt durch die großen Zusammenfassungen mit ihren erheblichen Freiheiten und damit kreativen Möglichkeiten. Das beste Beispiel stellt das schon erwähnte *Benediktbeurer Weihnachtsspiel* dar, berühmt durch seine Überlieferung in einer Handschrift aus dem bayerischen Kloster Benediktbeuern im 13. Jahrhundert, die die *Carmina Burana* enthält. Heute kennen viele das Werk aufgrund seiner musikalischen Umsetzung durch Carl Orff aus dem Jahr 1935/36 – übrigens das mit Abstand weltweit meistgespielte Oratorium überhaupt. Mitten unter den 254 Texten, hauptsächlich Liebes- und Trinkliedern, findet sich eben auch dieses lateinische Weihnachtsspiel. Es verfährt äußerst frei mit seinen biblischen und außerbiblischen Quellen, bezeugt aber gerade darin wohl das, worauf es dem oder den unbekannten Autoren ankam: Verlebendigung des Geschehens.

Den Beginn (falls es sich nicht um eine Hinzufügung aus anderer Quelle handelt) macht ein Prophetenspiel mit einem Knabenbischof. Während die alttestamentlichen Gestalten des Jesaja und weiterer Prophetenkollegen mit den Vertretern des Judentums über die Richtigkeit ihrer Prophezeiung diskutieren, tritt dieser Knabenbischof als Schlichter auf und appelliert an die größtmögliche Autorität in dieser Frage, nämlich Augustinus. Aber Augustinus bringt keine neuen Argumente, sondern kündigt an, ein Spiel werde die Wahrheit »zeigen«. Es folgt also ein Spiel im Spiel, bei dem alle, auch die Juden, Zuschauer sind. Die historischen Zeiten gehen einigermaßen wild durcheinander, Propheten aus dem 7. vorchristlichen Jahrhundert treffen auf einen Theologen aus dem 4./5. nachchristlichen, der mit Juden aus der Zeit Jesu debattiert und von einem Knabenbischof des 13. Jahrhunderts zu einem Experiment angehalten wird. Trotzdem ist das kein peinlicher »Anachronismus«, sondern gewollte Stillstellung der Zeit – bei der Geburt Jesu handelt es sich schließlich um ein alles überragendes Ereignis der Weltgeschichte.

Das eigentliche Weihnachtsspiel beginnt dann mit den Hirten und den Magiern, wobei die Szene ihres Aufeinandertreffens schon erwähnt wurde. Man kann fast von einer psychologischen Durchdringung des Stoffs sprechen: Die Magier kommen mit ihrem astrologischen Wissen an Grenzen und müssen sich zum Glauben an diesen Welterlöser durchringen, die Hirten werden in ihrem Zweifel sowie der mutigen Entscheidung vorgeführt, schließlich den Engeln zu folgen – man kann den pädagogischen Zeigefinger buchstäblich sehen. Dies gilt dann in noch gesteigertem Maße für den spektakulärsten Teil dieses Weihnachtsspiels, bei dem wieder einmal schon aufgrund des handschriftlichen Befundes nicht ganz sicher ist, ob es nicht erst später hinzukam: das Herodesspiel, im Text eigenartig bezeichnet als *Ludus de rege Aegypti* (*Spiel vom König Ägyptens*). Tatsächlich handelt das Stück nämlich zuerst vom ägyptischen König, dann vom babylonischen, der ganz zum Schluss überraschend mit Herodes gleichgesetzt wird.

Was heutige Leser eher verwirrt, wird damals offener aufgenommen worden sein und ist auch gar nicht so weit weg vom biblischen Geschehen – die Heilige Familie flieht schließlich nach Ägypten. Als nach ihrer Ankunft die Götzenbilder umstürzen und auch nicht mehr aufzurichten sind, bekehrt sich der König zu Christus. Zuvor hatte er sich mit seinem babylonischen Kollegen über die Vorzüge des Polytheismus einschließlich Welt- und Liebeslust unterhalten. Während er selbst dem allem also abschwört, beharrt der Babylonier weiter darauf. Erst nach seiner gewaltsamen Unterwerfung durch die plötzlich auftretende Figur des Antichrists bekehrt er sich, wogegen am einzig verbleibenden Unhold Herodes alle Bösartigkeiten gewissermaßen hängenbleiben. Ihm wird zur Strafe ein entsetzlicher Tod prophezeit, der dann am Ende auch noch pantomimisch dargestellt ist: Herodes wird auf seinem Thron von Würmern zerfressen und am Ende von den Teufeln geholt. Man muss sich ein mittelalterliches Publikum vorstellen, das an übelste Marterszenen gewöhnt war und den Triumph des Glaubens über den Unglauben in solcher Drastik erleben sollte und wohl auch wollte. Die Nachricht über diese Todesart stammt übrigens aus der *Apostelgeschichte* (Apg 12,21–23), wo sie sich auf Herodes' Enkel Herodes Antipas bezieht, um dann später immer wieder auf den bekannteren Großvater übertragen zu werden.

Vorher aber kam es zu jener Szene, die eben die berüchtigtste im biblischen Text war: der Befehl des Herodes zum Kindermord und seine Ausführung. Auch in diesem Punkt ging das *Benediktbeurer Weihnachtsspiel* eigene Wege. Während fast alle Spiele mit dem Zornesausbruch des Herodes über den mangelnden Erfolg mit den Weisen und dem daraus resultierenden Befehl zum Mord enden, erleben wir hier also die Ausführung der Tat – wenn auch nur pantomimisch. Das Hauptgewicht liegt auf der anschließenden Klage der trauernden Mütter, die dazu einen kleinen Chor bilden, also nicht wie üblich durch die Klage der Rahel ersetzt sind. Für die Aufführung waren insgesamt fast 50 Mitwirkende nötig, kein anderes Weihnachtsspiel hat auch nur annähernd diese Größenordnung erreicht.

Aber wie schon gesagt: alles auf Latein, alles im Klerikerkreis. Das früheste volkssprachliche Stück, das *St. Galler Weihnachtsspiel*, wurde um die Mitte des 15. Jahrhunderts aufgeschrieben, die Entstehung lässt sich jedoch auf das letzte Drittel des 13. Jahrhunderts datieren. Der Zusammenhang mit den lateinischen Spielen liegt auf der Hand, aber es gibt auch interessante Abweichungen. So kündigt das Prophetenspiel nicht nur die Geburt Christi an, sondern auch seinen Tod, vor allem aber die Zerstörung des jüdischen Reiches und das Jüngste Gericht. Bei der Darstellung der Kindheit Jesu ist die Vermählung Marias mit Joseph ein Thema sowie die Erscheinung des Engels, der Josef verbietet, die Schwangere zu verlassen. Nebenbei kommt auch das Einstürzen der heidnischen Götzenbilder bei der Ankunft der Heiligen Familie in Ägypten vor. Immerhin waren 35 Darsteller beschäftigt, die an zwölf Bühnenständen spielten, was ansonsten fast nur bei den Oster- und Passionsspielen zu beobachten ist.

Es bedurfte also der Auslagerung auf einen Marktplatz, wie es ohnehin immer üblicher wurde. Beim aus Bayern stammenden *Erlauer Dreikönigspiel* aus der ersten Hälfte des 15. Jahrhunderts agierte man ebenfalls auf einem öffentlichen Platz, wo man die Flucht nach Ägypten passend zum deutschen Feiertermin auf einem Schlitten, also im Schnee, vorführte. Gerade das Erlauer Beispiel aber zeigt die Richtung an, in die sich die Spiele entwickelten und auch problematisch werden ließen. Denn unter den Soldaten des Herodes tritt ein Spaßmacher auf, der mitten in den Mordszenen seinen Unfug treibt, so wie es in den Passionsspielen Teufel tun oder in einem eigenen Spiel der die Salbe für die Einbalsamierung Jesu verkaufende Krämer seine Zoten reißen darf. Es geht dabei wohl nicht nur darum, die Zuschauer bei Laune zu halten, vielmehr stehen sich religiöse und säkulare Welt in bewusster Krassheit gegenüber – mit der Aufforderung, die religiöse schätzen zu lernen. Man kennt dieses Nebeneinander von Tragik und Komik, hoher und niederer Geisteswelt auch auf weit höherem Niveau – bei Shakespeare zum Beispiel. Bei den Germanisten des frühen 20. Jahrhunderts hatten die Spiele deshalb allerdings denkbar schlechte Karten, wenn die in einer anderen Ästhetik groß gewordenen gelehrten Herren die Komik schlicht als »abstoßend« verurteilten.

Man kann jedoch mit diesen Spielen, den deutschen zweifellos mehr noch als mit den lateinischen, eine Beziehung zur Volksfrömmigkeit herstellen, zum Versuch, das biblische Geschehen bekannt und vor allem für seine Umsetzung in einem christlichen Leben mit allen Mitteln der Aufmerksamkeitserregung transparent zu machen. Noch immer ist Weihnachten damit kein »Volksfest«, aber seine Stellung im Jahr bzw. Kirchenjahr verstärkt sich. Und noch ist nicht Weihnachten das Fest der Feste, sondern – wie Anzahl und Verbreitung der entsprechenden Spiele bezeugen – Ostern. Aber Weihnachten steht gewissermaßen auf dem Sprung, Boden gutzumachen.

Dabei zeigt die weitere Entwicklung, dass es gerade der Stoff des betlehemitischen Kindermords war, der in Europa auf größtes Interesse auch bei professionellen Dichtern stieß. Schon Hans Sachs arbeitete 1559 neun »Akte« aus, in denen zu Beginn Herodes die Nachricht von der Abreise der Weisen durch die Post erhält, worauf der Hohepriester Eleasar zu Gewaltmaßnahmen rät, die der wütende Herodes dann zum Mordbefehl umformt. Sachs war als Nürnberger Anhänger der Reformation, und die Reformatoren förderten die Spiele noch eine Weile als volkserzieherische Maßnahme. Bekanntlich haben die Jesuiten dies im Rahmen der Gegenreformation aufgenommen, allerdings wieder in einer Rückkehr zu lateinischen Texten, die für ihre Schüler als Lernstoff bestimmt waren.

Das Thema war jedoch in ganz Europa weiter beliebt. Der gelegentlich als »Vater des Barock« titulierte Giambattista Marino schuf 1620 das *Strage degli innocenti* (*Massaker an den Unschuldigen*) mit allen Mitteln rhetorischen Glanzes. In Spanien war es Calderón de la Barca, der 1637 eine Tragödie zum Thema veröffentlichte: *El mayor monstruo del mondo* (*Das größte Monster der Welt*). Weitere Herodesdramen stammen etwa von Tirso de Molina mit *La vida y muerte de Herodes* (*Leben und Tod des Herodes*). In Deutschland trat der bedeutende Jesuitendichter Jakob Bidermann 1622 mit *Herodiados sive Innocentes Christo-Martyres* (*Herodes oder die unschuldigen Christus-Märtyrer*) hervor – in 3200 Versen. Noch Andreas Gryphius legte eine Art Doppeldichtung vor: *Herodis furiae et Rachelis lachrymae* (*Die Furien des Herodes und die Tränen der Rahel*) im Jahr 1633, ein Jahr später *Dei vindicis impetus et Herodis interitus* (*Gottes Rachesturm und des Herodes Untergang*). Im ersten Drama wird Herodes als Werkzeug der Hölle ausgewählt, um die drohende Erlösung der Menschheit zu hintertreiben, im zweiten geht es um den Untergang der Herodes, nachdem Gott die Strafe eines langen Siechtums und qualvollen Todes beschlossen hat.

In England war es übrigens eher der Stoff von Herodes' Ehedrama mit Mariamne, der in mehreren Stücken im frühen 17. Jahrhundert bearbeitet wurde. Noch Friedrich Hebbel sollte mit seiner Tragödie *Herodes und Mariamne* 1844 darauf zurückgreifen. Allerdings war damit jeder Bezug zu Weihnachten aufgegeben.

Die Zwölften

Wo auch immer wir im Mittelalter nach Weihnachten fahnden, stoßen wir neben der theologischen, liturgischen, religiösen Ausbildung des Festes in Händen des Klerus auf ein sich eigenständig entwickelndes Brauchtum im »Volk« oder jedenfalls außerhalb kirchlich-institutioneller Initiative. Aus Nonnenklöstern stammt beispielsweise der Brauch, an Weihnachten eine Jesuspuppe in einer hölzernen Wiege zu »wiegen« – das »Kindelwiegen«. Zeugnisse dafür gibt es seit dem 12. Jahrhundert, auch bei einer Intellektuellen wie der Schriftstellerin Gertrud der Großen in ihrem Zisterzienserinnenkloster Helfta bei Eisleben. Das Weihnachtsfest gewann auf diese Weise »Leben«, schaffte sich seine Ausgestaltung, auch wenn das christliche Brauchtum noch nicht die Familien erreichte.

Nicht das christliche Weihnachtsfest, wohl aber sein Termin am 25. Dezember, zur Wintersonnenwende, war von Anfang an auf eine gewisse weltliche, heidnische Konkurrenz gestoßen. Es klingt fast beschwörend, wenn ein Bischof der römischen Reichskirche, Maximus von Turin, um die Wende vom 4. zum 5. Jahrhundert in einer Predigt jede Nähe der christlichen zur heidnischen Feier leugnet. Die göttliche Vorhersehung, so liest man, habe den Termin bestens gewählt, weil die heidnischen Saturnalien schon vorbei, der 1. Januar als Jahresbeginn aber noch nicht da sei. Die Geburt des Erlösers falle also zwischen zwei heidnische Feiern, der »Glanz des Lichtes« erstrahle zwischen den »schattenhaften und abergläubischen Kulten«. Entsprechend schärfte er seinen Zuhörern ein, die Saturnalien sowie den Jahresbeginn zu ignorieren, sie unter keinen Umständen mitzufeiern. Ein Kollege sprach noch zugespitzter für diesen Fall von einem »Verbrechen«, würdig des Todes.

Aber dabei blieb es eben nicht. Die großen kalendarischen Fixpunkte ebenso wie der Jahresbeginn stellen in allen Kulturen eine Herausforderung dar und münden in Feiern. Die große Frage ist allerdings, wie sich dies unter den Bedingungen des Christentums genauer vollzog. Die ältere Forschung hatte dafür eine eindeutige Antwort: Niemals sei die heidnische Tradition wirklich vergessen gewesen, immer habe sich in den ehemals germanischen Staaten speziell das germanisch-heidnische Brauchtum erhalten. Weil jedoch Quellen nicht vorliegen, sofern die Germanen in der frühen Zeit schriftlos waren und später die Tradition sich vorwiegend mündlich vollzog, griff man auf das Brauchtum zurück, das man in der damaligen Gegenwart vorfand – in der Erwartung, sie enthalte das Vergangene wie das Insekt im Bernstein.

Der große Jacob Grimm, der in seiner *Deutschen Grammatik* mit der »genetischen Methode« des Sprachvergleichs auf der Grundlage vor allem der lautlichen Entwicklung einen entscheidenden Durchbruch in der Sprachgeschichte erzielte (dazu aber auch für das Deutsche über sprachliche Quellen seit dem Frühmittelalter verfügte), verrannte sich in seiner *Deutschen Mythologie* von 1835 in unhaltbaren Spekulationen, wenn er etwa aus Märchenfiguren wie Bär,

Wolf und Fuchs die Personifikationen der germanischen Hauptgötter herauslas (und das Auftauchen eines Löwen wie etwa im mittelalterlichen Vorläufer des *Reineke Fuchs* zum Urteil »ungermanisch« führte). Ein ganzer Wissenschaftszweig, die Volkskunde, entstand unter dieser Prämisse. Eines ihrer wichtigsten Ergebnisse, das zehnbändige *Handwörterbuch des deutschen Aberglaubens*, erschienen zwischen 1927 und 1942, leidet letztlich an dieser hoffnungslosen Traditionsvermutung bzw. Kontinuitätserwartung – auch im umfangreichen Artikel (des Nachtragsbandes) über Weihnachten. Heute hält wohl niemand mehr die Rute des Nikolausbegleiters Knecht Ruprecht für einen germanischen Fruchtbarkeitszweig (und auch nicht in psychoanalytischer Interpretation für das Geschlechtsorgan, das in den antiken Dionysosprozessionen mitgetragen wurden).

Und doch ist nicht alles falsch an diesen Forschungen. Natürlich war Europa vor Aufkommen des Christentums heidnisch gewesen, und natürlich hat das Heidentum eine Kultur besessen, die den religiösen Glauben in Feste und Bräuche umsetzte. Man muss nur eben immer damit rechnen, dass Zeugnisse verfälscht, in christlicher Zeit christlich uminterpretiert wurden. Ein gutes Beispiel stellt das Julfest dar, wie heute noch im skandinavischen Raum das Weihnachtsfest genannt wird. In diesem Fall gibt es für die Existenz (außer einer Notiz beim Kirchenhistoriker Beda Venerabilis im frühen 8. Jahrhundert) einen literarischen Beleg, nämlich in der sogenannten *Prosa-Edda*, die der isländische Dichter und Historiker Snorri Sturluson im 13. Jahrhundert als eine Art Zusammenfassung des damals allmählich Untergehenden verfasst hat. Sie ist nicht zu verwechseln mit der *Lieder-Edda*, einer Niederschrift von Götter- und Heldenliedern, die etwas später im 13. Jahrhundert entstand und die Vorstufen des *Nibelungenlieds* enthält. Beide Werke stammen von bereits christlichen Autoren. Die beste Quelle der germanischen Mythologie, die wir besitzen, überliefert das Wirken der Götter und der unter ihrem Einfluss stehenden Helden also nicht ungefiltert.

Dies gilt auch für das Julfest. Snorri berichtet in seiner Lebensbeschreibung des zum Christentum bekehrten Königs Håkon des Guten (gestorben 960), dieser habe ein Gesetz erlassen, das heidnische Julfest zusammen mit dem christlichen Weihnachtsfest am 25. Dezember zu begehen. Vorher sei es in der »Mittwinternacht« gefeiert worden, wobei unklar ist, welches Datum zugrunde liegt – es könnte der 14. Januar gewesen sein. Übrigens ist auch nicht wirklich klar, was »Jul« genau bedeutet. Man hat viel daran herumgerätselt und muss sich damit begnügen, dass es letztlich ein »Fest« bezeichnet, mit dem dann Bräuche verbunden sind wie das »Jultrinken« (nach Snorri: für eine gute Ernte) und das Backen von »Julbroten« (nach Snorri: zur Besänftigung der Toten). Als unwahrscheinlich gilt, dass Weihnachten eine »Umbesetzung« dieses Julfestes war, eher könnte es sogar umgekehrt sein, dass Håkon das heidnische Fest (sei es mit Rücksicht auf sein Volk, sei es mit der Absicht, Kulturgut in Erinnerung zu bewahren) beibehalten wollte und dem Weihnachtsfest gewissermaßen hinzufügte. Ansonsten weiß man eben nichts, in der *Prosa-Edda* kommt das Wort »Jul« nur ein einziges Mal im Zusammenhang eines Festessens vor. Dass Nationalisten (und in ihrer Nachfolge die Nationalsozialisten) des frühen 20. Jahrhunderts all dies geflissentlich übersahen und glaubten, mit dem »germanischen« Julfest den Beleg für die Überlegenheit der »nordischen« Kultur über die christliche zu besitzen, wird uns noch beschäftigen.

Anders verhält es sich mit dem deutschen Wort für Weihnachten, das erstmals um 1170 bei einem Dichter mit dem Künstlernamen Spervogel (»Sperling«) bezeugt ist, dessen moralisch-politische »Sangsprüche« in die *Große Heidelberger Liederhandschrift* (auch *Codex Manesse*) eingingen. Dort liest man gleich zu Beginn eines Gedichtes: »Er ist gewaltic unde starc, der ze wîhen naht geborn wart: daz ist der heilige Krist« (›Er ist gewaltig und stark, der in der Heiligen Nacht geboren wurde: der Heilige Christus‹). Der Kontext ist eigenartig: Alle lobten diesen Christus, heißt es – außer dem Teufel in der Hölle. Alle sollten sich bemühen, mit fleißigem Kirchgang in den Himmel zu kommen. Er selbst habe leider jemandem gedient, der zweifellos in der Hölle schmore, weshalb der

Dichter seine Hoffnung ausspricht, ihm werde dafür einmal Verzeihung gewährt. Weihnachten (die etwas ältere und nicht so prachtvoll ausgestattete *Kleine Heidelberger Liederhandschrift* bietet übrigens die Schreibweise »ze winnacht«) steht hier also für das Bekenntnis zu Christus als Erlöser. Die »Nacht« kommt über die besonders wichtige Rolle der Mitternachtsmesse ins Spiel, stellt die Übersetzung der lateinischen Formel »nox sancta« (›Heilige Nacht‹) dar. Sie bietet eine deutliche Analogie zu Ostern, zum Geschehen »in illa nocte« (›in jener Nacht‹). Weihnachten ist jedenfalls in staufischer Zeit ein hohes Fest, das seinen Glanz dem ausgiebigen liturgischen Feiern verdankt.

Nur erschien die Formel »ze wîhen naht« früh in einer leicht abgewandelten Form: »ze wîhen nachten«, ›in den Heiligen Nächten‹. Damit verband sich die Idee einer größeren Weihnachtsfestzeit, die auf die Tage zwischen Weihnachten selbst und Dreikönige ausgedehnt wurde: die Zeit der Zwölf Nächte oder der »Zwölften«. Wer sich in der Weltliteratur auskennt, wird sich an eine berühmte Komödie erinnern, an Shakespeares *Was ihr wollt*, deren Titel im Original lautet: *Twelfth Night, Or what you will* (Zwölftnacht oder Was ihr wollt), uraufgeführt im Jahr 1602. Der Höhepunkt der verwickelten Handlung mit ihren verkleideten Gestalten, die sich ständig verkennen, sogar Frauen und Männer verwechseln, liegt nämlich genau am letzten Tag der Zwölften, der in der damaligen Zeit als Beginn der Karnevalszeit gefeiert wurde – mit Masken und Schabernack. Shakespeare greift damit etwas auf, was in der Renaissance eher als antikes Relikt (Saturnalien), später eher als germanisches gedeutet wurde, obwohl wieder alle Belege fehlen. Gewiss ist nur, dass die Zeit der Zwölf Nächte als eine Zeit der Ausschweifungen und auch Zauberei behandelt wurde, an die sich ein reicher Aberglaube aus den verschiedensten und kaum je im einzelnen nachvollziehbaren Quellen anlagerte.

Eine wichtige Rolle spielte dabei schlicht der Kalender. Man weiß, dass das Mondjahr 354 Tage, das Sonnenjahr etwas mehr als 365 Tage umfasst. Es gibt also eine Art Überschuss, der immer schon als etwas Besonderes galt bzw. angesichts dessen Besonderes erwartet wurde. Weil es gerade zwölf Tage bzw. Nächte waren, lag es nahe, von jedem bzw. jeder Einzelnen etwas an Zukunftsbedeutung zu erwarten. Im (späteren) Volksglauben sprach man zum Beispiel davon, dass an diesen Tagen »der Kalender gemacht« werde, das heißt: das Wetter der kommenden zwölf Monate an den einzelnen zwölf Tagen ablesbar sei. Auch galt die Zeit als besonders günstige Orakelzeit, das heißt: Nirgends ließ sich besser absehen, wie es mit Gesundheit und Krankheit werde oder ob Jungfrauen einen Mann fänden. Daneben trieb man Vorsorge, die der Zeit einen wichtigen Namen verliehen: den der »Raunächte«, die eigentlich Rauchnächte darstellen. Denn man räucherte Häuser und Ställe mit geweihter Kohle aus, um sich vor Bränden oder Krankheiten zu schützen.

Aus der Sicht des späteren Brauchtums am wichtigsten aber war alles, was mit Lärm verbunden ist und damit ein festes Ziel anstrebte: die Abwehr von Dämonen. Das Christentum hatte von Anfang an das Dämonenwesen als ein spätantikes Erbe aufgenommen und nur den Umgang mit diesen Schädigern verboten. Augustinus widmet ihnen von den 22 Büchern seines *Gottesstaates* ganze fünf. Er betrachtet sie als die von Gott abgefallenen, aber immer noch unsterblichen Engel, die aus Neid auf die sterblichen, aber erlösungsfähigen Menschen sich diesen mit allerlei unsittlichen Angeboten andienen, um sie letztlich beim eingegangenen Pakt zu vernichten. Diese Dämonen aber trieben nicht zuletzt in der Weihnachtszeit ihr Unwesen in der ohnehin gefährlichen Phase des Hochwinters mit all seinen natürlichen Bedrohungen. Und so wehrte man sich nicht nur mit Räuchern oder Weihwasser, sondern mit allem, was Lärm machte: Glockenläuten (»Schreckläuten«), Peitschenknallen und Schießen zum Beispiel. In Süddeutschland verband sich der Brauch mit der Figur der Perchta aus der germanischen Mythologie, die am 6. Januar ihren Tag hatte, was nun mit Perchtenläufen und wilden Umzügen in teuflischen Masken bzw. Vermummungen (in Pelzen oder auch Stroh) gefeiert wird. Christlicher (auf Dämonen und Teufel bezogener) Ursprung und germanischer sind schlicht nicht auseinanderzuhalten. Belege in späteren Zeiten, im Zusammenhang von Folklorisierung und Kommerzialisierung, werden uns noch begegnen.

Mittelalterliche Beispiele für solche Formen des Aberglaubens finden sich typischerweise anlässlich von Verboten. So wendet sich etwa ein Ratserlass der Stadt Basel von 1418 gegen Teufelsauftritte im Advent, also außerhalb der Zwölften, aber innerhalb der Weihnachtszeit. Das Interessante daran: Diese Auftritte wurden als »ein nüwe gewonheit« (›eine neuartige Sitte‹) bezeichnet, was immerhin deutlich macht, dass hier niemand an eine Fortführung von antiken oder germanischen Traditionen dachte. Die gesamte Weihnachtszeit wurde gewissermaßen vom Karnevalsbeginn am letzten Tag der Zwölften infiziert, gewann mit Maskentreiben und Lärmen einen karnevalesken Zug, der die Feier der Geburt zu überdecken drohte und damit verständlicherweise den Widerstand des Klerus hervorrief. Im 15. Jahrhundert gibt es dafür zahlreiche Zeugnisse, als ganze Gruppen von Maskierten vier Adventswochen lang durch die Städte streiften und mit ihrem Betteln die Bürger terrorisierten, die sich auch selbst beklagten, wie etwa 1408 in Braunschweig. Das Konzil von Basel zwischen 1431 und 1449 hat ein ausdrückliches Verbot dieser Art von »weihnachtlichem« Brauchtum formuliert.

Schon der Beschreiber der Nikolaustradition, Karl Meisen, wird recht gehabt haben, als er den zu seiner Zeit grassierenden wissenschaftlichen Thesen hinsichtlich heidnischer Herkunft seine eigene entgegengesetzte, nämlich die eines christlichen Ursprungs in nichts anderem als dem alten Dämonen- bzw. Teufelsglauben. Während Jacob Grimm noch den Nikolausbegleiter Knecht Ruprecht umstandslos auf einen »hroudperaht« (›Ruhmglänzenden‹) zurückführte, in dem er den germanischen Obergott Wotan vermutete, liegt es näher, in diesem wie all den anderen vermummten und drohenden Figuren eben den Widersacher Jesu, den Teufel bzw. seine dämonischen Helfershelfer zu sehen. Dass es ein solches Schreckwesen ist, das die Menschen bedroht, ihre Seele zu »fressen« sucht, lässt sich in Dantes *Göttlicher Komödie* belegen und findet sich dann etwa als fastnächtlicher »Narrenfresser« im spätmittelalterlichen Nürnberg oder im Kindlifresserbrunnen in Bern von 1544. Auch »Frau Percht«, die möglicherweise im Namen Knecht Ruprecht steckt, taucht im 14. Jahrhundert in Tirol als ein Schreckwesen auf, das die Einhaltung der Fastengebote kontrollierte (mit der etwas drastischen Drohung, ansonsten den Bauch der Missetäter aufzuschlitzen). Sie ist also auf jeden Fall ein christlich uminterpretiertes Wesen – mit bedenklichem pädagogischem Talent.

Die Weihnachtszeit setzt – um zusammenzufassen – ihr Brauchtum in dem des Spätmittelalters an und gewinnt es auch aus einem Bereich, dessen Herkunft schwer zu fassen ist. Letztlich ist es der ganz normale Aberglaube mit seinen Ausprägungen als Wahrsagung, Zauberei, der vom Christentum schon von einem spätantiken Bischof wie Caesarius von Arles in immer neuen Predigten bekämpft wurde, aber nie unterging, wie sich an den ständigen Rückgriffen darauf durch das gesamte Mittelalter hindurch ablesen lässt. Allerdings war mit diesem Aberglauben auch ein bestimmter sozialer Träger verbunden gewesen, die Landbevölkerung, die in ihrer Naturverbundenheit, aber auch Naturausgesetztheit dieses Brauchtum als Schutz entwickelte und entsprechend pflegte. Im Spätmittelalter tritt jedoch ein neuer Träger auf, das Stadtbürgertum, das immer selbstbewusster wurde und auch über die Mittel verfügte, Festen eine entsprechende Ausprägung zu geben. Das Brauchtum nimmt in diesem Zusammenhang neue Formen an, »spielt« mit den Traditionen, ohne dass sich immer klar sagen lässt, ob es sich um Aberglauben handelt oder schlicht um Freude an der Ausgestaltung des Festes.

Um ein Beispiel für diesen Übergang zu bieten: Als Sebastian Brant 1494, übrigens genau zum Karnevalsfest, in Basel sein *Narrenschiff* herausgab, handelte er die Verfehlungen des Stadtbürgertums in 112 Kapiteln ab, sprach dabei Sünden wie Geiz ebenso an wie das unanständige Leeren des Nachtgeschirrs durchs Fenster. Dazwischen aber ging es ihm auch um einen ganz speziellen Brauch zur Weihnachtszeit: nämlich das Aufstecken eines »grien tannries« (›Tannenzweigs‹) im Haus. Brant sieht darin den (Aber-)Glauben, das Jahr ohne dieses grünende, also lebensverheißende Zeichen nicht überleben zu können. Wobei er nachlegte und auch das Schenken zu Neujahr mit einem Schmäh versah – als Mahnung zur Besinnung auf das in seinen Augen Wesentliche statt nur vom wahren Kern Ablenkende. Aber es ist die Frage, ob Brant mit seiner griesgrämigen Interpretation wirklich das Richtige traf und nicht altes Brauchtum in den Händen eines neuen Bürgertums überinterpretierte, dem weniger die Spekulation auf kleine dämonische Hilfe als die eigene Selbstdarstellung bei der Ausgestaltung eines Festes wichtig war. Weihnachten gewann jedenfalls in der Verbindung mit dem Brauchtum eine Kontur, die das Fest veränderte, es steigerte. Fast mag man nicht glauben, dass genau dies zur Bedrohung führte. Weihnachten nämlich stand nach mehr als 1000 Jahren der Etablierung, Verbreitung und vielfältigen Ausgestaltung urplötzlich regelrecht auf der Kippe.

Weihnachten auf dem Weg zum Familien- und Schenkfest

Reformation

Bevor sich Weihnachten zum bürgerlichen Familien- und Schenkfest wandelte, traten noch einmal Theologen auf den Plan und sorgten für die größte Krise des Festes in seiner Geschichte. Gemeint sind die Reformatoren im 16. Jahrhundert, die die gesamte religiöse Kultur einzig auf die Bibel bauten und jeden Brauch, der sich über die Jahrhunderte entwickelt hatte, mit Argusaugen betrachteten. Martin Luther als der erste Reformator war auch der Erste, der sich zum Problem äußerte. Dabei hatte er mit der Theologie des Festes nicht das geringste Problem. Zwar war für ihn Karfreitag zusammen mit Ostern das höchste Fest, aber Weihnachten blieb für ihn ebenfalls von größter Bedeutung. Was ihn störte, war der Übergang zu einer Verweltlichung, die sich genau zu seiner Zeit im Brauchtum vollzog und ausgerechnet an einer Figur festmachte, die die protestantischen Alarmglocken schrillen ließen: an einem Heiligen, an Nikolaus. Auf Luther geht der Schwenk zurück, der in der evangelischen Kirche mit dem »Christkind« als neuer Schenkfigur verbunden ist. Man kann es in Luthers Familienleben selbst ablesen: Zunächst beschenkte er seine eigenen Kinder an Nikolaus und später an Weihnachten. Das Haushaltsbuch der Familie hält für das Jahr 1535 penibel die Kosten fest, die bei der Besorgung von Puppen und Naschwerk angefallen waren.

Aber Luther hat nicht nur Weihnachten bewahrt, sondern seinen Grundgedanken von der Rechtfertigung des Sünders allein aufgrund von Gnade direkt mit dem Weihnachtsevangelium verbunden. 1521, im unmittelbaren Anschluss an die großen Reformationsschriften, legte er ein umfangreiches Werk vor: *Das Magnificat verdeutscht und ausgelegt.* Es ist dem Neffen seines kurfürstlichen Landesvaters und Beschützers, Herzog Johann Friedrich von Sachsen, gewidmet, dem späteren Nachfolger und ebenfalls großen Förderer der Reformation. Letztlich geht es um eine Art Fürstenspiegel, in dem Luther dem hohen Herrn Maria als Muster der Demut empfiehlt. Aber es ist eben die vom Heiligen Geist erleuchtete »Heilige Jungfrau«, die die Lehre in ihrem Lobgesang vorträgt. Und zum Kern des Ganzen wird der »Glaube« an diesen göttlichen Sohn und nicht an irgendein »Werk«, der Maria zur Annahme ihrer Aufgabe bringt. Das macht sie zum Vorbild. Und das gehört zur Weihnachtsbotschaft.

Besonders einschlägig ist in diesem Zusammenhang seine Predigt zum ersten Weihnachtstag 1538 in der Wittenberger Stadtkirche. Dort bezeichnet er die »hohe Predigt« der Engel auf dem Feld als Kern der gesamten biblischen Offenbarung: »In dieser Predigt ist die ganze Schrift auf einen Knäuel gebunden, und die Worte fassen in sich alle Verheißungen zusammen«, hieß es damals. Bei der Verkündigung der Engel mit dem Wort »Euch ist heute der Heiland geboren« seien die Hirten »erschrocken bis ins Mark«, erkannten dabei »die Gottheit Gottes und ihre eigene menschliche Unwürdigkeit an« – Voraussetzung für ihre Aufnahme als »Gerechte«. Wieder aber greift Luther auch auf das Vorbild von Maria zurück. Sie habe »die Vernunft hintan« gestellt und »dem göttlichen Boten aufs Wort« geglaubt – aufs Wort, so wie jeder Christ allein in diesem Glauben des Wortes seine Rechtfertigung finde. Wir Christen säßen »der Jungfrau Maria im Schoß«, heißt es weiter, ja seien »ihr liebes Kind«. Die Geburt lässt Luther regelrecht in mystisches Schwärmen geraten: Die Jesajaprophezeiung »Ein Kind ist uns geboren und ein Sohn ist uns gegeben« kommentiert er: »Uns, uns, uns geboren und uns gegeben …«

Und so ist es unter den 24 deutschen Liedern, mit denen Luther die kirchliche Gregorianik in ihrem für das Volk unverständlichen Latein zu ersetzen sucht, gerade ein Weihnachtslied, das seine Theologie auf den Punkt bringt – in diesem Fall ein Lied, das er als »ein kinder lied auff die Weihnacht Christi« 1535 für die Bescherung im eigenen Haus geschrieben hat: *Vom Himmel hoch, da komm ich her*. Es geht in diesem Lied bekanntlich um die Verkündigungsszene auf dem Feld, um die Botschaft an die Hirten. Das Kind, das da geboren wurde, stammt »von einer Jungfrau«, und es wird »alle Seligkeit« bringen, »die Gott, der Vater, hat bereit'«. Die Hirten sollen hingehen und bekommen dafür als Zeichen »die Krippe« sowie »Windelein so schlecht [schlicht]«. Wenn es dann heißt: »Des lasst uns alle fröhlich sein und mit den Hirten gehn hinein, zu sehn, was Gott uns hat beschert, mit seinem lieben Sohn verehrt«, ist das Bescheren direkt angesprochen und gewissermaßen abgesegnet. Sogar der Brauch des Kindleinwiegens war Luther nicht anstößig, wie es das »rechte Susannine« zusammen mit »springen, singen« in der vorletzten Strophe des Liedes mit seinem Anklang an *susen* als Ausdruck für »wiegen« im Wiegenlied zeigt. Und auch in der Festpredigt spricht er von Weihnachten als »Wygenachten« (›Wiege-Nacht‹), »da wir das Kindlein wiegen und spielen mit unserem lieben HERRN in der Mutter Schoß«. Übrigens zeichnet Luther auch in einem weiteren deutschen Weihnachtslied, *Vom Himmel kam der Engel Schar*, die Theologie von der Rechtfertigung allein aus dem Glauben nach: »Er [Gottes Sohn] will und kann euch lassen nicht, setzt ihr auf ihn eu'r Zuversicht.«

Es ist keine Frage, dass Weihnachten für Luther ein Fest von zentraler Bedeutung für den christlichen Glauben ist und auch eine Feier verdient, die durchaus auf Brauchtum zurückgreifen darf. Nur sind diesem Brauchtum Grenzen aufgewiesen. Dazu gehört eine grundsätzliche Ablehnung von zu vielen Festen, besonders der Heiligenfeste, die mitten in der Woche aufgrund der gebotenen Arbeitsruhe nicht zuletzt eine ernsthafte Bedrohung des Wohlstands darstellten. So hat es Luther schon in einer der drei großen Reformationsschriften des Jahres 1520, *An den christlichen Adel deutscher Nation*, formuliert. Sein Widerspruch richtet sich deshalb gegen das Nikolausfest, an dem er – wie eine Predigt zum Nikolaustag von 1527 zeigt – die legendenhafte Ausschmückung des »haylingen Bischofs Nicolai« mit »viel kindisch Ding und zu Zeiten auch lügen« rügt, wogegen das Evangelium »was Nötigers« zu sagen habe. Noch schärfer trifft es in seinen Augen Auswüchse wie das Kinderbischofsfest, das er in der Schrift *An den christlichen Adel* einmal nebenbei erwähnt. Als er die Priesterehe verteidigt, stellt er diese in derber Schärfe gegen die Hurerei der Bischöfe, die überhaupt mit ihren »spitzen Hüten« wie »Niklasbischöfe« aussähen.

Eine grundsätzliche Äußerung zu Fest und Brauchtum fällt dann anlässlich des Reichstags zu Augsburg 1530, auf den sich die letzte Hoffnung einer Einigung in der Konfessionsfrage richtete. Luther konnte als Gebannter nicht teilnehmen (er hatte Melanchthon mit den Verhandlungen beauftragt), schrieb aber von der sicheren Veste Coburg aus seine *Vermahnung der Geistlichen*, in der er der gegnerischen Seite zahlreiche Missstände vorhielt, die sie selbst unmöglich unterstützen könne. Hinsichtlich der Feste aber äußert sich Luther eher diplomatisch: Ein Brauchtum, das die religiösen Gehalte versinnbildliche, sei für Unvollkommene und Schwache unverzichtbar, auch wenn die Fortgeschrittenen solcher Hilfen nicht bedürften. Er zählt bei dieser Gelegenheit nur drei »wirkliche« Feste auf: Ostern, Himmelfahrt und Pfingsten, wobei er Weihnachten nach allen sonstigen Äußerungen schlicht vergessen haben muss – vor einer Deutung als freudschem Versprecher bzw. freudscher Verdrängung sei gewarnt. Und ausdrücklich verteidigt er in der *Auslegung des 147. Psalms* den Brauch, die Kinder vor Weihnachten (und sogar vor dem Nikolausfest) nach Fasten und Beten ihre Kleider ausbreiten zu lassen, um nachts beschert zu werden – in erster Linie mit Zuckerwerk, wenn nötig aber auch mit Rute oder Pferdeäpfeln bei entsprechend tadelnswerter Aufführung.

Man weiß aus den Tischreden, dass sich Luther gerne im männlich dominierten Kollegenkreis über abergläubisches Brauchtum lustig machte, etwa wenn Mädchen hofften, in der Weihnachtsnacht splitternackt ihren Zukünftigen erblicken zu können. Ansonsten ließ er Brauchtum bestehen. In Coburg richtete sich so gesehen nicht zufällig die energische Ablehnung lediglich gegen wirkliche Auswüchse, wie sie zum Beispiel bei den frühmorgendlichen Rorate-Messen mit »innerlich und äußerlich Hurerei« vorgekommen waren. Auch der katholische Brauch der drei Weihnachtsmessen mit der Mitternachtsmette war ihm aus gleichem Grund ein Dorn im Auge – die Dunkelheit förderte eben ganz anderes als frommen Sinn. In der *Vermahnung* bilden diese Feiern zusammen etwa mit Ablass und Poltergeistern eine kleine »schwarze Liste«, die den wirklich wichtigen Themen wie Gesetz, Gnade, Evanglium gegenüberstehen. Aber es ist keine Frage, dass die evangelische Kirche lutherischer Prägung das Weihnachtsfest alles andere als unterdrückt hat. Auch das Brauchtum entwickelte sich nach seinen spätmittelalterlichen Anfängen weiter, gelegentlich in gesuchtem Gegensatz zum katholischen aus reinen Abgrenzungsgründen, wie wir noch sehen werden. Aber es gab auch Höhepunkte, die bis heute fortwirken. Dazu gehört die Gestaltung der Weihnachtsgottesdienste in Leipzig im frühen 18. Jahrhundert.

Die Rede ist von Bachs *Weihnachtsoratorium* und seinen sechs Teilen, die sich auf die einzelnen Weihnachtstage verteilen. Der Thomaskantor stand mit diesem 1734/1735 uraufgeführten Werk in einer Tradition, die auf die sogenannten »Weihnachtshistorien« des 17. Jahrhunderts, darunter diejenige von Heinrich Schütz, zurückgeht. Heute wissen wir natürlich: Keine Komposition wurde berühmter, obwohl der allerberühmteste Teil, der Anfangschor der ersten Kantate »Jauchzet, frohlocket« mit seinen festlichen Trompeten, nicht einmal eine Originalkomposition ist, sondern von Bach aus der weltlichen Kantate *Tönet, ihr Pauken! Erschallet, Trompeten!* übernommen und mit neuem Text versehen wurde. Als dieses Original im Jahr 2017 in Leipzig anlässlich der Eröffnung der Buchmesse vorgetragen wurde, begann Ministerpräsident Tillich anschließend seine Rede mit der Feststellung: »Es ist nicht Weihnachten …«

Wir haben es im Falle des *Weihnachtsoratoriums* nicht mit den alten drei Stationen an Weihnachten zu tun, sondern nunmehr zunächst mit drei Tagen, auf die nach der kirchlichen Leseordnung in Leipzig die Evangelientexte in der Lutherübersetzung verteilt waren: Geburt und Verkündigung an die Hirten nach Lukas am ersten Tag, Anbetung der Hirten wieder nach Lukas am zweiten Tag, Prolog des Johannesevangeliums am dritten Tag. Dann folgte an Neujahr die Beschneidung samt Namengebung nach Lukas, am Sonntag nach Neujahr die Flucht nach Ägypten nach Matthäus, an Epiphanie am 6. Januar die Ankunft und Anbetung der Weisen

Autograph der ersten Seite des ersten Teils von Bachs *Weihnachtsoratorium*

nach Matthäus. Weil dies nun im Falle der Flucht nach Ägypten vor Ankunft der Magier gegen die natürliche Chronologie verstößt, stellte Bach die Texte um und ließ sogar den die »Ereignisse« unterbrechenden Johannesprolog ganz weg. Erst damit ergibt sich der Eindruck des zusammenhängenden Oratoriums, auch wenn die Aufführung auf insgesamt sechs Tage verteilt ist. Weiter für Zusammenhang sorgt die Partie des Evangelisten, der im Wesentlichen die einzelnen Evangelienabschnitte in der Lutherübersetzung in Rezitativen (lediglich vom Continuo begleitet) gut verständlich vorträgt.

Bachs *Weihnachtsoratorium* stellt insgesamt einen Höhepunkt innerhalb der lutherisch geprägten Ausgestaltung des Weihnachtsfestes dar und ist längst darüber hinausgewachsen. Für viele kulturell Interessierte wurden die energischen Paukenschläge zu Beginn über die konfessionellen Schranken hinweg zur Erkennungsmelodie des Festes, wie es die ersten Worte des Lukasevangeliums schon immer gewesen sind.

Puritaner

Während Luthers Umgang mit Weihnachten insgesamt wohlwollend kritisch ausfiel, gingen seine Reformatorenkollegen in ihrer Beurteilung wesentlich weiter. Schon Ulrich Zwingli übertraf als Prediger am Zürcher Grossmünster mit der Betonung der Bibel als alleiniger Richtschnur des religiösen Lebens seinen anfänglichen Mentor, kürzte nicht zufällig nach dem Weihnachtsfest 1523 die Liturgie noch mehr als dieser, beseitigte jede Musik (einschließlich der Orgeln) und verbannte allen Schmuck aus der Kirche. Die Folge war ein Bildersturm in weiten Teilen Europas, den Luther mit seinen Predigten in Wittenberg zu verhindern wusste. Ein Religionsgespräch der beiden endete im Streit über den Sinn des Abendmahls, das Zwingli als reine Erinnerungsfeier betrachtete. Weihnachten geriet allein mit seinem Termin, der biblisch nicht gestützt war, unter Druck. Als Zwingli bereits 1531 in einer Schlacht fiel, setzte Heinrich Bullinger das Wirken in gemäßigterer Form fort, womit er zum »Vater der reformierten Kirche« in ganz Europa wurde. Vor allem die anglikanische Kirche in England orientierte sich an ihm.

Radikaler sollte der zweite bedeutende Schweizer Reformator vorgehen, Johannes Calvin in Genf. Die Reformation war dort von zwei Vorgängern 1535 durchgeführt worden, die alle Feiertage außerhalb von Sonntagen abschafften. Der Stadtrat orientierte sich jedoch 1538 am lutherischen Bern und setzte die großen Feste wieder ein. Aber es kam zum erneuten Umschwung, als man Calvin 1541 nach einem ersten Besuch endgültig in die Stadt holte und mit der Gestaltung des religiösen Lebens betraute. Calvin nahm die Abschaffung wieder auf, wogegen der Stadtrat mit einer vermittelnden Lösung anging, sofern der Weihnachtstag in einen Morgen mit Feier und Geschäftsschließung (für die konservativen Befürworter des Festes) und einen Nachmittag mit normaler Arbeit (für die Geschäftsleute mit ihren Interessen) geteilt wurde. Als Weihnachten 1550 dann auf einen Donnerstag fiel und Calvin vor erwartungsvollem Publikum predigte, mied er einen Skandal und beließ es bei allgemeinen Warnungen vor den Gefahren des Aberglaubens, die mit Weihnachten aufgrund des Brauchtums verbunden waren. Dabei spielte die »unbiblische« Datierung des Festes eine Hauptrolle, ja Calvin sprach von einer »Gotteslästerung«, die mit der Feier an dem künstlich festgelegten Tag verbunden sei. Die Lösung lag schließlich darin, dass man Weihnachten beibehielt, aber auf den (jeweils folgenden) Sonntag verlegte.

Auf Calvins Lehren aber setzten die schottischen Reformatoren, allen voran John Knox, der in Genf persönlich mit Calvin in Kontakt getreten war. Hier entstand die presbyterianische Kirche, die 1560 und noch einmal 1566 ausdrücklich die Begehung von Festen, die in der Bibel nicht fixiert waren, ablehnte. England war damit religiös doppelt gespalten. Heinrich VIII. hatte 1541 aus Gründen seiner Ehepolitik den Bruch mit Rom vollzogen und die anglikanische Staatskirche als eine »reformierte« Kirche begründet. Während die Anglikaner jedoch in ihrem gemäßigten Kurs die katholische Liturgie samt den Festen beibehielten, lösten sich die schottischen Presbyterianer wesentlich konsequenter und lehnten speziell das Feiern von Weihnachten ab. Dies aber griff auch auf England über und mündete für einen kurzen Zeitraum zu einem glatten Verbot von Weihnachten durch die radikalsten Reformatoren auf der Insel, die Puritaner.

Für einen frühen Vertreter dieser Richtung, Thomas Beccon, war in seiner Schrift *The Displaying of the Popish Mass* von 1559 schon die Messe mit ihrer Liturgie eine Quelle des Übels, ja das »schlimmste Ding« überhaupt, Ursprung von Götzenanbetung, Aberglaube, Sünde und Gräueln. Beccon ging dafür in den Tower, wurde rehabilitiert und erneut verfolgt, während in England das Königtum zwischen den reformierten Tudors und katholischen Stuarts wechselte. Lange behauptete sich die mäßigend wirkende anglikanische Kirche als Mehrheitskonfession, bis dann im Bürgerkrieg seit 1642 Oliver Cromwell erstens die katholische Seite besiegte (mit den spektakulären Enthauptungen des Erzbischofs von Canterbury, William Laud, 1645 und des katholischen Stuart-Königs Karl I. 1649) und zweitens im von ihm dominierten Parlament die radikaleren Kräfte der Reformation mit den Puritanern die Oberhand gewannen.

Erst nach dem Tod Oliver Cromwells und der kurzen Regierung seines Sohnes Richard als Lord-Protektor wendete sich 1660 erneut das Blatt mit der Berufung von Karl II. als König und der nachfolgenden Restauration der Stuarts (bis zur erneuten Wende der Glorreichen Revolution von 1688 mit der Einführung der konstitutionellen Monarchie). In der kurzen Zeit der puritanischen Vorherrschaft zwischen 1645 und 1660 aber ging es um den Versuch einer Vernichtung der alten Vorkriegskultur zugunsten einer »gottgefälligen« Kultur, in die auch das Weihnachtsfest als angebliches Relikt des Aberglaubens gerissen wurde. Man kann vorwegnehmen, dass der Versuch scheiterte. Aber man kann ebenfalls vorwegnehmen, dass der Versuch aufgrund der Auswanderung radikaler Puritaner in die Vereinigten Staaten von Amerika eine lange Nachgeschichte hatte, die uns noch beschäftigen wird.

Wenn man zunächst die Gründe für die Radikalisierung anspricht, darf ein wichtiger Hinweis nicht fehlen. Die Puritaner waren Kinder der Reformation und folgten in einem wichtigen Punkt Luthers Lehre. Dieser Punkt betrifft die Vorstellung von der grundsätzlichen Sündhaftigkeit aller Menschen, die nur aufgrund göttlicher Gnade Rettung finden können. Diese Rettung galt als prädestiniert, es gibt dafür eine »Berufung«, und diese Berufung basiert auf dem Glauben an Christus bzw. an all das, was die Bibel, besonders der Apostel Paulus in seinem Römerbrief, darüber lehrte. Man muss sich in Psychen hineinversetzen, die vor der Bedrohung durch die Hölle stehen und einzig aus der Festigkeit ihres Glaubens heraus die Gewissheit ihrer Rettung ableiten. Die Radikalität der wortwörtlichen Befolgung der biblischen Gebote resultiert so gesehen aus der existentiellen Bedrohung. Jede Abweichung von der biblischen Botschaft musste zur Panik führen, den rechten Weg zu verfehlen. Und so kam alles auf den Prüfstand, was das Christentum unter der Herrschaft der katholischen Kirche an Brauchtum aufgehäuft hatte. Um das in diesem Zusammenhang erfolgte Verbot des Weihnachtsfestes zu verstehen, bedarf es eines Blicks auf die ganze Breite der Attacke auf die traditionelle Kultur.

Eines der ersten und wichtigsten Ziele betraf dabei den traditionellen Festkalender. Wo stand in der Bibel etwas über die Feier von Weihnachten, Ostern, Pfingsten? Eben nirgends. Noch schlimmer ein Fest wie die Feier am 1. Mai (Walpurgisfest) mit der Errichtung eines Maibaums, um den sich dann Brauchtum rankte. Nach der Machtübernahme der Puritaner, im April 1644, erfolgte eine parlamentarische Ordonnanz, die das Aufstellen von Maibäumen als heidnische Nichtigkeit und abergläubische Praxis verbot. Grundsätzlich hieß es nun: »Feste, volkstümlich als heilige Tage (*holy days*) bezeichnet, die keine Wurzel im Wort Gottes haben, dürfen nicht fortgesetzt werden.« Weihnachten aber hatte nicht nur keine Wurzel, sondern der Termin am 25. Dezember wäre selbst in Judäa zu kalt für eine Schafherde draußen gewesen. Schließlich hätte Christus, falls er die Feier gewollt hätte, auch den Tag mitgeteilt.

Im Juni 1647 sind dann die Hauptfeste an der Reihe. Weiter trifft es die Fastenzeit und besonders den *Shrove Tuesday* (›Dienstag nach Fastnacht‹) mit seinen wüsten Ritualen. Stattdessen führte das Parlament einen eigenen revolutionären Kalender ein, wie später auch die französischen Revolutionäre sogar die Monats- und Jahreszählung umstellten. In England gab es nun einen neuen säkularen Feiertag an jedem zweiten Dienstag im Monat, der der Erholung dienen sollte, ohne abergläubisch belastet zu sein. In den Tavernen und Bierhäusern gab es eine strenge Regulierung, kein Lehrling durfte nach 20 Uhr angetroffen werden.

Weiter richtete man öffentliche Tage des Fastens zur Einübung der nötigen Demut ein. Zwischen Februar 1642 und Februar 1649 betraf dies den letzten Mittwoch jedes Monats. Die Puritaner waren davon überzeugt, dass die politische und religiöse Krise Englands ein Produkt göttlichen Zorns war, weshalb die Menschen ihre Sündhaftig- und Unwürdigkeit in einem Akt kollektiver Selbsterniedrigung einsehen lernen sollten. Das Parlament ermöglichte dieses Fasten in London durch Suspendierung von der normalen Arbeit und den Besuch von zwei Predigten in der Kathedrale von Westminster. Auf dem Land galt Ähnliches. Das Direktorium als höchstes Organ des Parlaments gab entsprechende Instruktionen, wovon nicht nur der Verzicht auf Nahrung, sondern weiter weltliche Arbeit, Gespräche und sämtliche körperlichen Freuden betroffen waren. Nach Aufgabe dieser regelmäßigen Fasttage im Frühjahr 1649 blieb es bei gelegentlichen Aktionen angesichts von Plagen oder Dürreperioden. Oliver Cromwell persönlich befürwortete dieses Fasten als Grundlage einer moralischen Reformation und unterstützte ebenso Danksagungen angesichts militärischer oder politischer Erfolge. In den regelmäßigen Morgengottesdiensten erging die Mahnung, sich vor allen Exzessen des Fressens und Saufens zu bewahren.

Eine weitere puritanische Aktion beim neuen Kalender betraf die Einführung des puritanischen »Sabbats« am Sonntag. Der katholische Stuart-König Jakob I. hatte in seinem *Book of Sports* (*Buch der Spiele*) Freizeitbetätigung an Sonntagen erlaubt, was die

Puritaner als Skandal empfanden und rückgängig machten. Im September 1641 erging eine Verordnung, den »Tag des Herrn« gehörig zu befolgen, wobei Tanzen und alle anderen Spiele vor und nach dem Gottesdienst verboten waren, der Nachmittag wieder der Verkündigung von Gottes Wort diente. Im Mai 1643 folgte eine Anordnung, alle Exemplare der von Karl I. bestätigten *Book of Sports* zu verbrennen, im April 1644 ein Verbot von Ringkämpfen, Schießen, Kegeln, Glockenläuten zum Vergnügen oder Zeitvertreib, Maskentragen, Kirmes oder dem Austeilen von Kirchenbier. Neun Monate später befahl das Direktorium, den gesamten Sonntag zu heiligen, sowohl öffentlich wie privat, bei Morgen- und Abendgottesdiensten, dazwischen mit Bibellesen, Meditation und Wiederholung der Predigten in den einzelnen Familien. 1650 und 1657 gab es dafür spezielle Gesetze mit Strafandrohung bei Nichteinhaltung. Es wurde sogar diskutiert, ob es Bürgern erlaubt sei, sich sonntags außerhalb des Hauses zu bewegen.

Eine weitere Aktivität der puritanischen Regierung nach ihrem Sieg im Bürgerkrieg betraf die Feiern von Geburt, Hochzeit, Tod – die wichtigen und in jeder Kultur mit Brauchtum ausgestatteten sogenannten *rites de passages* (›Riten des Übergangs‹). Bei der Geburt galt das Brauchtum, das im elisabethanischen *Book of Common Prayer* festgelegt und 1552 im *English Prayer Book* überarbeitet worden war. Dagegen forderten die Puritaner nun eine öffentliche Taufe vor der Gemeinde und verboten Kreuzzeichen und Weihwasser auf den Kopf des Täuflings wie auch die Bestellung von Paten. Daneben wurde die aus dem Alten Testament überlieferte »Reinigung« der Mutter attackiert, vom Direktorium 1641 verboten. Bei der Hochzeit forderte man den Verzicht auf den Ringtausch in der Kirche, stellte 1653 überhaupt um auf eine rein weltliche Aktion bei einem Friedensrichter, was sich jedoch nicht durchsetzen ließ – unter Cromwells zweitem Parlament wurden religiöse Heiraten wieder erlaubt und der *Civil Marriage Act* kassiert. Schließlich gab es bei Beerdigungen das Verbot eines Totenmahls. Auch Knien oder Beten über dem Verstorbenen wurde wie alles »Beten, Lesen und Singen beim Gang zum Grab« abgeschafft. Insgesamt kann man in diesen Vorgängen den Versuch einer Säkularisierung sämtlicher ehemals religiösen Feiern sehen, wenn man so will: eine religiöse Vergleichgültigung gegenüber allem, was nicht wirklich biblisch fundiert war.

Dem stand eine große moralische Reform gegenüber, die mit Verboten von sexueller Promiskuität, exzessivem Trinken, Spielen, Tanzen, Schwören verbunden war. Die Schließung sämtlicher Theater 1642 aus Gründen des Krieges wurde nach dem Sieg beibehalten. Auf Ehebruch stand die Todesstrafe, auf sonstige geschlechtliche Verfehlungen drei Monate Gefängnis. Prostituierte und Zuhälter sollten ausgepeitscht, gebrandmarkt und in Gefängnisse gesperrt werden. 1643 brachte Cromwell persönlich ein Verbot von Hahnenkämpfen ein, sechs Monate später eines gegen Pferderennen. 1657 wurde Musik in Tavernen und Bierhäusern verboten. In Oxford konfiszierten Offiziere Kränze und Musikinstrumente derer, die den 1. Mai feiern wollten. Die Reform zielte mit all dem auf die Einrichtung eines gottgefälligen neuen Jerusalems. Die einzelnen Aktivitäten wurden von lokalen puritanischen Politikern unterstützt, bei Zuwiderhandlungen gab es Denunzierungen mit entsprechenden Strafen. Ein Puritaner, der wie viele seiner Glaubensgenossen penibel Tagebuch führte, hielt fest, dass er seinen Gemeindemitgliedern das Feiern von Weihnachten erfolgreich »abgewöhnt« habe. Andere berichteten über volle Kirchen am Sonntag und braves Psalmensingen, Bibellesen und weitere fromme Werke der einzelnen Gläubigen.

Aber all dies blieben lokale Erfolge, die Kampagne endete insgesamt letztlich mit einem Fehlschlag, auch schon vor dem Tod der Cromwells und der Rückkehr des katholischen Königs Karl II. Als Hauptgründe gelten die widerwillige Befolgung bei denen, die die Gesetze durchzuführen hatten, sowie vor allem die Anhänglichkeit der Majorität des englischen Volkes an seine traditionelle Kultur. In den Provinzen war die lokale Jurisdiktion ohnehin immer nachlässig bis offen feindlich aufgenommen worden, nur gesichtswahrende Fälle brachte man vor Gericht. Auf dem Höhepunkt der Reformen wurden in London acht Fälle von Schwören und sechs von Unzucht wirklich verfolgt. In Essex hatte es die Justiz mit einer Handvoll Fällen von Trunkenheit, Schwören und Sabbatbrechern pro Jahr zu tun, in den 1650er Jahren gab es sieben Fälle von Anklagen wegen Ehebruchs, ohne dass man jemanden hängte. In Middlesex wurden von 27 Angeklagten 25 für nicht schuldig befunden. In Devon ließ man zwischen 1655 und 1660 ganze 27 von 30 Anklagen fallen. Schon Paulus habe sich um Vergehen dieser Art nicht gekümmert, viel weniger »wir heute«, sagte selbst ein Prediger. Klagen darüber, dass die Anführer in den Provinzstädten »schliefen«, beweisen die Realität. Schließlich lag der wichtigste Grund des Scheiterns darin, dass sich die gewaltsame Aufhebung traditioneller Praktiken nicht durchsetzen ließ. Die große Menge hielt einfach am alten Kalender fest, in den Provinzen erstanden jedes Jahr die Maibäume samt Feiern, 1654 selbst im Londoner Hyde Park – einschließlich der Auswirkungen mit Trunkenheit und Obszönitäten.

Trotz aller Feierverbote aber erwies sich gerade das Feiern von Weihnachten als unverwüstlich. Wenn die Regierung am 25. Dezember die Kirchen geschlossen zu halten versuchte, traf man sich unter zahlreichem Andrang heimlich. 1657 ist in und um London bei einem Tagebuchautor davon die Rede, dass in der Exeter House Chapel eine besonders große Feier stattfand. Die Mehrheit der Geschäfte und Büros blieb am 25. Dezember ohnehin geschlossen. In London öffnete nur eine Handvoll Geschäfte ihre Tore am Weihnachtstag und einige schlossen sie wieder angesichts von Burschen, die ihnen Steine in die Fenster warfen. Eine Zeitung berichtete, dass Tavernen und Schankwirtschaften voll waren. Jemand beklagte sich über Belästigung durch Vermummte, die am *Boxing Day*, dem traditionellen Schenkfest am zweiten Weihnachtstag, trinkend und Karten spielend die Gegend unsicher machten. Es gab Fälle von Gewalt beim Versuch der Regierung, das Fest zu unterdrücken. Zu Weihnachten 1658 attackierte ein Mob in London den Mayor und seine Marshals, als sie versuchten, Weihnachtsdekorationen zu beseitigen. Anderswo wurde bei einem ähnlichen Vorfall ein Mann getötet. Die schlimmsten Ausschreitungen gab es in Canterbury, wo Aufrührer die Kontrolle über die Stadt bekamen und eine Woche lang ausübten. Überall in der Provinz fanden ohnehin die gewohnten Weihnachtsfeiern statt.

Der alte Kalender blieb unter diesen Umständen weiter populär, der neue wurde missachtet. Ein Prediger beklagte sich 1642 vor dem House of Commons über die Nichteinhaltung des öffentlichen Fastens. Im April 1646 begingen 500 Gemeindemitglieder in einer Provinzstadt »Thanksgiving Day« mit einem Ringkampfmatch. Die Bierhäuser waren an Sonn- und Fastentagen voll von Trinkern, es gab Tanz und Gesang. Die neuen puritanischen *rites of passage* waren ein Flop, es gab weiterhin private Taufen nach dem *Book of Common Prayer*. Eine Statistik über die Praxis in 404 englischen Kirchen weist aus, dass nur etwa 10 Prozent der Taufen nach der neuen Regel erfolgten. Ähnlich stand es mit der Ablehnung der Heiraten nach lediglich säkularem Ritus und ähnlich auch mit den Beerdigungen. 1660, mit der Stuart-Monarchie, wurde sofort wieder der alte Kalender sowie die Liturgie nach dem *Book of Common Prayer* eingeführt. Sport am Fastnachtsdienstag und Hahnenrennen gerieten zur politischen Demonstration. Am 1. Mai errichtete man in Oxford einen Maibaum gegen den Willen des Vizekanzlers der Universität mitten in der Stadt, vier Wochen später gab es anlässlich der Rückkehr von Karl II. nach London zwölf Maibäume mit entsprechenden Tanzveranstaltungen.

Als Ergebnis lässt sich festhalten: Das Verbot von Weihnachten hatte wenig mit Weihnachten als solchem zu tun. Es ging den Puritanern um ein strikt und einzig auf die Bibel gegründetes Christentum, weshalb Weihnachten wie andere Feste einfach überflüssig erschien. Nicht einmal die Tatsache, dass Weihnachten vergleichsweise spät eingeführt worden war, spielte eine entscheidende Rolle – es genügte der fehlende biblische Beleg. Hinzu kam die Ausgestaltung dieses Festes mit einem Brauchtum, das noch viel weniger biblisch gestützt und eine Folge davon war, dass sich Weihnachten in der beginnenden Neuzeit tatsächlich als Fest zu etablieren begonnen hatte – in der Bevölkerung, nicht nur im Klerus. Weihnachten wirkte sich zunehmend aufs Stadtbild aus, Geschäfte blieben geschlossen, Schmuck gab einen würdigen Rahmen, es wurde getanzt, gegessen, getrunken. Die puritanische Revolution wirkt demgegenüber wie ein Versuch, das Rad der Geschichte zurückzudrehen, in diesem Fall sehr weit, vor das vierte nachchristliche Jahrhundert. Es ist nicht gelungen. Das englische Bürgertum mochte Spuren des Puritanismus beibehalten, die angestammte Kultur blieb erhalten und wurde wie überall sonst ausgebaut.

Krippenfrömmigkeit

Die Reformation hat Weihnachten nicht abgeschafft, aber gerade an diesem Fest wurde die konfessionelle Spaltung deutlich. Schon sehr bald konnte man am jeweiligen Brauchtum erkennen, ob man sich im katholischen oder evangelischen Bereich bewegte. Zwei Hauptelemente des Brauchtums verteilten sich geradezu auf die beiden lange Zeit verfeindeten Religionen: Die Katholiken verfügten über die Krippe, die Protestanten über den Weihnachtsbaum. Auch wenn diese Unterscheidung nie generell bestand und sich auf Dauer auch völlig auflöste, galt sie doch eine Weile äußerst strikt. Man kann sogar noch schärfer formulieren: In der Gegenreformation wird die Krippe nicht nur zum Zeichen des Katholizismus, sondern zum Werbe-, ja Missionsinstrument. Krippen dienten der Rückeroberung, wo sie standen, hatte der alte Glaube gesiegt.

Die Initiative ging dabei auf einen Orden zurück, der einzig zur Gegenreformation ins Leben gerufen worden war: auf die Jesuiten mit ihrem Gründer, dem baskischen Adligen Ignatius von Loyola. 1540 kam es zur offiziellen Anerkennung durch den Papst. Auf das Jahr 1560 wird die erste nachweisbare Krippe im portugiesischen Coimbra datiert, 1562 stand ein Prachtexemplar in Prag, die erste nördlich der Alpen. 1592 gab der Ordensgeneral Aquaviva die offizielle Erlaubnis zu ihrem Einsatz im kirchlichen Dienst. Sehr bald war die katholische Welt mit Krippen förmlich überzogen. Und »Welt« bedeutete in diesem Fall wirklich die ganze Welt. Die Jesuiten trugen sie ebenso nach Deutschland wie in den Fernen Osten, nach Nagasaki in Japan oder Peking in China etwa. Sie verwandten sie

Wiege mit gewickeltem Jesuskind aus dem Bayerischen Nationalmuseum in München.
Sie verweist auf den heute vergessenen, ältesten Weihnachtsbrauch des »Kindleinwiegens«.

weiter im russischen Sibirien wie auf ihrer Mission bei den brasilianischen Indios oder beim Indianerstamm der Huronen in Kanada. Die Krippe wurde regelrecht zum Instrument der Durchsetzung des »alten« Glaubens.

Dabei waren die Anfänge – natürlich – bescheiden. Die Idee stammt wohl nicht von der mittlerweile Jahrhunderte zurückliegenden Initiative von Franz von Assisi und seiner »lebenden Krippe« im Wald von Greccio, als der Heilige seiner Gemeinde das Weihnachtsgeschehen so plastisch wie möglich darstellen wollte und dazu menschliche und tierische »Figuren« auftreten ließ. Dies gehört eher in die Geschichte der Weihnachtsspiele. Das unmittelbare Vorbild stellen vielmehr die ebenfalls schon erwähnten Wiegen dar, die seit dem Hochmittelalter in Kirchen aufgestellt wurden, um das Jesuskind in der Weihnachtsnacht zu vergegenwärtigen – mit dem »Kindleinwiegen«, zu dem es eigene Lieder gab (etwa *Zu Betlehem geboren* mit »eija«-Refrain). Die anfangs schlichten hölzernen Exemplare wurden immer kostbarer, in der Renaissance tauchen silberne von höchstem künstlerischem Wert auf. Es bedurfte nur eines Schritts, um diese Wiegen in die »vollständige«

Umgebung der Geburtsszene zu stellen. Der Übergang ist deshalb so schwer zu fassen, weil die Benennung im Wege steht. Die Wiegen waren ja nach der Bibel die Futtertröge für Tiere, »Krippen« im Wortsinne, die dann in einer Bedeutungserweiterung für das Gesamtereignis in Höhle oder Stall standen. Wo anfangs im Deutschen von »Krippe« oder im Lateinischen von *praesepe* (daneben noch missverständlicher von »Betlehem«) die Rede ist, weiß man nie, ob noch die Wiege oder schon die vollständige Krippe mit ihrem »gefrorenen Theater« (Rudolf Berliner) gemeint ist.

Jedenfalls setzte sich die Krippe als lebendige Darstellung der Geburtsszene durch, wird in der letzten Sitzung des Konzils von Trient 1563 ausdrücklich zur Verwendung in den Kirchen erlaubt. Und dann das frühe Exemplar in Prag. Warum gerade dort? Man muss dazu wissen, dass Böhmen schon lange »reformatorisches« Land war. Hierher stammte Jan Hus, den man auf dem Konstanzer Konzil 1415 verbrannt hatte. Es folgten die langen Hussitenkriege mit zahllosen Toten. Als von Wittenberg die neuerliche und nun viel wirkungsvollere Reformation ausging, wurde Böhmen und Mähren sofort Reformationsland mit verschiedenen Richtungen wie den verbliebenen Hussiten, weiter den Utraquisten (die beim Abendmahl auf dem Kelch neben dem Brot, also auf dem Leib Christi »in beiderlei Gestalt« bestanden) oder den Böhmischen Brüdern. Als 1526 Ferdinand von Österreich, der Bruder von Kaiser Karl v., zum König von Böhmen gewählt wurde, war das Problem da: Der katholische Habsburger stand einem reformierten Adel sowie Bürgertum gegenüber, musste bei seiner Krönung Zugeständnisse machen, leitete aber auch sofort die Rekatholisierung ein. Dazu holte er die Jesuiten ins Land bzw. in »seine« Stadt Prag. Sie übernahmen das ehemalige Dominikanerkloster mit der Kirche St. Klemens, ausgebaut zum späteren Riesenkomplex des Clementinums, heute einem Touristenmagneten direkt an der Karlsbrücke.

Die Jesuiten wussten, was Ferdinand von ihnen erwartete, und setzten die Waffen ein, auf die sie spezialisiert waren: Wort und Schau, das Wort in der Predigt, die Schau in der Präsentation der Heilsgüter, wie man sie in der katholischen Kirche verstand. Dazu gehörte etwas, was heute wenig bekannt ist, damals aber große Verbreitung besaß: die Darstellung der Karfreitagsereignisse in Form eines »Heiligen Grabes« – ein immer prunkvollerer Aufbau in den Kirchen, der seinen eigenen Platz erhielt, also stets präsent blieb und an Karfreitag mit entsprechendem »Spiel« besonders in Erscheinung trat. 1561 erhielt St. Klemens ein solches Heiliges Grab, von dem es in der Chronik heißt, dass es große Zuschauerzahlen anlockte, darunter Protestanten – man könnte also sagen: Ziel erreicht. Im folgenden Jahr aber stand gewissermaßen das weihnachtliche Pendant dazu in der Kirche. Es war eine Krippe, eine »noch nie gesehene« figürliche Umsetzung der Geburtsszene, die wiederum größte Aufmerksamkeit fand. »Unzählige Besucher«, wieder darunter Protestanten, sollen beeindruckt gewesen sein, obwohl nebenbei die Rede davon ist, dass die Hussiten sogleich Sturm liefen gegen eine Darstellung, die mit ihrem Aufwand den in der Bibel wiedergegebenen bescheidenen Verhältnissen krass widersprach.

Der Erfolg war also da und wurde ausgenutzt. Sämtliche Interessenten, katholisch gebliebene Adelssitze in der Umgebung zum Beispiel, erhielten für ihre Kapellen Krippen. Die Patres aber ließen auch transportable Exemplare anfertigen, die sie mit aufs Land nahmen – Mission mit Krippenunterstützung. 1581 erhielt das Karmeliterkloster in Prag eine wertvolle Puppe, die Jesus darstellte: das sogenannte »Prager Jesulein«, gespendet von der Kaiserin persönlich. Es gehörte nicht zu einer Krippe, entfaltete aber seine eigene Tradition mit jährlich neuer Einkleidung durch großzügige Spender, die bis heute zu einem riesigen Schatz im angrenzenden Museum geführt hat – darunter ein Marineanzug oder Karnevalskostüm. Prag entwickelte sich damit zu einer Art Weihnachtsstadt, erhielt weiter viel Unterstützung durch hohe und höchste Spender. Die Krippe in St. Klemens war wie die Kirche selbst bald zu klein geworden, so dass direkt gegenüber 1582 ein neues Gotteshaus mit neuer Krippe entstand: die Salvatorkirche. In diesem Fall baute man die Krippe nicht neben dem Altar auf, sondern reservierte ihr für die Dauer der Weihnachtszeit einen eigenen und damit noch besser sichtbaren Platz mitten in der Kirche. St. Klemens behielt und zeigte nun das Heilige Grab, die Salvatorkirche die Krippe. Die wichtigsten heilsgeschichtlichen Ereignisse hatte man in Prag buchstäblich vor Augen.

Wer sich an den Geschichtsunterricht in der Schule erinnert, weiß, was nun folgte. Prag ist der Ort jenes Fenstersturzes aus einem Saal im Hradschin, mit dem 1618 der Dreißigjährige Krieg begann. Schon länger vorher hatte es Probleme gegeben, 1611 ausgewachsene Tumulte und Plünderungen in Kirchen, auch in denen der Jesuiten. Die Protestanten erhoben sich gegen Kaiser und Katholizismus, riefen den protestantischen Kurfürsten aus der Pfalz ins Land, der 1620 bis zum Weißen Berg heranrückte, wo heute eine Straßenbahnlinie ihre Endstation hat – *Bílá hora*. Der Kurfürst (auch »Winterkönig« genannt) unterlag, worauf ein besonders abscheuliches Rachegericht stattfand. Danach schlug das Ruder um, Prag wurde erneut Zentrum der Gegenreformation. Und dies nicht ohne Krippen. Direkt nach dem Krieg erhielten die Palais wieder prunkvolle Exemplare, darunter die einstige Bewahrerin der Reichsinsignien, Burg Karlstein, oder der Palast der Fürsten von Lobkowitz, worin heute die Deutsche Botschaft residiert (und 1989 Außenminister Genscher seine berühmte Fensterrede anlässlich der Ausreisezusicherung an die DDR-Flüchtlinge hielt). Kaum zu fassen, dass dieser Reichtum fast spurlos verschwinden sollte. In späterer Zeit und unter ganz anderen Umständen als denen von Reformation und Gegenreformation, nämlich im Gefolge der Aufklärung, erging vom katholischen Kaiser das Verbot mit Auftrag der Krippenentfernung aus den Kirchen – davon gleich mehr. Von etwa 6000 archivalisch dokumentierten Exemplaren sind gerade einmal zwei aus dieser Zeit übriggeblieben: in der Pfarrkirche in Schurz im Bezirk Königinhof in Böhmen sowie in der Pfarrkirche in Schweidnitz nahe Breslau.

Um das Bild etwas zu vertiefen, seien die Vorgänge in Schlesien herausgegriffen, die ein besonders gutes Bild davon vermitteln, wie im 16. und 17. Jahrhundert die Gegenreformation mit Hilfe von Krippenkunst erfolgte. Man muss dazu wissen, dass auch Schlesien im 16. Jahrhundert reformiert war und mit der Gegenreformation aus Prag zu tun bekam – der Landzipfel im Süden des heutigen Polen war damals mit Böhmen verbunden, die ursprüngliche Bevölkerung sprach tschechisch. Breslau erhielt einen Bischof, dessen Herrschaft zwar auf die Dominsel beschränkt war, von dort aus aber die Rekatholisierung betrieb – mit Hilfe von Jesuiten. Sie kamen aus Glatz, wo sie bereits ein Kolleg betrieben, und richteten auch in Breslau ein gleiches ein. In beiden Fällen aber hört man sofort von Weihnachtskrippen (neben Heiligen Gräbern). In Graz ist eine von 1570 bezeugt, wo sie nach der üblichen Berichterstattung, aber nicht unbedingt völlig unglaubhaft, von einer großen Menge von Lutheranern begrüßt worden sein soll. Kampflos vollzog sich das Unternehmen jedoch nicht. 1605 hört man von zwei Dörfern bzw. Kleinstädten, nämlich von Habelschwerdt und Schreckendorf, dass sie die Jesuiten »mit Steinen« vertrieben. Auch die Niederlassungen in Breslau und Glatz gingen wieder verloren.

Dann aber erfolgte der gleiche neuerliche Umschwung wie in Prag. Nach dem Sieg am Weißen Berg holte Erzherzog Karl 1623 die Jesuiten zurück, und wieder kamen sie mit ihren Krippen, verteilten sie übers gesamte Land, als seien sie ein Symbol dafür, dass die Hauptfiguren selbst Flüchtlinge gewesen waren und trotzdem den Glauben über die gesamte Welt verbreiteten. 1640 ist die Rede davon, dass die in der zurückgewonnenen Festung Glatz stationierten Truppen mit regem Krippenbau beschäftigt waren. 1660 wird die Bruderschaft der »Seligen Jungfrau an der Krippe« gegründet, die selbstverständlich den Krippenbau forcierte – Vorläufer der unzähligen Krippenvereine späterer Zeiten. Als 1662 die Glatzer Pfarrkirche wieder eine repräsentative Krippe erhielt, ist die Rede von besonders starkem Zustrom der Gläubigen.

Die Gegenreformation in diesen östlichen Ländern des Reiches – so lässt sich zusammenfassen – wäre ohne Krippen schlecht denkbar gewesen. Man kann natürlich darauf hinweisen, dass die Krippe ein Schaubedürfnis befriedigte, das im theatersüchtigen Barockzeitalter besonders attraktiv war. Es wäre also nur ein kurzes Zeitfenster gewesen, in dem die Jesuiten mit dieser Idee erfolgreich sein konnten. Und tatsächlich kam es ja zum Verbot. Unter Kaiserin

Maria Theresia und Joseph II. wurden sie aus Kirchen und öffentlichen Gebäuden entfernt. In Salzburg erteilte 1784 ein gleiches Verbot jener Erzbischof von Colloredo, den Liebhaber der klassischen Musik aus der Biographie von Mozart in schlechter Erinnerung haben, sofern er diesem Meister die angemessene Bezahlung verweigerte.

Aber damit ist die Geschichte der Krippe ja nicht zu Ende erzählt. Erstens kehrte die Krippe selbstverständlich auch in österreichischen Landen zurück, als die »Aufklärung« erst einmal mit diesem ihrem Tiefpunkt überstanden war – schon auf die Zeit um 1810 werden erste Lockerungen datiert. Zweitens gab es Länder ohne dieses »aufklärerische« Zwischenspiel. Eines davon ist Italien, vielleicht das bedeutendste Krippenland überhaupt. Hier entwickelte sich eine spezielle Form, die unter bewusstem Anachronismus die Anlehnung an Region und Personal der eigenen Gegenwart suchte. Dies gilt speziell für die neapolitanische Krippe mit Figuren, die der damaligen Commedia dell'arte entlehnt sind, und mit einem Berg im Hintergrund, von dem jeder wusste, dass er definitiv nicht in Betlehem stand: nämlich dem Vesuv. Andere Krippenbewegungen gingen andere Wege. Im 19. Jahrhundert kam es unter dem Einfluss der sogenannten Nazarener zu »orientalischen« Krippen, also möglichst naturgetreuen Annäherungen an die biblische Wirklichkeit. Zu dieser Zeit aber kann man nicht mehr von einer gegenreformatorischen Spezialität sprechen, die Krippe steht genauso in evangelischen Kirchen wie in katholischen.

Vor allem aber drang die Krippe in das bürgerliche (und zuletzt auch bäuerliche) Wohnhaus ein. Spätestens in der ersten Hälfte des 18. Jahrhunderts tauchen sie in Privathand auf, sind an vielen Orten nachweisbar. In Wien gab es um 1750 einen ersten Krippenmarkt, auch München meldet um diese Zeit einen voll entwickelten Krippenbau. Wenn die Krippenbauer in josephinischer Zeit beim Bau der großen Kirchenkrippen einen Einbruch erlebten, entdeckten sie in der Volkskunst ein neues Betätigungsfeld. In dieser Hinsicht kam die Konkurrenz aus ganz anderer denn konfessioneller Richtung, nämlich aus dem Serienbau seit Beginn der Industrialisierung. Was zuvor noch in Heimarbeit etwa im Erzgebirge angefertigt wurde, fertigten bald Maschinen. Auch dies hat dazu geführt, die alte Kunst wertzuschätzen bzw. die der Vernichtung entgangenen Reste zu bewahren, was übrigens genauso auf Frankreich in Zeiten der Französischen Revolution mit der Herrschaft der Jakobiner zutrifft. Krippenmuseen und Krippenvereine sind mittlerweile kaum noch zu zählen. Die Kunstgeschichte hat nach langer Vernachlässigung das Thema entdeckt und herausgefunden, dass Bedeutendes geleistet wurde. 1967 fand in Madrid eine Internationale Krippenausstellung statt.

Wenn man Weihnachten als Thema behandelt, erweist sich die Krippe als eines seiner aussagekräftigsten Elemente in der Neuzeit. Und wirklich ausgestorben ist die Krippe ohnehin nicht, im Gegenteil. Krippenbesichtigungen in den Kirchen besonders der großen Städte werden mittlerweile von Reiseunternehmen angeboten.

Tannenbaumromantik

Im Jahr 1843 schuf der Weimarer Hofkupferstecher Carl A. Schwerdgeburth innerhalb eines Zyklus zum Leben von Martin Luther ein etwa DIN-A4-großes Blatt mit dem Titel: *Dr. Martin Luther im Kreise seiner Familie zu Wittenberg am Christabend 1536.* Darauf sieht man mitten im Wohnzimmer auf dem Tisch einen wunderschön geschmückten Tannenbaum mit hell leuchtenden Kerzen. Die Familie samt dem eng befreundeten Philipp Melanchthon hat sich im Kreis darum gesetzt bzw. gestellt, während Luther selbst die Laute offenbar als Begleitinstrument für den gemeinsamen Gesang spielt – es kann sich nur um *Vom Himmel hoch, da komm ich her* handeln, das er, wie schon gesagt, für genau diesen Zweck dichtete. Nur stimmt auf dem Bild etwas nicht. Im damaligen Wittenberg stand auf keinen Fall ein Tannenbaum im Zimmer, schon gar keiner mit Kerzen. Schwerdgeburth übertrug einfach den Brauch seiner eigenen Zeit in diejenige gut 300 Jahre früher. Ganz aus der Luft gegriffen war das Detail trotzdem nicht, denn der Tannenbaum stellte

Carl August Schwerdgeburth: *Luther im Kreise seiner Familie zu Wittenberg am Christabend 1536,* 1843

tatsächlich eine evangelische Erfindung dar, er war zeitweilig geradezu die Alternative zur katholischen Krippe.

Dabei lagen die Anfänge auch in diesem Fall weit, aber eben nicht sehr weit zurück. Die Belege sind noch schwieriger zu erbringen als bei der Krippe, weil der Tannenbaum natürlich nie erhalten blieb, sondern nur Bilder und Rechnungen zur Verfügung stehen, deren Überlieferung besonders stark dem Zufall ausgesetzt ist. Früheste Fälle deuten immerhin auf ein interessantes Umfeld, nämlich (noch) nicht auf das bürgerliche Wohnhaus bzw. die private Feier, in die sich das Weihnachtsbrauchtum der beginnenden Neuzeit zu verlagern beginnt, sondern auf eine andere Institution: statt der Kirche auf das Zunfthaus. Eine Bremer Zunftchronik von 1570 berichtet von einem »Dattelbäumchen«, wohl einem kleinen Tannenbaum, behangen mit Äpfeln, Nüssen, Datteln, die die Kinder der Handwerker irgendwann plündern durften. Aus Basel stammt eine Nachricht von 1598, wonach Schneidergesellen einen Baum voller

Äpfel an Dreikönige abschütteln durften. Einen Parallelbeleg bietet um die gleiche Zeit das Zunfthaus im elsässischen Schlettstadt. Zwischen 1597 und 1669 liegen Rechnungen eines Stubenmeisters aus Türkheim im Elsass über Ausgaben für den Schmuck des Weihnachtsbaumes im »Saal« vor.

Viel deutet also auf Straßburg bzw. das Elsass als diejenige Region hin, die zum Vorreiter wurde. Wenn der Funke von den Zünften zu den Wohnzimmern übergesprungen sein sollte, waren es zu Beginn wie schon im Falle der Krippen adlige und hochadlige Kreise, die vorangingen und als Vorbilder fungierten. Den bekanntesten Beleg stellt ein Brief von Liselotte von der Pfalz, verheiratet mit dem Bruder des »Sonnenkönigs« Ludwigs XIV. und damit Herzogin von Orléans, dar. Sie schrieb ihn am 11. Dezember 1708, also kurz vor Weihnachten, aus Paris an ihre Tochter und schwärmt darin vom lichtergeschmückten Buchsbäumchen ihrer Jugend am Hannoverschen Hof, neben dem man ein Christkindelspiel aufführte. Wesentlich später, um 1785, aber wieder im Elsass, taucht ein Tannenbaum in den Memoiren der Baronin von Oberkirch in Straßburg auf.

Noch aber war der Tannenbaum nicht europaweit verbreitet, noch gab es ein Süd-Nord- und auch West-Ost-Gefälle. 1816 führte die Wiener Erzherzogin, eine gebürtige nassauische Prinzessin, den Weihnachtsbaum am österreichischen Hof ein. 1830 war es die Gemahlin des bayrischen Königs Ludwigs I., Therese, die ihn nach München mitbrachte, 1840 Liselotte von der Pfalz, die damit als Herzogin von Orléans die Pariser Tuilerien verzierte. Auch nach England gelangte der Weihnachtsbaum mit deutscher Nachhilfe, in diesem Fall durch Prinz Albert von Sachsen-Coburg, den Ehemann von Königin Victoria. Man kann dann die weitere Verbreitung in den Norden und Osten verfolgen, über Dänemark ins norwegische Königshaus. Fast ein Jahrhundert früher soll der Weihnachtsbaum bereits durch Peter den Großen an den russischen Zarenhof in St. Petersburg gelangt sein.

Wann genau Familien den Brauch übernahmen und Bäume in ihr Wohnzimmer holten, ist schlicht nicht bekannt. Wiederum besonders Straßburger Chroniken berichten darüber aus der ersten Hälfte des 17. Jahrhunderts. Und natürlich finden sich Polemiken von besorgten evangelischen Theologen, die wohl weniger den Adel als die Bürger im Visier hatten. Der Straßburger Professor und Pfarrer am Münster, Johann Conrad Dannhauer, spielt 1637 den »Weihnachts- oder Tannenbaum« als »Lappalie« gegen das »Wort Gottes« aus.

Noch einschlägiger für die Aufnahme in bürgerlichen Wohnzimmern sind Beschwerden von Förstern. Schon 1539 existiert in Straßburg ein Verbot zum Schlagen von Bäumen um die Weihnachtszeit. Eine Waldordnung aus dem lothringischen Ammerschweier erlaubt 1561 jedem Bürger das Schlagen eines Baumes bis zur Höhe von »acht Schuh«, immerhin knapp zweieinhalb Meter. 1787 spricht der Oberforstmeister Wedel in Weimar von der »Barbarei, Christbäume zu fällen«. Um 1795 drängt man andernorts Schlagwillige von Fruchtbäumen ab, die den Obstanbau im Land gefährdeten, aber auch zeigen, dass das Grün noch Alternativen kannte, wahrscheinlich Barbarazweige (am Tag der heiligen Barbara am 4. Dezember), die sich bis heute aufgrund ihres Erblühens genau zum Hauptfest als Brauch erhalten haben. Für 1804 hat sich eine »Bayerisch-schwäbische allerhöchste Verordnung« erhalten, die den »der Forstkultur so nachtheiligen und ganz zwecklosen Missbrauch abzustellen« befiehlt. 1840 werden in Würzburg erstmals zur Verhütung von Waldschäden eigens zum Verkauf aufgezogene Christtannen angeboten.

Zu dieser Zeit, spätestens um 1800, hatte sich der Weihnachtsbaum weithin durchgesetzt, mittlerweile seine Kerzen erhalten, von denen schon kurz nach 1730 der Wittenberger Rechtsdozent Gottfried Kissling berichtete. Goethes Jugendfreund Johann Heinrich Jung-Stilling, der mit dem Dichter zusammen in Straßburg studiert hatte, berichtete 1793 von einem »hell erleuchteten Weihnachtsbaum«. Eines der bekanntesten Zeugnisse findet sich im folgenden Jahr bei Goethe selbst, der in Die *Leiden des jungen Werthers* einen lichtergeschmückten Baum präsentiert. Ehe sich der Titelheld von Lotte trennt und sich erschießt, erscheint er ein letztes Mal in ihrem Haus – am Sonntag vor Weihnachten (an Heiligabend wird er ohne Priester beerdigt). Lotte ist mit den Geschenken für ihre Geschwister beschäftigt, Werther spricht »von dem Vergnügen, das die Kleinen haben würden, und von den Zeiten, da einen die unerwartete Öffnung der Türe, und die Erscheinung eines aufgeputzten Baumes mit Wachslichtern, Zuckerwerk und Äpfeln in paradiesische Entzückung setzte«. Fast kann man von der Standardsituation der kommenden Jahrhunderte sprechen, die in dieser frühen Zeit dazu dient, ein tragisches Schicksal zu konturieren, das für Jahrzehnte das Bürgertum elektrisierte. Übrigens bietet Goethe noch 1821 ein Gedicht zur Weihnachtsfeier am Weimarer Hof, das den Brauch in den wichtigsten Einzelheiten wieder genauso überliefert: »Bäume leuchtend, Bäume blendend, / Überall das Süße spendend, / In dem Glanze sich bewegend, / Alt und junges Herz erregend ...«

Und immer wieder verbindet sich der Lichterbaum an Weihnachten mit Besonderem. 1774 versammelte sich eine ganze Riege von Jungromantikern im Wandsbeker Schloss der Grafen von Stolberg unter einem erleuchteten Tannenbaum: Matthias Claudius, Friedrich Heinrich Jacobi, Friedrich Gottlieb Klopstock sind darunter, wobei Friedrich Leopold von Stolberg den hoch im Baum aufgehängten Apfel herunterangelte und ihn einer jungen Frau übergab, womit die Verlobung besiegelt war. Bis ins preußische Königshaus wurde in diesem Glanz nicht nur gefeiert, sondern gewissermaßen das Familienglück vorgeführt. So gibt es jedenfalls ein Gemälde wieder, auf dem Friedrich Wilhelm III. mit Ehefrau Luise neben Kerzenbaum und Gabentisch die Glückwünsche ihrer Kinder entgegennehmen. Mittlerweile ist auch das Beschenken der Kinder kaum noch ohne Baum denkbar, wobei sich die harmlosen »Spielwerke« im *Werther* kräftig weiterentwickelt haben. Wilhelm von Humboldts Ehefrau Caroline türmt 1815 für ihre acht Kinder bei der häuslichen Feier (in Abwesenheit Wilhelms, der in diplomatischen Diensten auf dem Wiener Kongress unterwegs ist) einiges auf, allein für den ältesten Sohn ein »Theater« sowie eine Schwadron Kosaken.

Zu dieser Zeit gehörte der Tannenbaum noch zum evangelischen Milieu, wurde in katholischem beargwöhnt – Katholiken hatten eben ihre Krippen. Noch 1885 gibt es in der Hannoverschen Zeitung einen Bericht, der den Unterschied dieser beiden Formen des Brauchtums hervorhebt. Und 1896 ist es ausgerechnet ein Elsässer Blatt, nämlich die *Schlettstadter Zeitung*, die in der damals üblichen Boshaftigkeit vom Protestantismus als »Tannenbaum-Religion« spricht. Benediktinerpatres empfahlen zu dieser Zeit immer noch katholischen Geistlichen, ihre Schäfchen an Weihnachten zur »katholischen Feier um die Beichtstühle« zu scharen statt um den Christbaum. Bekanntlich blieb es nicht dabei, die Kriegserfahrungen von 1870/71 und dann noch viel stärker im Ersten Weltkrieg führten nach der Internationalisierung zur Überkonfessionalität. Die als »erste Illustrierte« bekannte *Gartenlaube* von 1871 berichtet über eine Weihnachtsfeier mit Christbaum in Grönland. In Paris wurden 1890 mehr als 30 000 Bäume zum Verkauf angeboten – die Eisenbahn machte es mittlerweile möglich. Als die italienische Regierung 1935 den Baumverkauf untersagte und der *Osservatore Romano* gegen den heidnischen Brauch wetterte, brachen erst recht die Dämme – auch das katholische Italien bekam seine Weihnachtsbäume. In Russland kehrte der 1929 aus ganz anderen Gründen verbotene Christbaum 1935 als Neujahrstanne wieder. Kemal Atatürk soll 1936 den Brauch aus forstwirtschaftlichen Gründen untersagt haben.

Bei dieser Karriere muss zum Schluss die Frage gestellt werden, was überhaupt die Erfindung ausgelöst und vor allem für lange Zeit attraktiv gemacht hat. Dabei wurden verschiedene Argumente vorgetragen. Eines beruft sich auf die Schriftlesung zum Weihnachtsfest, den Text aus dem Johannesevangelium, wo es heißt: »Und das Licht leuchtet in der Finsternis und die Finsternis hat es nicht erfasst« (Joh 1,5). Die ohnehin mehr der Bibel als der Liturgie zugewandte Religion habe sich mit dem Weihnachtsbaum einen Ort der Besinnlichkeit geschaffen: der Beförderung des Lesens oder auch Betens eben – siehe Luthers wenn auch anachronistisches Bild unterm Weihnachtsbaum. Eine andere Theorie geht von einem anderen

Baum aus, der »hinter« dem Weihnachtsbaum stehe: der Apfelbaum aus dem Alten Testament, an dem sich Adam und Eva einst versündigten. Tatsächlich ist in schriftlichen Zeugnissen gelegentlich vom »Paradiesgärtlein« oder einfacher »Paradies« die Rede, in dem ein entsprechendes »Paradiesspiel« aufgeführt wird mit dem dramatischen Auftritt der Schlange und ihrer Verführungsrede. Und noch etwas scheint gut zu passen. Am Vortag von Weihnachten, am 24. Dezember, feiert die katholische Kirche das Fest von Adam (vormittags) und Eva (nachmittags). War nicht schon damit der Weihnachtsbaum prädestiniert, den Paradiesbaum »abzulösen«?

So trug es im Jahr 1861 Paulus Cassel in seinem umfangreichen Buch *Weihnachten. Ursprünge, Bräuche und Aberglauben* vor. Paulus war Schüler Jacob Grimms gewesen und kannte natürlich dessen *Mythologie*, die er gewissermaßen fortsetzen zu können glaubte. Nur ging er dabei nicht auf germanische Ursprünge zurück, sondern auf jüdische. Schon im Alten Testament nämlich tauchten bei Festen Bäume auf, vor allem beim Laubhüttenfest. Die Juden feierten dieses Fest der Erinnerung an die Wüstenwanderung (mit Unterkunft in schlichten Hütten) mit Palmzweigen und Baumbüscheln, daneben mit Myrten. Nach dem Evangelisten Johannes wird auch Jesus in Jerusalem mit Palmzweigen begrüßt, für die in nordischen Ländern Buchsbaum einspringen musste, obwohl der Sonntag immer noch Palmsonntag hieß. Grünes also, weil dies die Symbolik der Freude und des Neubeginns am besten ausdrückt. Als dieses Grün Weihnachten erreichte, kam nur noch Immergrün in Frage, in England die Myrte, gefolgt von der Stechpalme bzw. dem Christusdorn. Auf dem Festland, in Deutschland vor allem, sei der Weihnachtsbaum an diese Stelle getreten, die Fichte oder Tanne. Neben den Kerzen, die dem Lichtfest entsprechen, trägt der Weihnachtsbaum Äpfel – er sei also wirklich der Paradiesbaum, dessen Früchte nun folgenlos verspeist werden können.

Hierzu muss man allerdings sagen: Der Weihnachtsbaum ist reichlich jung für diese Theorie. Wenn es wirklich diese Beziehung gegeben hätte, wenn sie irgendwie leitend für den späteren Brauch gewesen wäre, müsste man dies viel früher erwarten. Aber der

Weihnachtsbaum kam eben spät, sogar nach der Reformation, die mit ihrer Bibelkenntnis speziell hinsichtlich des Alten Testaments doch am ehesten die Parallele hätte herstellen müssen. Der Charme von Cassels Theorie lag in der Tatsache, dass es im Judentum mit Pessach, Schawout (am 50. Tag nach Pessach) und eben dem Laubhüttenfest drei Hauptfeste gab – wie im Christentum mit Ostern, Pfingsten und Weihnachten. Nur war es eher ein jüdisches Nebenfest, das zur christlichen Trias besser passte und nach der Schoah auch in diesem Sinne aufgefasst wurde: Chanukka, das Fest zur Erinnerung an die Wiedereröffnung des zweiten Tempels nach dem Sieg der Makkabäer im Jahr 164 v. Chr., das von Anfang an als Lichterfest gefeiert wurde – am 25. Tag des Wintermonats Kislew (nach dem Mondkalender). Wo jüdische und christliche Gläubige zusammenleben, ist daraus mittlerweile sogar ein ebenso hybrides wie sympathisches »Weihnukka« geworden.

Festzuhalten ist nach all dem zuletzt: Der lichterbesetzte Weihnachtsbaum gehört zum Brauchtum, mit dem Weihnachten ein Gesicht erhält, das sich mehr und mehr von den liturgischen Grundlagen entfernt. Luther kannte ihn nicht und hätte wohl protestiert, so wie einige seiner Nachfolger wirklich protestierten. Die katholischen Widersacher wussten durchaus, weshalb sie sich lange Zeit nicht auf den Baum einließen. Aber ihre Bedenken wurden ebenso überrollt wie die ihrer Konkurrenten. Weihnachten wurde sogar mehr noch als mit der Krippe mit dem Baum identifiziert – und entfernte sich damit auf Dauer immer mehr von seinen Ursprüngen.

Aufklärung

Im Zusammenhang mit der Krippenkunst war von der Aufklärung in Anführungszeichen die Rede gewesen, als es um eine übertrieben abweisende Behandlung allen Brauchtums im Zeichen der „Vernunft" ging. Aber die Aufklärung hatte auch eine andere, weltgeschichtlich wesentlich bedeutsamere Seite, die nicht zuletzt Weihnachten betraf. Denn mit der Aufklärung war die Form der historisch-kritischen Bibelkritik verbunden. Man nahm also die komplizierte Situation von Quellen, Vorstufen, Textentstehung und redaktionelle Änderungen bei der Überlieferung biblischer Texte genau in den Blick und entlarvte so die weihnachtlichen »Geschichten« als Mythen.

Am Anfang steht ein heute nur noch Spezialisten bekannter französischer Theologe namens Richard Simon, der von 1638 bis 1712 lebte. Er gehörte dem katholischen Orden der Oratorianer an, einer Vereinigung von Priestern und Laien ohne Gelübde, die sich vor allem der religiösen Erziehung widmeten und in diesem Punkt zu Rivalen der Jesuiten wurden. Simon betrieb biblische und orientalische Studien, wobei er im Kontakt mit jüdischen Gelehrten stand. Sein Hauptwerk trägt den Titel *Histoire critique du Vieux Testament (Historische Kritik des Alten Testaments)*. Als die ersten Exemplare 1678 vorlagen, schritt der mächtigste Bischof Frankreichs und bevorzugte Kanzelredner am Hof Ludwigs XIV. ein: Jacques-Bénigne Bossuet. Der von Jesuiten erzogene Kämpfer gegen den Protestantismus ließ die druckfrischen Bücher beschlagnahmen und verbrennen. Im gleichen Jahr trat Simon aus dem Orden aus, um seinem Hinauswurf zuvorzukommen. Aber das Werk erschien dann doch in einer Neuauflage 1685 im toleranteren Rotterdam. Damit war die Begründung der historisch-kritischen Methode in der Welt. Ohne sie sollte zukünftig Textbetrachtung auf wissenschaftlichem Niveau nicht mehr möglich sein. Die Bibel hatte dies möglich gemacht – und nicht zuletzt, wie wir sehen werden, Weihnachten.

Simon richtete sich mit seinem Buch keineswegs gegen die katholische Kirche, in der er weiter als Priester fungierte und täglich die Messe las. Er attackierte vielmehr in erster Linie die reformatorische Lehre vom Primat der Bibel, indem er zeigte, dass die biblischen Berichte allesamt im Nachhinein entstanden und vor allem nicht im Original vorliegen, worauf zahllose Widersprüche und Verderbnisse zurückgehen. Die Wahrheit des christlichen Glaubens kann daher nach Simon nicht auf einer »ursprünglichen« Quelle beruhen, die sich auch noch der Inspiration durch den Heiligen Geist verdanken soll. Daher zerstöre die historisch-kritische Untersuchung nicht den Glauben, vielmehr verdanke sich der Glaube der »apostolischen Tradition« und damit den Lehren der Kirche, die die »problematische« Offenbarung erst in eine überzeugende Form brachte. Der kritische Umgang mit der Bibel diene so gesehen der Bereicherung und Vertiefung des Glaubens.

Für Bossuet war dies allerdings eine einzige Kampfansage, die auch nicht durch die Attacke auf den Protestantismus besser wurde. Bossuet ging eben doch von der Inspiration jedes einzelnen Bibelwortes durch den Heiligen Geist aus, wie es dann auf dem Ersten Vatikanischen Konzil 1870 zum Dogma erhoben und von der päpstlichen Bibelkommission 1907 und 1908 in entsprechenden Dekreten bestätigt werden sollte – selbst das Zweite Vatikanische Konzil brachte lediglich eine Abschwächung der These, sofern man den biblischen Autoren »auch« Eigenständigkeit zubilligte.

Simons Bibelkritik galt jedenfalls den Zeitgenossen als Angriff auf die Religion, ja erwies sich als Beginn einer Diskussion, die sehr rasch die Frage aufwarf, ob man die Bibel überhaupt zur Begründung von Moral brauche oder nicht auch ein rein auf die Vernunft gegründeter Glaube an Gott ganz ohne biblisches Fundament genüge, wie es der sogenannte »Deismus« formulierte. Zahllose Publikationen erschienen dazu vor allem in Frankreich und England, stets begleitet von Verboten bzw. Einschüchterungsversuchen seitens der Kirchen. Auch in Deutschland vertrat ein Professor mit ausgeprägten Kenntnissen in orientalischen Sprachen die brisante Theorie: Hermann Samuel Reimarus, geboren 1694. Der in Philosophie und Theologie bestens Bewanderte war vier Jahrzehnte lang Rektor des Gymnasiums in Wismar an der Ostsee, wo er sich in aufklärerischen Kreisen bewegte und eine Reihe von Schriften philosophischen und theologischen Inhalts publizierte. Eine davon aber ließ er nicht drucken, weil er einen Eklat à la Simon vermeiden wollte: die *Apologie oder Schutzschrift für die vernünftigen Verehrer Gottes.*

Das Werk kursierte jedoch als Manuskript, das – nach dem Tod des Verfassers im Jahr 1768 – Lessing in die Hände fiel, damals

Bibliothekar bei Herzog August in Wolfenbüttel. Lessing wagte eine gekürzte Publikation in Raten zwischen 1774 und 1778 unter dem Titel *Fragmente eines Ungenannten* in doppelter Anonymität: ohne Hinweis auf Reimarus als Autor und auf sich selbst als Herausgeber. Nur wurde rasch alles bekannt – und der Skandal war da. Vor allem der Hamburger Hauptpastor Johann Melchior Goeze, ein ebenso wortgewandter wie kenntnisreicher Mann, führte die Attacke, auf die Lessing 1778 in fingierten Briefen unter dem Titel *Anti-Goeze* antwortete. Es war ein Schauspiel besonderer Art, das sich vor einem interessierten und nicht zuletzt skandallüsternen Publikum entwickelte. Dann schritt Lessings Dienstherr Herzog August ein und verbot seinem Untergebenen eine Fortsetzung des Streits. Man kennt jedoch das Ende: Lessing hielt sich daran, keine fingierten Briefe mehr zu verfassen, und schrieb stattdessen das Theaterstück *Nathan der Weise*, das in seiner Ringparabel die entscheidende Botschaft enthält: Alle Religionen stützen sich auf »Geschichten«, die nicht »wahr« sind und auch nicht sein müssen, weil es eben »Geschichten« sind, die die entscheidende Lehre bildlich fassen. Das Fazit ist dann nichts anderes als die Forderung nach Toleranz.

Was sich in dieser Formulierung womöglich harmlos anhört, las sich bei Reimarus durchaus angriffslustiger. Denn der sprach von einem »Katechismusglauben unsrer Kindheit«, der ein »blinder Glaube« sei, weil er automatisch angenommen wurde und statt »Vernunft« »lauter blinde Vorurteile« enthalte. Man müsse entsprechend zwischen der Verkündigung Jesu und einem Christusglauben der Apostel unterscheiden, der von Anfang an auf Verfälschungen beruhte. Sämtliche Evangelien stammten »aus bloßem Hörensagen« und seien mit »fremden Legenden« ausgeschmückt. Weil Jesus »als der verheißene Messias vorgestellt« werden sollte, griff man auf »Weissagungen und Zeichen« zurück, von Betlehem bis zur Mutter Jesu als Jungfrau.

Die gesamte Geburtsgeschichte wird damit zur literarischen Fiktion, erkennbar bereits daran, dass die Evangelisten ihre je eigene Geschichte vortrugen, die sich entsprechend widersprachen. Bei Matthäus wolle Josef Verantwortung für das uneheliche Kind übernehmen, Lukas mache sich dagegen »keinen Skrupel darüber«. Lukas lasse die Hirten zur Krippe kommen, Matthäus die Magier ins Haus. Besondere Skepsis äußert Reimarus gegenüber dem Stern als einem »wiedersinnig Phänomenon«. Woher sollten die Weisen wissen, dass dieser den König der Juden anzeige? Wenn es »aus einer beigefügten Offenbarung« hervorging, sei der Stern »umsonst geschaffen«. Und überhaupt: Wie soll ein Stern »unterwegs geruhet haben, so die Magi sich lagerten«, und wie soll er »über dem Haus stehen« geblieben sein? Alles ganz unwahrscheinlich und letztlich aus dem Alten Testament entlehnt, wo den Juden beim Auszug aus Ägypten ein Stern voranging. Nicht nur Widersprüche machen die Evangelien bei Anwendung der historisch-kritischen Methode verdächtig, sondern auch ein schlichter Quellenvergleich. Man muss nur einmal die beiden voneinander abweichenden Stammbäume Jesu in den Evangelien von Matthäus und Lukas nebeneinanderlegen.

Reimarus hat letztlich Simon fortgesetzt, mit der gleichen historisch-kritischen Methode der Bibelinterpretation, die jedes Wort in seinen Kontext rückt, es mit anderen Worten vergleicht und so die Aussage als persönliche Ansicht des Autors ermittelt – und nicht als göttliche Offenbarung. Lessing hat die Methode von Reimarus zweifellos gebilligt, allerdings selbst noch einen anderen Weg eingeschlagen, der sich in seiner letzten großen religionskritischen Schrift zeigt: der *Erziehung des Menschengeschlechts*, begonnen im Kampfjahr mit Goeze 1777, vollendet 1780. Die Idee ist dort, die Bibel in einen Entwicklungsprozess der menschlichen Aufklärung zu stellen: Auf der ersten Stufe (im Alten Testament) beruhe die Moral auf unmittelbar sinnlichen Strafen und Belohnungen. Auf der zweiten (im Neuen Testament) würden Lohn und Strafe ins Jenseits verlagert. Auf der dritten Stufe bedürfe es keiner Belohnungen und Strafen mehr, weil die menschliche Vernunft selbst über Gut und Böse zu entscheiden in der Lage sei. Alle Völker entwickelten diese Stadien, die Aufklärung bringe dann die letzte und höchste, die die ersten entbehrlich mache. In Lessings Worten: Nachdem wir die Offenbarungen »angestaunt« haben, haben wir

Gerloff Hiddinga: *Porträt von Hermann Samuel Reimarus*, 1749

zuletzt gelernt, ihre Wahrheit aus der Vernunft selbst »herzuleiten«. Oder noch klarer: Die offenbarten Wahrheiten »waren noch keine Vernunftswahrheiten; aber sie wurden geoffenbaret, um es zu werden«. Und zuletzt: Die »völlige Aufklärung« bringt eine »Reinigkeit des Herzens« hervor, »die uns die Tugend um ihrer selbst willen zu lieben fähig macht«.

Lessing spricht dabei biblische »Geschichten« an wie etwa den Turmbau zu Babel im Alten Testament, aber vermeidet polemische Vokabeln wie »Fälschung« oder »Priestertrug«, die in der Vergangenheit stets Verbote provoziert hatten. Wenige Jahre später, 1788, erging auch in Preußen ein Religionsedikt, das kirchen- und religionskritische Schriften zensierte. Einer der wichtigsten Betroffenen war damals Immanuel Kant mit seinem Buch *Die Religion innerhalb der Grenzen der bloßen Vernunft*, das nach heftigen Angriffen, unter anderem vom König persönlich, erst 1794 erscheinen konnte und zu einem Verbot weiterer Behandlung des Themas führte. Kant hatte den von der Vernunft nicht begleiteten Glauben an Offenbarungswahrheiten und auch die auf diesem Glauben basierenden Kulthandlungen angegriffen. Allerdings sucht man bei ihm wie schon bei Lessing das Stichwort »Weihnachten« vergebens. Aber Weihnachten war selbstverständlich mit betroffen, sofern es auf biblischen »Geschichten« beruht, deren »Wahrheit« durch die historisch-kritische Methode mittlerweile als widerlegt galt. Die Idee der Freiheit, der Unsterblichkeit der Seele und die Idee Gottes waren für Kant Forderungen der Vernunft, für die die Religion lediglich Bilder lieferte, die schlichte Gemüter befriedigten, allerdings auch für schlichte Gemüter unverzichtbar waren. Ansonsten galt für ihn der Satz: »Alles, was außer dem guten Lebenswandel der Mensch noch tun zu können vermeint, um Gott wohlgefällig zu werden, ist bloßer Religionswahn und Afterdienst Gottes.«

Nur wenige Jahre später suchte ein Theologe mit denkbar breiter philosophischer Bildung die Religion noch einmal zu verteidigen, ohne die Ergebnisse der historisch-kritischen Analyse in Frage zu stellen – wenn man so will: die Ausarbeitung einer »aufgeklärten Theologie«. Friedrich Schleiermacher tat dies in einer Schrift ausgerechnet zum Thema Weihnachten. Der Titel lautet *Die Weihnachtsfeier. Ein Gespräch*, erschienen 1806. Schleiermacher war damals nach einem ersten Wirken als Prediger gerade außerordentlicher Professor für Theologie in Halle geworden, bevor er wenige Jahre später in Berlin als ordentlicher Professor und Prediger an der Dreifaltigkeitskirche zur Berühmtheit aufstieg. Dabei war es ihm schon 1799 in seiner Schrift mit dem bezeichnenden Titel *Über die Religion. Reden an die Gebildeten unter ihren Verächtern* um eine Rettung der kirchlich gebundenen Religion gegangen, die Vernunftmaßstäben gerecht wurde. Wieso wurde dann Weihnachten das entscheidende Thema? Und vor allem: Was wurde damit aus Weihnachten?

Sagen wir zunächst, dass der kleine Text nicht einfach zu lesen ist. Es geht um eine häusliche Weihnachtsfeier, an der drei Frauen, drei Männer und das Mädchen Sofie teilnehmen, bis zuletzt noch ein weiterer Gast mit mehr als symbolischem Namen auftritt – Joseph. Die Frauen erzählen rührende Geschichten über Geburten, die von ständigem Klavierspiel stimmungsvoll untermalt werden. Die Männer diskutieren über den Sinn von Weihnachten. Das altkluge Mädchen weiß »am besten«, worum es bei Weihnachten geht, wenn man von Joseph absieht, der zum Schluss mit kritischem Blick auf die Männer sagt, er sei nicht gekommen, um »Reden zu halten«, sondern »sich mit allen anderen zu freuen«. Schleiermacher hat also sein Thema auf Dialogpartner verteilt, womit er letztlich etwas aufnimmt, was ihn zu dieser Zeit sehr beschäftigte: Er begann gerade mit seiner Platonübersetzung, die bis heute benutzt wird – eine Sammlung von Dialogen bekanntlich. Man kann also an keiner Stelle sagen, dass sie Schleiermachers Meinung über Weihnachten »enthält«, vielmehr ist diese Meinung »dialogisch« zu verstehen, was allein schon als ein neues philosophisches Programm gegen die damalige »Systemphilosophie« etwa eines Kant verstanden sein will.

Aber Schleiermacher ist eben Theologe und hat zu Weihnachten durchaus eine klare Meinung. Es kommt ihm bei diesem Fest nicht auf seine biblische Grundlage an, auch nicht auf Christus, sondern auf die familiäre Feier, in der gemeinschaftlich das Mysterium der Geburt eines Kindes als Grundlage von »Frömmigkeit« begangen wird. Schleiermacher lässt – durchaus zum Entsetzen seiner (nicht nur) damaligen theologischen Kollegen – jede Form von Dogmatik hinter sich und will auf diese Weise die Religion retten. Nur vollzieht sich das Wesentliche nicht mehr in einer Kirche, auch nicht in der monologischen Predigt des einen »Wissenden« in Richtung seiner Gemeinde, sondern in dieser Gemeinde selbst bzw. in einer solchen, die im geselligen Austausch das Wesentliche hervorbringt. Dafür kommt nur ein kleiner Kreis in Frage, aber Schleiermacher spezifiziert ihn noch genauer: als Freundes- und Familienkreis mit Frauen, Männern, Kind. Heutigen Feministinnen sträuben sich die Haare, wenn sie die dialogische »Zuständigkeit« wahrnehmen, bei der die Frauen zusammen mit dem Kind eben die »Naiven« darstellen, die von »Natur« aus der »Wahrheit« näherstehen, während sich die Männer erst einmal mit ihrer Rechthaberei profilieren. Und auch das Ergebnis wird heute kaum noch überzeugen: Schleiermacher möchte Religion durch »Religiosität« ersetzen, in einer ebenso »mystischen« wie kaum fassbaren Form, bei der die Musik letztlich eine größere Rolle spielt als die Vernunft.

Letztlich deutet Schleiermacher Weihnachten damit zum Familienfest um, das es wirklich werden sollte, er gibt ihm jedoch noch einmal einen religiösen Bezug, ja schafft theologisch etwas Bemerkenswertes: Im Zentrum der Feier steht der Akt des Schenkens. In diesem Schenken liegt eine Erinnerung daran, dass Menschen grundsätzlich abhängig sind und dass diese Abhängigkeit auf einen christlichen Gott verweist, der die Abhängigkeit nicht in einen Absturz münden lässt. Das kann man nun glauben und im Familienerlebnis mit dem Beschenken des Kindes Sofie auf symbolische Weise deutlich werden lassen. Der Untergang der »Geschichte« als dogmatische Basis ist dann regelrecht vorgeführt: Sofie darf für die Feier »Spielwerke« herrichten, die »viele wichtige Momente aus der äußeren Geschichte des Christentums« darstellen – Spielwerke eines Kindes mit dem Scheiterhaufen von Jan Hus und der Verbrennung der päpstlichen Bulle durch Luther. Die eigentliche Szene mit der »Heiligen Familie« ist im verdämmerten Hintergrund zu finden, aus dem lediglich »die Mutter« (nicht Jesus) etwas hervortritt. Es geht also letztlich um eine Art von »Gemütsharmonie« als Religiosität, weihnachtliche Frömmigkeit als Feier von familiärem Zusammenhalt mit besonderer Berücksichtigung der Mutterschaft und der Sorge für die Kinder.

Wie nahe dies in religiöser Hinsicht dem endgültigen Aus kommt, zeigt letztlich die Tatsache, dass das Fest nicht in der Kirche stattfindet, sondern in einem Wohnzimmer. Ohne anwesenden Priester entsteht religiöse Erfahrung autonom, ohne Autorität oder gar Indoktrinierung unter lediglich dialogfähigen und dialogwilligen Menschen, in einem »Chor von Freunden«, bei »gänzlichem Verschmelzen ihrer Naturen«, wie es im Text heißt. Dieter Schellong hat in seiner Interpretation zurecht hervorgehoben, dass diese Verlagerung nur bei Weihnachten funktionieren konnte. Weihnachten vertrug gewissermaßen die aufklärerische Entmythologisierung besser als Karfreitag und Ostern, brach mit der historischen Kritik an den biblischen »Geschichten« nicht zusammen, sondern erlaubte der christlichen Gemeinde letztlich, »sich selbst« zu feiern: in einem »Symphilosophieren«, dem Schleiermacher in seiner Theorie der Hermeneutik als einer Kunst des Verstehens ein ganz eigenes Gepräge geben sollte. Übrigens hat er in seiner späteren *Glaubenslehre* den Vorzug von Weihnachten gegenüber Ostern ausdrücklich hervorgehoben, wenn man liest: »Die Tatsachen der Auferstehung und der Himmelfahrt Christi sowie die Vorhersagung von seiner Wiederkunft zum Gericht können nicht als eigentliche Bestandteile der Lehre von seiner Person aufgestellt werden.«

Man kann die Skepsis der Theologen angesichts der Rettung des religiösen Bezugs von Weihnachten mit diesen Mitteln verstehen. Und so öffnet sich nach oder auch trotz Schleiermacher gewissermaßen eine Schere: als Feier des Festes bei Erhaltung der Dogmatik gegen die Bibelkritik der Aufklärung auf der einen Seite und als Preisgabe der Dogmatik aufgrund der gleichen Bibelkritik mit dem Ergebnis totaler Säkularisierung auf der anderen. Beide Wege sind seit dem 19. Jahrhundert, und zwar trotz offenkundiger »Unlogik« in weitgehender Vermischung, begangen worden. Man weiß noch vom Ursprung des Festes mit der Geburt des göttlichen Kindes, benutzt dies aber als Hintergrund einer Familienfeier, die sich mit ihrem Brauchtum dem zermürbenden Kampf gegen eine zunehmend fremde Welt entgegenstemmt. Und noch etwas ist kennzeichnend für die neuartige Feier des Festes: Das Schenken war schon immer an die Figur des heiligen Nikolaus gebunden gewesen. Er war gerades zu die katholische Alternative zum protestantischen Christkind. Aber im Zuge der Säkularisierung erweist er sich als ideale Figur des Kompromisses, wird zum »Weihnachtsmann«, der letztlich beide Vorgänger ablöst und dem Weihnachtsfest – jenseits oder neben der religiösen Feier – endgültig das Gepräge jenes Familien- und Schenkfestes gibt, das sich weltweit am stärksten durchgesetzt hat. Darauf ist später noch einzugehen.

Verbürgerlichung

Man kann die Entwicklung des Weihnachtsfestes selbstverständlich nicht ohne einen Blick auf die sozialen Voraussetzungen verstehen. Sie liegen in den weltgeschichtlich bedeutsamen Ereignissen der sogenannten »Doppelrevolution« des 18. Jahrhunderts: politisch in der Französischen Revolution und ökonomisch in der Industriellen Revolution. Aus beidem zusammengenommen, aber in den verschiedenen Ländern auf verschiedene Weise, entwickelte sich in Europa der Nationalstaat mit einer immer reicher werdenden Bourgeoisie, einer äußerst dünnen Schicht (unter einem Prozent der Gesamtbevölkerung) akademisch gebildeter Beamten und dem Millionenheer einer verelendenden Arbeiterschaft in den prosperierenden Städten. In Deutschland ergibt sich die Besonderheit einer späten und auch wenig geglückten Nachholung der politischen Revolution 1848, die das Bürgertum von politischer Mitwirkung weitgehend ausschloss und damit den Rückzug in die Intimität der Familie besonders förderte. Es ist kein Wunder, dass das Weihnachtsfest bei den europäischen Nachbarn viel länger als fröhliches Gemeinschaftsfest gefeiert wurde, während es sich in Deutschland bürgerlichen Vorstellungen der »Heimeligkeit« anpasste. Nicht umsonst ist der Weihnachtsbaum eine deutsche Erfindung gewesen.

Auch das Schenken, das schon vor der Reformation einen wesentlichen Inhalt ausmachte und lange Zeit mit der Idee des Geschenks der Geburt Jesu verbunden war, entwickelt sich in eine neue Richtung: Es wird als Disziplinierungsmaßnahme in die Kindererziehung eingebaut, stabilisiert eine Gesellschaftsordnung, die von Disziplin immer stärker abhängig ist. Während Luther noch das »Christkind« zum Schenker machte, setzt sich auch in evangelischen Regionen Nikolaus durch. Mit ihm verband sich früh das Arrangement eines Besuchs, bei dem zuerst das Katechismuswissen der Kinder, später das Benehmen im vergangenen Jahr überprüft und schließlich belohnt oder bestraft wurde – Letzteres entsprach gewissermaßen der Vorstellung vom »Buch des Lebens«, das Erwachsenen beim Sterben aufgeschlagen wurde und, je nachdem, in den Himmel oder in die Hölle führte. Die Szenerie unterschied sich zeitlich und regional erheblich. Nikolaus, bei Bedenken wegen des Heiligenkults auch ersetzbar durch ein examinierendes Christkind, wurde bald von einer zweiten Person begleitet, die das Strafen übernahm, nämlich Knecht Ruprecht, der entsprechend als bedrohliche Teufelsfigur mit schwarzem Gesicht und rasselnden Ketten auftrat.

Die Geschenkpädagogik verband sich so gesehen mit einer Pädagogik der Bedrohung, die bizarre Züge annehmen konnte, wie sie uns im Kindlifresserbrunnen von Bern schon begegnet ist. Wer den *Struwwelpeter* des Frankfurter Arztes und Psychiaters Heinrich Hoffmann von 1844 kennt, weiß Bescheid – in diesem Fall genügt ja Daumenlutschen zum Abschneiden des entsprechenden Körperteils und die Verweigerung der Suppe zum Verhungern. Dagegen wird Nikolaus noch verhältnismäßig harmlos instrumentalisiert, wenn er die »bösen Buben«, die einen »Mohren« wegen seiner Hautfarbe verhöhnen, ins Tintenfass steckt und sie anschließend schwärzer als dieser hinter ihm herlaufen müssen. Während Schleiermacher noch daran dachte, dass im Schenken jene »schlechthinnige Abhängigkeit« zu Bewusstsein kommen sollte, die an Gott glauben lässt, wird das Schenken nun an Bedingungen des Wohlverhaltens verknüpft – und zeigt dabei überdeutlich die erwarteten Rollenbilder als Erwachsene, auf die dieses Wohlverhalten ausgerichtet war. Bei Knaben waren die beliebtesten Geschenke militärisches Zinn- oder Blechspielzeug, bei Mädchen Puppen. Auch die bewusste Verwischung der Herkunft dieser Geschenke durch einen leibhaftig auftretenden oder nächtlich wirkenden Nikolaus konnte zur »Objektivierung« des wahren Zwecks beitragen: Irgendwie kam alles »von oben«, wo ohnehin der letzte Grund der geforderten Disziplin lag, nämlich als die Umformung der bloß elterlichen Benimmregeln in unstrittige göttliche Gebote.

Dabei stammten die Geschenke nicht nur nicht »von oben«, sie stammten auch immer weniger aus elterlicher Handarbeit wie noch bei Gebäck oder Äpfeln, sondern kamen schlicht aus dem Handel. Dafür etablierten und verbreiteten sich eigene Märkte, eben die »Weihnachtsmärkte« mit ihrem passenden Angebot. Schon der als Befreier Preußens von schwedischer Herrschaft bekannte Große Kurfürst soll im 17. Jahrhundert einen solchen eingerichtet haben, Mode wurden sie erst viel später. Auch passte sich das Angebot erst allmählich den bürgerlichen Bedürfnissen an. Der Dresdner Striezelmarkt war 1434 noch ein Fleischmarkt, der am Tag vor Weihnachten die Haushalte fürs Festessen ausstattete. Das Bild des Berliner Weihnachtsmarktes, das Johann David Schubert 1796 malte, zeigt demgegenüber ein breites Warenangebot im Sinne von »Geschenken«. Zu dieser Zeit war die Institution bereits in ganz Deutschland verbreitet. Goethe erwähnt in *Dichtung und Wahrheit* den Frankfurter »Christkindchesmarkt« seiner Jugend mit den vielen Buden, in denen sich »die Vorstellung von dem [bildet], was die Welt alles hervorbringt, was sie bedarf, und was die Bewohner ihrer verschiedenen Teile gegen einander auswechseln«. Aber nicht immer wird der Weihnachtsmarkt so freundlich kommentiert. Gottfried Keller beschreibt 1852 in einem Gedicht den Gegensatz von Reichen und Armen, der sich ausgerechnet bei diesem Fest der Liebe besonders krass darbietet (»Mit glühender Nase schleppt der Lakai / Die schwere Tanne von hinnen«).

Mittlerweile hat sich dieser Markt zum festen Bestandteil der städtischen Wirtschaft entwickelt, mit Spezialitäten, die dann in ganz Deutschland nachgefragt werden. Auf dem Nürnberger Christkindlesmarkt erhält man vor allem Pfefferkuchen, Holzspielzeug und Rauschgoldengel. Krippenfiguren kommen aus Tirol, Baumschmuck aus Nürnberg, speziell Christbaumkugeln aus Glasbläsereien im Elsass und in Thüringen. Im Erzgebirge, wo im 19. Jahrhundert der Bergbau zum Erliegen kam und damit der Lebensunterhalt einer ganzen Bevölkerung wegfiel, fertigten die arbeitslos gewordenen Familien einschließlich der Kinder sich über Kerzenlicht drehende Weihnachtspyramiden, Nussknacker, Räuchermänner und jede Art von Baumschmuck. All dies wurde ihnen von ebenso cleveren wie erbarmungslosen Zwischenhändlern zu Spottpreisen abgenommen und zuerst deutschland-, dann weltweit weiterverkauft. Auf der nächsten Stufe folgte für all dies – einschließlich der Süßwaren – die industrielle Herstellung wie etwa im erzgebirgischen Sonnenberg, deren Waren auf eigens dafür eingerichteten Messen oder gar der Pariser Weltausstellung von 1900 angeboten wurden – und im Erzgebirge eine zweite Welle der Arbeitslosigkeit auslöste. Die letzte Steigerung dieser Art von Kommerzialisierung ist mit dem Angebot in den großen Kaufhäusern verbunden.

Gleichzeitig erweiterte sich das Brauchtum, spaltete sich regional auf. In Berlin, wo Weihnachtsbäume schwer zu besorgen waren, erfand jemand ein hölzernes Gestell mit Kerzen auf Querbälkchen, die mit entsprechendem Grün verziert einen ähnlichen Effekt bieten. Arme Familien nahmen es als Ersatz, jüdische als Versuch der Abgrenzung beim schwer vermeidbaren Mitfeiern. Im sogenannten »Rauhen Haus« in Hamburg-Horn, einer Anstalt zur Betreuung gefährdeter Jugendlicher, stellte der zuständige Pfarrer (und spätere Oberkonsistorialrat) Johann Hinrich Wichern 1839 einen Kranz aus Tannenzweigen in den Betsaal, auf dem 24 Lichter die Tage vom ersten bis zum vierundzwanzigsten Advent symbolisierten. In der späteren Reduzierung auf vier Kerzen war er der Ursprung des Adventskranzes, der rasch Verbreitung fand und nach Wichern übrigens den Weihnachtsbaum »ausmustern« und »den Warenhäusern überlassen« sollte. Die Weihnachtszeit wurde damit immer mehr zur Lichterzeit, die schon bald mit Kerzen nicht mehr auskam, jedenfalls sofort die technische Möglichkeit des elektrischen Lichts nutzte, sobald sie zur Verfügung stand: 1912 gab der Lichterbaum auf dem Madison Square von New York die Richtung vor, schon 1924 folgte die Nachahmung im deutschen Weimar.

Weiterhin spielte älteres Brauchtum eine Rolle, das weder aus der Kirche stammt noch zum Wohnzimmer passt: der weihnachtliche Umzug mit seinen Einkehrspielen. Vornehmlich Kinder und Jugendliche beteiligten sich, um Geschenke zu erbetteln. Eine besondere Ausformung boten die bereits erwähnten Sternsinger, die seit dem 16. Jahrhundert (mit gegenreformatorischem Gestus) auftraten und etwa von Rembrandt in einer Radierung um 1640 festgehalten wurden. Vor allem im Alpenland verbanden sich Umzüge dieser Art mit Neujahrsbräuchen, die regelmäßig ausarteten. Die schon behandelte Zeit der Zwölften, der zwölf Tage »zwischen den Jahren«, waren betroffen, und damit gewissermaßen die »öffentliche« Form des Weihnachtsbrauchtums, das zur familiären Feier immer im Kontrast stand, aber auch die subversive Seite eines Festes mit der Verkehrung der Ordnung aufrechterhielt.

Man kennt viele Einzelheiten wieder einmal aus Zeugnissen, die das Einschreiten der Obrigkeit bekunden. Seit dem 16. Jahrhundert wetterten die Theologen gegen die Spiele. Im 17. gab es in Lübeck Streit über die Verteilung der Gaben mit anschließender Prügelei. Auf 1680 datieren in Naumburg Vorfälle, die die Obrigkeit nur noch an Karneval erinnern. So suchte man nach Reglementierung, verlangte das Absingen von geistlichen Liedern statt Auftritten böser Geister mit entsprechendem Verhalten. 1791 etwa berichtete eine Zeitung von »fürchterlichem Geschrei« im Bistum Konstanz, von »Unfug« und »verjährter Bettelei« – in letzter Formulierung erkennt man die Terminologie der Aufklärung. Wenige Jahre später meldete eine andere Zeitung die Abschaffung. Nur täuscht dies darüber hinweg, dass an weniger gut beobachteter Stelle der Brauch weiterwirkte, um dann im 20. Jahrhundert eine Neuauflage unter der neuen Voraussetzung der Folklorisierung zu erhalten – davon wird noch näher die Rede sein.

Als eine der nie umstrittenen und zweifellos nachhaltigsten Formen des Brauchtums in der Weihnachtszeit aber erweist sich

Rembrandt van Rijn: *Der Stern der Könige*, Nachtstück, um 1651

das Lied. Es ist von Anfang an mit so gut wie sämtlichen anderen Formen verbunden, mit dem schon angesprochenen Kindleinwiegen ebenso wie mit dem Sternsingen, an der Krippe wie unterm Weihnachtsbaum. Letztlich stammt es aus der Kirche, löst den liturgischen Gesang ab bzw. trägt ihn in eine neue »private« Umgebung. Frühen, noch im Mittelalter entstandenen Beispielen sieht man die Herkunft an, wenn sie mit dem *Kyrie eleison* der Messe enden, wonach sie auch den Namen der »Leisen« erhielten. *Sei uns willkommen, Herre Christ* wäre ein Beispiel, das bis ins 11. Jahrhundert zurückreichen soll. Auch das Lied *Quem pastores laudavere* (in deutscher Übersetzung vor allem durch eine Bearbeitung von Michael Praetorius bekannt: »Den die Hirten lobeten sehre«) stammt erkennbar aus der Kirche und hat die Besonderheit, dass es in kleinen Chören von verschiedenen Stellen echoartig gesungen wurde. Daraus ergab sich die Tradition des Quempas-Singens in Gottesdiensten und auf der Straße, das besonders im Erzgebirge gepflegt wurde.

Wie schon dargelegt, war es Luther, der bei seinen Verdeutschungen lateinischer Lieder auch Weihnachtslieder berücksichtigte. Ein Beispiel ist der lateinische Hymnus *Veni redemptor gentium* als *Nun komm, der Heiden Heiland*. Gerade dieses Lied erwähnt Liselotte von der Pfalz am 16. Dezember 1699 in einem ihrer Briefe aus Paris in die alte Heimat und hebt dabei ausdrücklich hervor, gemeinsam Gesungenes »amüsiere« den »Herrgott« wohl mehr als die schönste Kunstmusik in der Kirche. Auch auf katholischer Seite wurde fleißig getextet und vertont. *O Heiland, reiß die Himmel auf* stammt von jenem Jesuitenpater Friedrich Spee, der im 17. Jahrhundert den Kampf gegen die Hexenverfolgungen mit dem Argument aufnahm, er selbst würde allein beim Vorzeigen der Marterinstrumente alles zugegeben haben. *Es ist ein Ros entsprungen* ist als »alt katholisch Trierisch Christliedlein« entstanden, es nimmt Bezug auf das »Reis«, das nach Matthäus (Mt 1,1–17) dem Stammbaum König Davids »entsprang« – und gibt gewissermaßen eine Konkordanz als Liedvers mit: »... davon Jesaja sagt.« Der schon eben genannte lutherische Bearbeiter Michael Praetorius, Hofkapellmeister beim Herzog von Wolfenbüttel und erfolgreicher Komponist sowie Musikschriftsteller, hat dem Text die etwas sehr katholisch-marienverehrende Formulierung »bleibend ein' reine Magd« genommen, womit das Lied dann auch ins evangelische Gesangbuch passte.

Kein Advents- oder Weihnachtslied aber kann es an Berühmtheit mit *Stille Nacht, Heilige Nacht* aufnehmen, das heute in fast 300 Übersetzungen die Welt erobert hat. Der Hilfspriester Joseph Franz Mohr schrieb den Text 1816 in Mariapfarr im Salzburger Lungau, in einer Region, die in der napoleonischen Zeit mehrere Herrschaftswechsel erdulden musste und gerade wieder unter Trennung von der bayerisch gebliebenen Mutterpfarrei an Österreich gefallen war. Es war also eine eher »unheilige« Zeit mit Hunger und Elend nach all den Kriegen, in der das Lied entstand und von Franz Xaver Gruber seine Melodie für zwei Solostimmen mit Gitarrenbegleitung erhielt – also nichts für den Gottesdienst, sondern für eine Krippenfeier nach der Mitternachtsmette. Damit erledigt sich auch nebenbei die weitverbreitete Legende, dass der Anlass für die Komposition mit Gitarrenbegleitung eine schadhafte Orgel gewesen sei, die es zu ersetzen galt.

Eine erste Verbreitung erfolgte durch ein Geschwisterpaar aus dem Zillertal, das auf der Leipziger Messe 1832 seine Handschuhe verkaufte und nebenbei Lieder vortrug – darunter eben *Stille Nacht*. Der rasante Aufstieg erfolgte dann durch den Druck als »echtes Tyroler-Lied« in Dresden. 1844 gab der uns schon als Erfinder des Adventskranzes bekannte Hamburger Pfarrer Johann Hinrich Wichern dem Lied die heutige Fassung mit Christus (statt Jesus) »im lockigen Haar«, wobei die theologisch bedeutsamen Zeilen etwa in der fünften Strophe (»Lange schon uns bedacht, / als der Herr vom Grimme befreit, / in der Väter urgrauer Zeit / aller Welt Schonung verhieß«) wegfielen und lediglich die Idylle übrigblieb.

Ein besonders eindrucksvolles Beispiel aus der europäischen Nachbarschaft stellt die Tradition der französischen »Noëls« dar, abgeleitet von *jour natal* (›Geburtstag‹). Gesungen wurden diese Weihnachtslieder seit dem 13. Jahrhundert zu Hause oder in der Kirche, auf Texte sowohl nach vorhandenen Melodien wie als Neuvertonungen. Das bekannte *Ave maris stella* taucht etwa als *Belle étoile de mer* (*Meerstern, ich dich grüße*) auf. Zahlreiche Lieder folgten der Melodie des noch viel bekannteren *Sur le pont d'Avignon*. Im 17. Jahrhundert sind es vor allem Fassungen in sämtlichen französischen Dialekten, die populär wurden. Aber auch Kunstlieder von bedeutenden Komponisten entstanden in dieser Zeit, wie etwa von jenem Marc-Antoine Charpentier, auf dessen *Te deum* die heutige Eurovisionshymne zurückgeht. In der Französischen Revolution wurden die Noëls wie alles Religiöse verboten, kehrten im 19. Jahrhundert jedoch wieder zurück. Orgelbearbeitungen mit entsprechenden Variationen über einzelne Melodien zogen in den Mitternachtsmetten von Weihnachten ein Publikum an, das nicht zuletzt ihretwegen in die Gotteshäuser strömte. Es ist kaum zu viel behauptet, wenn man zusammenfassend den Aufstieg von Weihnachten zum großen Familien- und Schenkfest wesentlich seinen Liedern zuschreibt.

Dies gilt bis heute, auch wenn einzelne Lieder in Warenhäusern zu Tode gedudelt werden. Dieses Schicksal begegnete etwa dem bereits in der Mitte des 19. Jahrhunderts komponierten Lied *Jingle Bells* von James Lord Pierpont, im Originaltitel *One Horse Open Sleigh*, das ursprünglich nicht zu Weihnachten gehörte, sondern sich einer ganz profanen Schlittenfahrt im Winter widmet. Zum Weihnachtslied machte es ein Kirchenchor, der den neuen Text für einen Weihnachtsgottesdienst präparierte und damit eine Lawine auslöste. Im 20. Jahrhundert folgte der nächste Megahit: *White Christmas* von Irving Berlin, einem jüdischen Kantorensohn, der damit Ende der 1930er Jahre seine amerikanische Identität beweisen wollte. Der Schlagersänger Bing Crosby sang es an Weihnachten 1941, also mitten mit Zweiten Weltkrieg, in einer N B C-Radioshow und im folgenden Jahr für den Tanzfilm *Holiday Inn*, in dem ganz nebenbei die *holy days* endgültig zu *holidays* wurden. Unzählige Neuaufnahmen des Liedes mit seiner jazzigen Melodie sollten folgen.

Schließlich produzieren bis in die Gegenwart etliche Sängerinnen, Sänger und Gruppen der Popmusik eigens zu Weihnachten einen Song – fast als Ehrensache. 1984 entstand im Rahmen des Benefizprojektes für Äthiopien Band Aid der Song *Do they know it's Christmas* unter der Organisation von Bob Geldof und unter Mitwirkung von etlichen Pop- und Rockstars. 1989, 2004 und 2014 wurde der Song jeweils von neuen Künstlerinnen und Künstlern öffentlichkeitswirksam eingespielt. Zuletzt sei unter akuter Ohrwurmgefahr an den modernen Klassiker *Last Christmas* von Wham! aus dem Jahr 1984 und an *Santa Tell me* von Ariana Grande aus dem Jahr 2014 erinnert.

Weihnachten zwischen Wandel und Bewahrung

Santa Claus

Die Puritaner – wir erinnern uns – hatten Weihnachten bekämpft und das Feiern zur Zeit ihrer Herrschaft in England 1645 bis 1660 verboten. Wir kennen ihre Argumente, vor allem war der in der Bibel nicht bezeugte Termin für sie ausschlaggebend. Es gab aber weitere, letztlich wichtigere Gründe, nämlich ein Leben in Selbstbestimmtheit, ohne kirchliche Institution mit ihrer Regulierung des religiösen Lebens. Weil dies auf der Insel unmöglich war, zog man schon früh die Konsequenz und suchte sich ein Land, um die Ideale zu verwirklichen. Dieses Gelobte Land war Amerika. Die kleine Gruppe der »Pilgerväter«, besonders konsequente Puritaner, die sich selbst als »Heilige« bezeichneten und sogar die presbyterianische Verfassung der englischen Puritaner ablehnten, sah ihren Auszug ganz biblisch als Exodus aus dem Reich eines Königs mit allen Zügen des ägyptischen Pharaos. Als die Gruppe unplanmäßig (man hatte ein Landpatent für Virginia) in Neuengland landete, feierte man im Herbst 1621 zusammen mit den einheimischen Wampanoag in der Plymouth Colony im heutigen Massachusetts ein dreitägiges Fest: Thanksgiving, ›Erntedank‹, ein schon länger von glücklichen Atlantiküberquerern begangenes Dankfest. Niemand ahnte damals, dass daraus das für lange Zeit wichtigste amerikanische Fest werden sollte, an dem auch heute noch 50 Millionen Truthähne geschlachtet werden.

Weihnachten war dagegen in puritanisch dominierten Regionen tabu. In Massachusetts zeigen die Almanache des 17. Jahrhunderts keinerlei Hinweise auf das christliche Fest, die Geschäfte blieben wie in England in der Hochphase puritanischen Einflusses geöffnet. Aber als Weihnachten in England im Zuge der katholischen Restauration zurückkehrte, machte sich auch in Amerika Widerstand bemerkbar – nur eben ohne institutionellen Hintergrund. Um 1750 war die Wende erreicht. Die kirchliche Feier etablierte sich fast überall unbehelligt. Um 1800 wurde Weihnachten in Regionen mit religiösem Ausgleich wieder als öffentlicher Feiertag begangen. In allen Kirchen fanden Gottesdienste statt, Geschäfte und Banken blieben geschlossen. Der Aufstieg war nicht mehr zu bremsen, erste religiöse Magazine stimmten der Feier ausdrücklich zu.

Zeitgleich aber erinnerte man sich an die Sitten der einstigen Heimat, speziell die Umzüge mit dem Einsammeln von Gaben an Nikolaus. Die Bostoner Armen, die sich als *anticks* (die ›Antiken‹) bezeichneten, stürmten maskiert Häuser respektabler Mitbürger und forderten nachdrücklich das ihnen »Zustehende«. Auf den Straßen New Yorks war es nicht anders. Krimineller Mob sammelte sich, stimuliert von viel Alkohol. Ein New Yorker Theater bot ein Stück mit dem Titel *Santiclaus, or the orgies of St. Nicholas* (*Santiclaus oder die Orgien am Nikolausfest*). Zeitungen der späten 1830er Jahre berichteten über Exzesse von Jugendgangs, die *Herald Tribune* brachte dies mit den römischen Saturnalien in Verbindung, in neuer Form mit Gratisdrinks an Weihnachten. Daneben geriet Weihnachten in den Sog des Rassismus. Vor dem Bürgerkrieg war es seit 1840 in den Südstaaten üblich, an Weihnachten das Haus für Gäste zu öffnen, wozu auch die Sklaven gehörten. Die alte Umkehrung der Ordnung von Arm und Reich kehrte noch einmal wieder. In der *New York Times* war 1867 zu lesen, dass Weihnachten die einzige Zeit im Jahr sei, in der Sklaven nicht arbeiten müssten. Wo dies mit der Ermunterung einherging, sich zu betrinken, waren Ausschreitungen programmiert. Der Pädagoge und Bürgerrechtler Booker T. Washington hörte 1880 in der Weihnachtsnacht ungefähr fünfzigmal den Schrei »Christmas gift!«. In der folgenden Woche legten die Sklaven in Tuskegee die Arbeit nieder, gingen mit Gewehren und Pistolen auf die Straße und nutzten das Fest zu tumultartigen Feiern.

Dagegen formierte sich Widerstand. Schon in den 1840er Jahren wurde Weihnachten in befriedeten Regionen offizieller Feiertag in den USA, 1865 war dies in 27 der damals 36 Staaten der Fall, nur fünf Sklavenstaaten beteiligten sich nicht bzw. warteten mit der Einführung bis 1881. Auch die aus anderen Gründen zurückhaltenden sechs puritanischen Neu-England-Staaten führten das Fest in den Jahren 1845 bis 1861 ein. Mittlerweile wurde ein »wahres« Weihnachten mit traditionellen Bräuchen des Schenkens verteidigt. Erste Partys für Kinder machten die Runde. Es ging nicht mehr um die alte Verbindung mit dem Examinieren oder gar Strafen: Die Kinder wurden vielmehr in Rituale eingebunden, in denen sie als »nicht egoistisch« erscheinen konnten. Gegen die puritanischen Vorstellungen von der unausrottbaren Verderbtheit und Selbstbezogenheit wurde die moderne Pädagogik Pestalozzis aufgefahren, die Verantwortlichkeit trainiert. Dazu dienten Geschenke, die die Kinder nun auch den Eltern übergaben. Dabei wurde das Fest immer feierlicher zelebriert. Mitte der 1820er Jahre zog der Weihnachtsbaum auch in Amerika in die Wohnzimmer.

Es bedurfte allerdings eines weiteren Impulses, um den Wandel zu vervollständigen. Dazu trug entscheidend die Erinnerung an den Heiligen bei, der in der Weihnachtszeit immer von großer Bedeutung gewesen war: Nikolaus. Einer der wichtigsten amerikanischen Schriftsteller des 19. Jahrhunderts, Washington Irving, hatte in jungen Jahren 1809 unter dem Pseudonym Dietrich Knickerbocker eine Satire mit dem Titel *A History of New York* veröffentlicht, die mit viel Spott an den niederländischen Ursprung der Stadt erinnerte. In einer drei Jahre späteren Erweiterung der Satire fügte er einen Traum ein, in dem er Nikolaus in einem fliegenden Wagen schilderte. Später folgten noch fünf weihnachtliche Kurzgeschichten mit Materialien, die Irving von einem Englandbesuch mitgebracht hatte. Sie alle behandeln das Thema des Ausgleichs von Arm und Reich, das gerade im New York des frühen 19. Jahrhunderts als einem sozialen Brennpunkt mit ungebremstem, aber auch aus dem Ruder laufendem Wachstum von überragender Bedeutung war. Nach Meinung des konservativen Irving, der sich den neuen Verhältnissen der Massengesellschaft als traditionsbewusster »Knickerbocker« entgegenstellte, bedurfte es unbedingt der Gegensteuerung. Genau dazu diente Nikolaus, der niederländische Sinterklaas, der Schutzpatron des von Niederländern als Neu Amsterdam gegründeten späteren New York.

Der Nächste, der dies aufnahm, war der von französischen Hugenotten abstammende Kaufmann John Pintard. Er gründete die New Yorker Historische Gesellschaft, die sich ausdrücklich der Aufarbeitung der Tradition widmete, half beim Aufbau der Amerikanischen Bibelgesellschaft und übernahm eine führende Rolle in der hugenottischen Kirche in New York. Pintard, ein »Knickerbocker« wie Irving, träumte ebenfalls von einer Rückkehr der alten patriarchalischen Verhältnisse mit einer »aristokratischen« Dominanz der reichen Kaufmannschaft über die »demokratischen« Neuerer. Dazu gründete er eine Gesellschaft zur Prävention von Armut, sah aber auch die Notwendigkeit, der Initiative einen äußeren Anstoß zu geben. Seit 1810 feierten daher die Mitglieder der Historischen Gesellschaft das Nikolausfest auf einem dafür eigens eingerichteten *St. Nicholas Day banquet* in der City Hall. Dabei dachte der Geschäftsmann in erster Linie an die Verteidigung der Privilegien seiner Klasse. Zugleich aber sollte das Fest die je eigene Familie stabilisieren helfen. Nach dem Bankett in der Historischen Gesellschaft ging Pintard nach Hause, um mit Ehefrau und Kindern Weihnachten zu feiern.

Auch dieser privat-familiäre Aspekt war neu. Denn Weihnachten hatte in Amerika bislang den Charakter des öffentlichen Festes mit dem Ruch des Rebellischen, spielte sich auf den Straßen ab und entwickelte sich noch mehr als in Europa zum Problemfest. Was Irving und Pintard inszenierten, lässt sich letztlich als Gegenbewegung verstehen, als Versuch, gegen das rebellische Weihnachtsfest endlich ein familiär-ruhiges zu etablieren – mit der Berufung auf die alte europäische Tradition der Schenkerfigur Nikolaus. Den Durchbruch zu dieser amerikanisierten Form der Nikolausgestalt brachte ein Gedicht von Clement Clarke Moore mit dem Titel *A Visit from St. Nicholas* (*Ein Besuch des heiligen Nikolaus*), das er 1823 für die eigenen Kinder geschrieben hatte und sich zunächst anonym verbreitete. 1837 autorisierte es der Verfasser. Allein der anschließende Prozess um die Urheberschaft verdeutlicht die Bedeutung dieser Zeilen, die zu den bekanntesten der amerikanischen Literatur wurden. Es ist nicht zu viel gesagt, wenn man behauptet, Moore habe damit Weihnachten für Amerika endgültig zurückgeholt und zugleich grundlegend verändert.

Denn dies zeigt ja bereits der Titel des Gedichts: Weihnachten steht nicht mehr im Zeichen der Geburt von Jesus als dem Erlöser, sondern rückt Nikolaus in den Mittelpunkt. Es ist die klassische Schenkfigur, die nur nicht an ihrem angestammten Tag, dem 5./6. Dezember, auftritt, denn das Gedicht beginnt mit den Worten: »Es war die Nacht vor Weihnachten.« Der Erzähler liegt wie seine Frau schon zu Bett, die Kinder ohnehin, da hört er draußen ein Geräusch, erkennt den »heiligen Nick«, der – wie schon bei Irving – gerade auf seinem von Rentieren gezogenen Schlitten ankommt, aufs Dach fliegt und alsbald durch den Kamin ins Wohnzimmer hinabsteigt, um die aufgehängten Socken mit Spielzeug zu füllen. Der Erzähler beschreibt ihn ausführlich: seine Pelzkleidung, die rosigen Wangen, den weißen Bart, die Pfeife im Mund, den runden Bauch, der »wie eine Schüssel voll Gelee« beim Lachen zittert, das Augenzwinkern beim Erkennen des erwachsenen Beobachters, das Wiederaufsteigen durch den Kamin bis zum endgültigen Wegfliegen mit dem Schlitten. Am Ende hört der Erzähler noch den Ruf: »Frohe Weihnachten an alle und eine gute Nacht!«

Man müsste sich nicht die Mühe machen, dieses harmlose Kindergedicht zu kommentieren, hätte es nicht eine Lawine ausgelöst, indem es einen neuen »Mythos« weihnachtlichen Schenkens durch einen überirdischen Gabenbringer bietet, der weder an ein göttliches Kind erinnert noch an den alten bischöflichen Heiligen (abgesehen von der roten Farbe des Ornats vielleicht). Dieser »St. Nicholas« dient allein der Beruhigung, dass die Gesellschaft mit der ungleichen Verteilung von Chancen – Moore hielt sich Sklaven und befürwortete die Sklaverei ausdrücklich – schon nicht auseinanderbricht, wenn man nur alles beim Alten lässt. Mitten in die Ausbreitung des amerikanischen Kapitalismus und die Nöte mit einer Gesellschaft voller Spannungen platzt die Botschaft, dass es mit dem gewohnten Leben weitergeht. Dafür sorgt Weihnachten mit einem neuen »Weihnachtsmann«: Santa Claus. Noch ist sein endgültiges »Bild« nicht gemalt – es erscheint 1881 –, aber schon ist alles beisammen, ihm den Weg zu bereiten.

Der erste Anlauf fiel in das Jahr 1863, noch mitten im Amerikanischen Bürgerkrieg, als Präsident Abraham Lincoln den Herausgeber des führenden Nachrichtenmagazins *Harper's Weekly* um ein »besonderes Weihnachtsbild« für die Titelseite der Weihnachtsausgabe bat und dieser seinen schon lange äußerst erfolgreichen Cartoonisten Thomas Nast damit beauftragte – einen Emigranten aus der deutschen Pfalz. Der lieferte das Bild, nachdem seine Schwester dem Analphabeten Moores Gedicht vorgetragen hatte: als eine Bescherung der Soldaten im Felde von einem in *Stars and Stripes* gekleideten »patriotischen« Nikolaus. Die Ausgabe enthielt noch ein weiteres Bild eines Weihnachtsmanns, der seine Geschenke auf dem Rentierschlitten mit sich führt und sie verteilt, nachdem er durch den Kamin ein Haus betreten hat – also die glatte Umsetzung von Moores Gedicht. Noch viel berühmter aber wurde ein Holzschnitt von 1881 wieder für *Harper's Weekly* mit einem die Pfeife rauchenden wohlbeleibten Großvater, der lächelnd Geschenke im Arm hält: *Merry Old Santa Claus*. Dabei symbolisiert die lange Pfeife den Angehörigen der Oberschicht. Die kurze der Plebejer hatte Nast noch dem Santa Claus von 1863 gegeben.

Es bedurfte lediglich einer allerletzten Verwandlung, um diese Figur für ihren weltweiten Auftritt fit zu machen. Dies schaffte bekanntlich die Firma Coca-Cola. 1920 taucht die Figur erstmals in der Werbung auf, als es darum ging, die Absatzflaute im Winter zu überwinden und das Werbeverbot für Kinder zu umgehen. Diese Gestalt schuf der Grafiker Haddon Sundblom, der Santa Claus erstmals 1931 und dann bis 1964 immer wieder neu in die auch schon lange für Coca-Cola verwendeten Farben Rot und Weiß kleidete (zuletzt 1972 in einer Reduzierung der besonderen Art für den *Playboy*), eben wie in Moores Gedicht. Mit diesem Santa Claus, der bald sämtliche Kaufhäuser bevölkerte, erhielt Weihnachten seine wirkmächtigste Fortsetzung als religionsfreies Fest der Feste in der religionsfreien globalisierten Umgebung. Das weltweite Weihnachten wurde ein amerikanisches Weihnachten, weil diesem Amerika als Land des Kommerzes und allen seinen durchaus freiwilligen Nachahmern nichts willkommener war als ein neuer und dauerhaft verlässlicher Antrieb, der die ohnehin schon weitgehend gekappten

Thomas Nast: Weihnachtsmann mit einem Kind am Telefon, um 1880

Zeitschriftenwerbung für Coca-Cola von Huddon Sundblom, USA, 1952

religiösen Wurzeln endgültig vergessen ließ: beim reibungslosen Schenken durch einen rotgewandeten Alten mit verschmitzt-güti- gem Lächeln, der vom garantiert religionsfreien Nordpol kam.

Weihnachten erhielt damit seine fortan nicht mehr wegzuden- kende Doppelstruktur als Familienfest und Fest des Kommerzes, wobei das eine das andere stützte. Schon im Amerika des 19. Jahrhunderts wurden an Weihnachten die Straßen von Betrunkenen befreit, um sie für Einkäufer attraktiv zu machen. Selbst in der Depression von 1841 erging die Aufforderung an alle, die ökonomischen Bedingungen zu ignorieren und Geschenke als »Zeichen der Liebe« einzusetzen. Statt Lebensmitteln oder Bekleidung sind es nun »Geschenke«, für die Geld ausgegeben wird – nach dem Motto, dass wahre Liebe sich im Kauf von Dingen zeigt, die man nicht braucht. Während früher gerade in puritanisch geprägten Gesellschaften Luxus suspekt war, hilft Weihnachten nun bei dessen Legitimierung. Buchhandlungen bieten nicht nur Bücher an, sondern »Geschenkbücher« mit Anthologien von Geschichten, Gedichten, Essays, Bildern, die nur für Weihnachten produziert sind. Die Ikone Santa Claus zieht Eltern wie Kinder förmlich in die Geschäftshäuser, öffnet alle Tore der Konsumwelt. Die »Frohe Botschaft« hat einen neuen Adressaten: den Konsumenten, der nun für den »Frieden auf Erden« zuständig ist. Man kann auch sagen: Weihnachten gewann dank Santa Claus ein neues Leben.

Brauchtum und Folklore

Es ist schwer zu sagen, wieweit oder seit wann genau Santa Claus nach Europa bzw. Deutschland ausstrahlte. Tatsache ist, dass ein neuer Name auftaucht: Seit etwa 1820 wird der »Weihnachtsmann« als Bezeichnung des Gabenbringers in Liedern verwendet – am bekanntesten in Hoffmanns von Fallersleben *Morgen kommt der Weihnachtsmann*, erstmals gedruckt 1837. Im 28. Band des *Deutschen Wörterbuchs* der Brüder Grimm (dank des Alphabets spät, fast 100 Jahre nach deren Tod, nämlich 1955, erschienen) wird er als ein »merkwürdig geschichtloses Wort« bezeichnet, das »nur bei Norddeutschen« begegne, allerdings bei höchst renommierten Autoren wie Karl Immermann, Wilhelm Raabe oder Theodor Fontane. Zugrunde liege jeweils die bekannte Gestalt von Nikolaus bzw. Knecht Ruprecht. Weshalb die Bezeichnung in Süddeutschland nicht vorkomme, erklärt sich der Bearbeiter aus der Tatsache, dass dieser »Weihnachtsmann« seine Gaben am 24. und nicht (wie in Süddeutschland üblich) am 5./6. Dezember abliefere. Nur hat er nicht berücksichtigt, dass man diesen neuen Gabenbringer benötigte, sofern man im evangelischen Norden das mittlerweile »katholisch« gewordene »Christkind« vermeiden wollte. Der evangelische Weihnachtsmann vertrat damit also sowohl das katholische Christkind als auch den katholischen Nikolaus, obwohl er genau deren Funktion übernahm. Weil dies bald niemand mehr verstand und auch die zunehmende Mobilität innerhalb Deutschlands das Ihre tat, haben wir zuletzt sämtliche Bezeichnungen konfessionsübergreifend nebeneinander – und jedenfalls anfangs ohne Parallele zum amerikanischen Nordpolbewohner Santa Claus.

Fast. Denn einen verdächtigen Bezug gibt es 1844 in einem Gedicht von Ferdinand Freiligrath. Er findet sich in der Sammlung *Ein Glaubensbekenntnis* unter dem Titel *Kinderlied*. Darin heißt es: »Weihnacht ist ein schönes Fest«, und weiter: »Doch beinah noch größern Spaß / Macht uns jetzt Sankt Nikolas …« Dieser Nikolas aber wird nicht nur als »braver Mann« geschildert, sondern verfügt über ein »Renngespann« mit Schlitten und einen Wohnort »hoch im Norden«. Ein Jahr später erschien zum ersten Mal der schon erwähnte *Struwwelpeter* mit einer Abbildung von Nikolaus mit Mütze und rotem Gewand – immerhin nach und nach in 25 Millionen Exemplaren. Gleichzeitig tauchen allegorische Figuren eines »Herrn Winter« auf, der in einen langen Mantel gehüllt ist und einen Bart trägt.

Allerdings taugt der bekannteste und immer wieder herangezogene Fall wenig als Parallele. Er betrifft die Figur von »Herrn Winter«, die der bedeutende Maler Moritz von Schwind 1848 für den *Münchener Bilderbogen* hergestellt hat – in hoher Auflage. Denn von Schwind hatte bei seinem »Herrn Winter« alles andere im Sinn als die Erfindung eines neuartigen Gabenspenders vor dem Hintergrund eines im Chaos versinkenden Weihnachtsfestes. Er illustrierte vielmehr einen Gedichtzyklus des österreichischen Schriftstellers Hermann Rollett mit dem Titel *Herr Winter. Eine Zeitge-*

Moritz von Schwind: *Herr Winter*, 1847

schichte, womit die damals höchst brisante Zeit des Vormärz mit seiner (gescheiterten) Revolution gemeint ist. »Herr Winter« begegnet uns auf insgesamt sieben Bildern als ein älterer Herr, der überall abgewiesen wird, auch am Weihnachtsfest mit seinem Tannenbäumchen bei einer »bürgerlichen« Familie, die vor allen politischen Irritationen ihre Ruhe haben will. Wenn überhaupt parodiert dieser »Herr Winter« das Weihnachtsfest – mit einer schon wieder vergeblichen Herbergssuche.

Und noch etwas unterscheidet die deutschen von den amerikanischen Verhältnissen. In Deutschland gab es im späten 19. Jahrhundert noch stark unterschiedliche Lebensweisen in Stadt und Land. Gerade war die alte städtische Welt mit ihrem aus dem Mittelalter stammenden Zunftwesen (das die ersten Weihnachtsbäume in die Stuben geholt hatte) im Untergang begriffen und durch neue Städte mit rechtlich zwar gleichgestellten Bürgern ersetzt, die sich jedoch nach ihren Besitzverhältnissen stark unterschieden. Eine Bourgeoisie mit Repräsentationswünschen war entstanden, die Weihnachten in Konkurrenz zum immer mehr an Bedeutung verlierenden Adel feierte. Daneben etablierte sich ein gehobenes Bürgertum aus akademisch ausgebildeten Beamten, Pastoren, Gymnasiallehrern, Professoren, Ärzten – eine noch dünne Schicht, die ihr höchstes Gut, die »Bildung«, gerne mit den entsprechenden Mitteln von geschmackvoller Einrichtung und Musik zur Schau stellte. Kaum etwas eignete sich besser dazu als ein kerzenbesetzter Tannenbaum, unter dem die Familie im festlich geschmückten Wohnzimmer gemeinsam musizierte und ihre Lieder sang. Daneben lebte ein Kleinbürgertum in äußerst beengten Verhältnissen, wo für die Entfaltung von Festlichkeit wenig Raum bestand und ein bisschen Grün nebst Äpfeln und Nüssen ausreichen musste – der Berliner Heinrich Zille hat dies in seinen Bildern festgehalten.

Noch anders gestalteten sich demgegenüber die Verhältnisse auf dem Land, wo die Festbräuche der agrarisch-vorindustriellen Welt bis weit ins 20. Jahrhundert bewahrt blieben. 136 Berichte über das Weihnachtsbrauchtum in Westfalen, die im Archiv für westfälische Volkskunde in Münster gesammelt wurden, belegen die ungebrochene Stellung des kirchlichen Festes mit dem Höhepunkt der mitternächtlichen oder sehr frühmorgendlichen Weihnachtsmesse (der »Ucht«) sowohl in katholischen wie evangelischen Gegenden – beschrieben übrigens von Annette von Droste-Hülshoff in *Die Judenbuche* (1842). Festessen und Festgebäck folgten. Auch die Umzugsbräuche in der Weihnachtszeit waren noch lebendig, katholisch am Nikolaustag, evangelisch an Weihnachten. Wenn wiederum Droste-Hülshoff in ihrem Tagebuch »vermummte Figuren« erwähnt, die Köchin und Kinder in Angst versetzten, berichtet sie über eine Tradition, die während des gesamten Jahrhunderts gepflegt wurde und zu allerlei Verboten führte, vor allem in Städten wie etwa Dortmund. »Kläuse« mit langen Ketten und dickem Knüppel drohten den Kindern damit, sie nach Moskau mitzunehmen, »Christkinder« in weißem Kleid teilten Gaben aus, die verkleideten Burschen hatten es vor allem auf die heiratsfähigen Mädchen abgesehen. Aber der Wandel zum Familien- und Kinderfest kappte Auswüchse oder auch nur Freiheiten. Weihnachtsbaum und Adventskranz, Krippe und Weihnachtsschmuck zogen auch auf dem Land in die Wohnzimmer ein, während Gärtnereien und Kaufhäuser das Gewünschte lieferten.

Daneben aber wurden die alten Bräuche in anderer Form aufgegriffen und neu zur Geltung gebracht: als Folklore. Wo möglich werden sie »ausgegraben«, aber durchaus wie in Amerika auch als Traditionen »erfunden« – gerne im Rückgriff auf angeblich germanische Zeiten. Nach dem Ersten Weltkrieg boten die Weihnachtsmärkte ihre Waren in »Buden« an, die gegenüber den Kaufhäusern den »handwerklichen« Charakter der Geschenke wahren sollten – wir kennen das Paradox industriell erzeugter »handwerklicher« Geschenke, die Authentizität vorgaukelnden Krippen standen nicht mehr nur in Kirchen und Wohnzimmern, sondern wurden in Museen ausgestellt. In Westfalen gibt es eine Landesgemeinschaft der Krippenfreunde, die seit 1925 eine eigene Zeitschrift herausgibt: *Die Weihnachtskrippe*. Das Münchner Nationalmuseum lädt in der Weihnachtszeit zur Krippensammlung, die der Bankier Max Schmederer zu Beginn des 20. Jahrhunderts zusammengetragen hat. Neueren Datums ist die »Ars Krippana« im Eifeldorf Losheim an der belgischen Grenze, wo man seit 1986 auf 2500 Quadratmetern mit über 5000 Exemplaren die größte weltweite Sammlung ganzjährig präsentiert und immer weiter vervollständigt.

Mit nichts anderem zu vergleichen aber ist die Folklorisierung (oder soll man sagen: Eventisierung?) auf dem Gebiet der Umzüge – also bei demjenigen Brauchtum, das mit seinem Spektakel in der Vergangenheit für so viel Wirbel gesorgt und das Weihnachtsfest mitunter in seiner Existenz bedroht hat. In der Regel verläuft die Wiederbelebung über die Gründung eines Trägervereins, der sich um die Requisiten (besonders Masken) und die geregelten Abläufe kümmert – als »Brauchtumspflege«. 1928 wurde in Küssnacht am Rigi die »St. Niklausengesellschaft« gegründet, die am Abend des 5. Dezember das »Klausenjagen« organisiert bzw. in entsprechend gezähmter Form reorganisierte. Im Umzug waren von Anfang an die Lärminstrumente vorgeschrieben, Blechbüchsen zum Beispiel verboten, »wild« herumstreifende Gruppen in einer Festprozession zusammengefasst, die sich auf einen Böllerschuss hin in

In afrikanischem Stil geschnitzte Darstellung der Heiligen Familie

Bewegung setzt. Zu einem der imposantesten Nikolausbräuche in Europa aber entwickelte sich das Küssnachter Fest, als der Metzgermeister und Sternenwirt Franz Sidler den etwa 500 Klausjägern mit ihren Lärminstrumenten 200 »Iffeleträger« hinzufügte: Nikoläuse mit Hutaufbauten, die wie (von innen erleuchtete) Kirchengebäude wirken und mehr als zwei Meter in der Höhe betragen können. Erst danach folgte seither im Zug der »echte« Nikolaus im

Bischofsgewand. Die spektakuläre »Tradition« mit entsprechendem Besucherandrang wurde alsbald vom Fernsehen live übertragen und auch schon einmal außerhalb der richtigen Zeit eigens fürs Fernsehen inszeniert. Ableger des »Brauchs« gibt es etwa in Zürich-Wollishofen, 1973 sogar eine Kopie in Mukwonago (Wisconsin) in den USA unter dem Namen *The Tallest Hat*.

Umzüge sind gerade in der Schweiz eine Spezialität, wo Kuhglocken als bestens geeignete Lärminstrumente griffbereit zur Verfügung stehen. In Meiringen am Brienzersee ziehen in der Nacht vom 25. zum 26. Dezember Trupps von furchteinflößend maskierten Kuhglockenschwingern (den »Trychlern«) unter ohrenbetäubendem Geläute durch die Straßen, womit einmal die Geister vertrieben, heute dagegen eher Urlauber angelockt werden sollen, die in Scharen am Straßenrand stehen und mit ihren Handys Bilder schießen. Klausenjagen gibt es weiter etwa als »Klaubaufgehen« in Matrei in Osttirol oder als »Klaasohm«-Fest auf der Nordseeinsel Borkum.

Mediale Wirkung und internationale Vernetzung sind im Übrigen längst keine Besonderheit mehr. Das »Nikolospiel« in Bad Mitterndorf, gegründet spätestens 1862, hatte 1933 seine Rundfunkpremiere, 1950 sein Filmdebüt und stellt mittlerweile das Renommierprojekt im örtlichen Fremdenverkehr dar. Große mediale Aufmerksamkeit erfährt weiter das Klausen in Zürich. Seit 1947 organisiert eine entsprechende Gesellschaft den »Brauch«, der am 1. Adventssonntag mit dem feierlichen Einzug des »Samichlaus« und seines Gefolges über die Hauptgeschäftsstraßen in die Stadt beginnt. Im ersten Wagen stellt sich die organisierende Gesellschaft vor, es folgt als höchster aller Kläuse »Vater Samichlaus« auf dem Schlitten im Bischofsgewand (mit Mitra), flankiert von weißen Engeln sowie Märchenfiguren wie Frau Holle und Schneewittchen. In den nächsten zwei Wochen gibt es etwa 1700 Hausbesuche der Kläuse, organisiert vom »Klausbüro«, bezahlt nach »Klaustaxe«. Wie perfekt all dies in der Schweiz organisiert ist, zeigt weiter der 1979 gegründete »Samichlaus-Verbund« mit seinen 13 Klausgesellschaften, die an einer Vereinheitlichung des »Brauchtums« arbeiten – man könnte natürlich auch sagen: an der Abschaffung und Ersetzung von Tradition durch ein vermarktbares Produkt. Dass andernorts wie etwa in Fribourg an einer »Rückwendung« zu den religiösen Traditionen gearbeitet wurde, mag am Rande erwähnt sein.

Zu den spektakulärsten und auch bekanntesten Auftritten dieser Art gehört in den Niederlanden die Ankunft von Sinterklaas. Mitte November geschieht dies von Stadt zu Stadt per Schiff »aus Spanien«, wobei der mit seiner Mitra durchaus an den alten Bischof erinnernde Niklaus von seinen für die Bestrafung zuständigen Zwarte Pieten in luxuriöser Pagentracht begleitet ist. Das Ereignis wird täglich in den Nachrichten geboten und stellt den Höhepunkt der gesamten Weihnachtszeit dar, die in den Niederlanden früh mit dieser Schenkerfigur verbunden war. Jedes Kind kennt das Lied *Zie ginds komt de stoomboot uit Spanja weer aan* (*Schaut, da kommt das Dampfschiff aus Spanien an*), gesungen auf die Melodie des deutschen Volkslieds *Im Märzen der Bauer die Rösslein einspannt*. Aber natürlich ist die gesamte Darbietung eine Attraktion für die Touristen, die in immer größeren Zahlen den Ereignissen beiwohnen.

Welche Probleme in diesem Fall mit der Folklore verbunden sein können, zeigte sich in den letzten Jahren, in denen Proteste gegen die Figur des Zwarten Piet die Schlagzeilen mindestens so sehr beherrschten wie die Ankunft von Sinterklaas. Im allgemeinen Aufbegehren gegen Rassismus und in der Kritik am sogenannten Blackfacing kam also auch diese volkstümliche Figur in den Blick. In den letzten Jahren wird über Alternativen, Abschaffung und Erhalt gerungen; es kam auch zu Kompromissen, die Tradition und Political Correctness miteinander zu verbinden suchen: in der Gestalt von Zwarte Pieten, die bunte Farben verwenden oder sich ihr Gesicht nicht mehr vollständig schwärzen, sondern in Streifen. Übrigens gibt es in den Niederlanden seit längerem auch die Konkurrenz mit Weihnachten als (weiterem oder gar eigentlichem) Familien- und Schenkfest. Deutsche Einwanderer und nicht zuletzt die aus Württemberg stammende Königin Sophie haben im 19. Jahrhundert dazu beigetragen.

Sinterklaas mit Zwarte Piet

Fügen wir noch hinzu, dass 1975 das »Erste internationale Niko-
laustreffen« in Nürnberg begangen wurde – mit vierzehn Delega-
tionen aus neun europäischen Ländern. Seit 1984 finden alle zwei
bis drei Jahre »Weltgipfeltreffen der Nikoläuse« statt. Die Weihnachtszeit ist so gesehen nicht nur in Amerika durch Santa Claus
»gerettet« worden, auch in Europa hat sich der Popstar unter den
Heiligen als Erhalter bewährt. Dies passt zur inhaltlichen Entker-
nung des Festes bzw. zur Loslösung von den biblischen Grundlagen. Man muss aber auch sehen, dass Weihnachten bzw. die
Weihnachtszeit damit ein unvorhergesehenes Nachleben erfuhr.
Es war weniger die Tradition, es war die Folklore, die für diese Art
der Neuerstehung sorgte. Die Frage, ob sich dies gelohnt hat, darf
gestellt werden.

Politik

Eine erste Form der Vereinnahmung von Weihnachten bot der Kommerz. Aber schon das Beispiel von Thomas Nasts Bild von Santa Claus als Gabenspender im Heer der amerikanischen Nordstaaten zeigt die Richtung einer zweiten Vereinnahmung an: durch die Politik. Was sich 1863 in Verbindung mit den *Stars and Stripes* andeutete, sollte wenige Jahre später auch in Deutschland eine wichtige Rolle spielen, und zwar die Ausnutzung des weihnachtlichen Potentials von staatlichen Institutionen für gerade das Gegenteil dessen, was Weihnachten bislang ausgezeichnet hatte: für eine Form des Patriotismus, die den Krieg befeuern, die Bereitschaft zum Kampf fördern sollte. Das verbürgerlichte Weihnachtsfest des 19. Jahrhunderts erhält damit buchstäblich seinen letzten Schliff im Deutsch-Französischen Krieg von 1870/71, aus dem bekanntlich der deutsche Nationalstaat hervorging. Seither sollte die breite deutsche Bevölkerung sämtlicher Konfessionen einträchtig unterm Tannenbaum feiern.

Das auslösende Ereignis war die Idee adliger Offiziere, in den Quartieren, Unterständen und Lazaretten der einfachen Soldaten einen Tannenbaum zu errichten. Sie selbst kannten ihn seit langem, in Deutschland benutzten ihn bislang lediglich die Protestanten. Abgesehen davon, dass der Tannenbaum mitten im Krieg oder gar angesichts von Verwundung eine gewisse Normalität vorgaukeln sollte, stellte sich rasch eine noch viel wirkungsvollere Form der psychologischen Kriegsführung ein: der Weihnachtsbaum als Zeichen des »Deutschtums« und bald auch der Überlegenheit des »deutschen Wesens« über ein französisches Volk, bei dem angeblich eine oberflächliche Zivilisation die tiefe Kultur überdecke. Der »Weihnachtsbaum im Feindesland« oder »Weihnachten im Felde« waren beliebte Bildmotive, die Sicherheit und Stärke symbolisierten. Dass dies mit einer völligen Entleerung christlicher Inhalte einherging, versteht sich – auf einem dieser Bilder ist ein am Baum aufgehängter Franzose zu sehen. Auch die Umwidmung zum »Fest des Opfers«, wie man es in Zeitungen lesen konnte, trug zum neuen Verständnis bei. Der Feind erschien dann als Saboteur des »Weihnachtsfriedens«, der eigene Soldat als sein Verteidiger, dem man zur Belohnung eifrig Weihnachtspäckchen schickte. Zur Stärkung der Erfindung einer »deutschen Weihnacht« trug nicht zuletzt bei, dass die königliche, später kaiserliche Familie unterm Tannenbaum gezeigt wurde.

Letztlich war diese Geschichte die Voraussetzung für eine ganz andere Form der politischen Instrumentalisierung: nämlich für den in der Weltgeschichte wohl einmaligen »kleinen Frieden im Großen Krieg« (Michael Jürgs) von 1914. Auch damals hatten sich die adligen Heerführer stärkende Wirkung vom Tannenbaum versprochen und Tausende Exemplare samt bereits daran befestigten Kerzen in die Schützengräben transportieren lassen. Nur machten die in ihrem Dreck liegenden Soldaten davon einen völlig anderen Gebrauch: Sie zeigten die Bäumchen über ihre Gräben hinweg dem Feind, um eine beispiellose Verbrüderung in Gang zu setzen. Die Ereignisse sind bestens dokumentiert. Das Ereignis vollzog sich an einem besonders hart umkämpften Abschnitt der von der Nordsee bis zur Schweiz reichenden Front, nämlich in Ypern, das den Deutschen den Weg zum Meer versperrte, der den Engländern den Rückzug abgeschnitten hätte. 500 000 Gefallene auf beiden Seiten sind selbst für diesen fürchterlichen Krieg ein Rekord. Aber genau an dieser Stelle passierte es eben, obwohl es gerade hier besonders unwahrscheinlich war. Kurz zuvor nämlich hatten deutsche Soldaten ihre englischen Gegner mit einem angeblichen Waffenstillstandsangebot in eine Falle gelockt und die Gutgläubigen brutal erschossen. Es war schon eine besondere Form von Wunder, als ein deutscher Soldat mit dem Anstimmen des englischen Liedes von *Annie Laurie* in perfektem Englisch die berechtigte Sorge beschwichtigte.

Was sich dann auf einem kilometerlangen Frontabschnitt abspielte, verdankte sich allein der weihnachtlichen Stimmung auf beiden Seiten, bei der außer den Tannenbäumchen Lieder eine Rolle spielten, nicht zuletzt *Stille Nacht*, zu dem die Gegner Zugaben forderten. Es ist nicht ein einziges Ereignis, das im Vordergrund stand. Sogar schon vor dem Weihnachtsabend war es zwischen

Deutschen und Franzosen an einem südlicheren Frontabschnitt zum »weihnachtlichen« Waffenstillstand gekommen. Aber die Weihnachtstage brachten den Höhepunkt, wobei außer den gemeinsamen Feiern mit wechselseitiger Beschenkung (die Deutschen tauschten bevorzugt Zigarren gegen Corned Beef) die Bestattung der Toten eine wichtige Rolle spielte. Während die englischen Zeitungen zahlreiche Einzelheiten samt Fotografien (mit englischen Offizieren neben deutschen mit ihren unverkennbaren Pickelhauben) veröffentlichten, war die Reaktion bei Franzosen und Deutschen eine völlig andere. Sämtliche Berichte wurden als wehrkraftzersetzend unterdrückt, entsprechende Briefe zensiert. Während die englischen Zeitungen wehmütig über das Desaster des Krieges berichteten, herrschte in Frankreich und Deutschland Schweigen. Auf allen Seiten gab es Kriegsgerichte mit Versetzungen an andere Frontabschnitte. Immerhin war für einen Augenblick lang klargeworden, dass man sich gegenseitig als Menschen und nicht als Gegner wahrnahm. Der britische Kriegsberichterstatter und Kriegszeichner Paul Nash brachte es auf den Punkt: »Ich überbringe die Botschaft der kämpfenden Männer all jenen, die wollen, dass der Krieg ewig dauert. Mögen sie ihre ekelhaften Seelen verbrennen.«

Bei dieser Form der politischen Indienstnahme von Weihnachten und deren Abwehr aber blieb es nicht. Es war die bis in die Romantik zurückreichende Theorie von der germanischen Vorläuferschaft von Weihnachten als Julfest, die in der Zeit neuer Sinnsuche nach dem Ersten Weltkrieg von Jugendbünden und Lebensreformbewegungen mit völkisch-nationaler Gesinnung aufgegriffen wurde. Teils in aggressiver Wendung gegen alles Christliche, teils in Form von Symbiosen sollte Weihnachten durch Sonnenwendfeiern abgelöst werden oder das christliche mit dem germanischen Lichtfest eine Einheit eingehen. Die Erneuerung wird dabei dem Rückgriff auf die vorgeblich nationalen Wurzeln zugetraut, auf ein »Volkstum«, aus dem sich der Widerstand gegen eine internationale Moderne speise. Man weiß, dass die damalige Volkskunde solchen Vorstellungen mit pseudowissenschaftlichen Gutachten Vorschub leistete oder Unterstützung bot, woran dann die Nationalsozia-

Frederic Viliers: *Weihnachtsfrieden 1914*, 1915

listen bruchlos mit ihrem Rassewahn anknüpften. Das verbreitet-
ste aller Weihnachtslieder musste sich sofort die Umformulierung
gefallen lassen: »Stille Nacht, weihvolle Nacht / ... Zum reinen Jul-
wunsch die Rechte sich reckt.« In der Deutschen Glaubensbewe-
gung heißt es 1933: »Das Weihnachtsfest gehört uns, nicht den
Christen! Denn es ist älter als Kirchen und Testamente.« Weil der
Weihnachtsbaum kaum zu verdrängen war, wurde er zum »Lichterbaum« mit »Sonnenrad«, also dem Hakenkreuz, umfunktioniert.

Dabei war man bei den Nationalsozialisten erst nach und nach auf diesen Zug gestiegen. Zwar hielt Hitler schon im Dezember 1922 seine »Julrede« auf der »Deutschen Weihnachtsfeier« der NSDAP im Festsaal des Münchner Hofbräuhauses, aber es waren eher besonders Radikale in der Partei, die sich unverblümt äußerten wie im Parteiorgan *Völkischer Beobachter* 1925: »Der deutsche Weihnachtsruf: Unfriede auf Erden. Wir aber wollen den Frieden nicht! Heute unserem Volk den Willen zum Frieden, d. h. den Willen zur Anerkennung der Schande und Schmach predigen, bedeutet ein Verbrechen …« Dabei wurde rasch klar, wer allein als neuer Erlöser in Frage kam, nämlich Hitler. Aber das Julfest wurde nie wirklich populär, seine Feier beschränkte sich auf Kreise der SS und SA, die es immer einige Tage vor dem 24. Dezember ansetzten. Ansonsten hieß das Gebot eher »Unterlaufen«. Statt den herkömmlichen Namen zu benutzen, sprach man vom »Fest der Volksgemeinschaft« oder dem »Fest der deutschen Familie«. Dabei wurden Figuren von SA- und SS-Männern als Geschenke für die Jungen angeboten. Selbst beim Weihnachtsbaum gab es »ästhetische« Unterstützung: Mit Ausstechformen ließen sich beim Backen Hakenkreuze herstellen. Dies war immerhin erfolgreicher als die »Julleuchter«, die Heinrich Himmler als Ersatz für den Weihnachtsbaum vorgesehen hatte.

Seit dem Kriegsbeginn 1939 wurde Weihnachten dann weniger angegriffen, stattdessen in die Propaganda einbezogen. Das Familienfest bekam Unterstützung, weil Wintersonnenwenden mit Massenpublikum nicht mehr in Frage kamen. Auch die Intimität zeigte sich als hilfreich allein schon aufgrund des Verdunkelungsgebots. Als Gegensteuerung wurde in speziellen Weihnachtsbüchern für die Familie »artgerechtes« Brauchtum vermittelt, in dem die christlichen Elemente möglichst umbesetzt waren. Statt *Stille Nacht* sollte das Lied der Nazigröße Hans Baumann, *Hohe Nacht der klaren Sterne*, gesungen werden – einer der vielen Fehlschläge. Schon 1924 hatte der Volkskundler Wolfgang Schultz in den *Monatsheften für Deutsche Erziehung* Weihnachtsbaum und Ständer nach einer Bemerkung in der Edda mit vier Drachen auszuzeichnen empfohlen, die an der Weltesche nagen. 27 Kerzen symbolisierten die Mondnächte bis zum Julmahl, bei dem man sich den Germanen nahe fühlen sollte – Schultz wurde dafür 1934 mit der Berufung als Professor der Philosophie an der Münchner Universität belohnt. Übrigens stand seit 1933 eine riesige beleuchtete Tanne vor dem Berliner Propagandaministerium, die jedes Jahr aus einem anderen »Gau« des Reiches stammte. Unter ihr fanden dann öffentliche Schenkungen an Bedürftige statt, die das »soziale« Herz der Partei dokumentieren sollten.

Eine besondere Strategie lag in der Wiederaufnahme eines journalistischen Formats, das bereits im Ersten Weltkrieg verwendet wurde: ein Heft mit dem Titel *Kriegsweihnacht.* 1915 bis 1917 war es als »Weihnachtsgruß für Deutschlands Krieger« (so der Untertitel) von dem evangelischen Theologen und Mitglied des Deutschen Reichstages Otto Everling herausgegeben worden und enthielt schon damals Durchhalteparolen (»Weihnachten des Willens«) bzw. die Zuweisung der Verantwortung für Tod und Verderben ausschließlich an den »Feind« – mit Berufung auf den »deutschesten Mann, der je gelebt hat«: Martin Luther, der ohnehin mit der 400-Jahr-Feier des Thesenanschlags 1917 als Kriegshelfer entdeckt wurde. Jahr für Jahr von 1940 bis 1944 erschienen wiederum die Hefte in hohen Auflagen für Familien und Frontsoldaten. Dabei suchte man Weihnachten direkt mit dem Krieg in Verbindung zu bringen, sofern der Kampf dazu diene, den Deutschen die Feier auch in Zukunft zu ermöglichen: »Lasst uns einen Atemzug vor unserem Tannenbaum bedenken, dass der Bolschewismus das Weihnachtsfest mit Stumpf und Stiel ausgerottet und dass der Amerikanismus es zu einem Rummel mit Jazz und Barbetrieb verunstaltet hat«, konnte man etwa lesen. Auch Joseph Goebbels sprach in seiner »Weihnachtsansprache« 1942, angesichts des sich anbahnenden Untergangs der 6. Armee in Stalingrad, vom »Gedenken an jeden toten Helden zu Hause in stolzer Trauer«, widmete den Weihnachtsabend in besonders blasphemischer Weise den Gefallenen: »Sie opferten sich, damit wir im Lichte stehen.«

Das Vorgehen der Nationalsozialisten stand im Kontext einer Kritik am Christentum, die letztlich auf die letzte verbliebene Autorität der Kirchen zielte, der man die »Volksgenossen« endgültig entziehen wollte. Von daher stammt die Polemik gegen die »Fremdreligion« mit der Bevorzugung der »Odinsreligion« als »schönste, sittlichste, wahrhaftigste je geschaffene«. Ganz anders waren seit Aufhebung der Sozialistengesetze 1890 die Sozialdemokraten vorgegangen. Sie griffen nicht das Fest, sondern die mit ihm verbundene Heuchelei an, die Verschleierung des sozialen Elends der Arbeiterfamilien als den wahren Zustand auf Erden. Wiederum fand sich mit Boleslaw Strzelewicz ein Umtexter von *Stille Nacht*, in diesem Fall zur *Arbeiter-Stille-Nacht*: »Stille Nacht, traurige Nacht / ... In der Hütte nur Elend und Not ...« 1914, passend zum Nationalismusrausch des beginnenden Krieges, in den beide Kirchen jubelnd einfielen, wurde die Heuchelei der Priester angeprangert. Statt Abschaffung oder auch Umformung zum germanischen Julfest (»lächerliche Alternative«) aber ging die Devise eher in Richtung Neudefinition: Weihnachten als Symbol der Hoffnung auf eine endlich bessere Zukunft – ganz so, wie es in der *Stille Nacht*-Parodie hieß: »Bei der Armut, da hungert man still. / Wann kommt der Retter herbei?« Im *Vorwärts*, dem Publikationsorgan der SPD, wurden auch Opfer der Verhältnisse beim Namen genannt: so etwa die »glitzernde Not« der thüringischen Glasbläser.

Auch die KPD stellte Weihnachten in ihren Dienst, indem sie Feiern in Gefängnissen, Kinderheimen, Obdachlosenasylen organisierte. In der *Roten Fahne* als ihrem Publikationsorgan wurde die *Stille Nacht*-Parodie der SPD als »erbärmlich wehleidiges Gejammer« abgetan. Man schloss sich der Kritik an der »Verlogenheit« des Festes ebenso an wie der Kritik an den sozialen Verhältnissen, nahm auch die gleichen Betroffenen ins Visier, nämlich wieder die prekär beschäftigten Heimarbeiter in den thüringischen Spielzeugdörfern. Vor allem aber griff man zu einem äußerst wirkungsvollen Instrument der Agitation, indem man zwischen 1929 und 1932 in verschiedenen Großstädten »Hungermärsche« durch die Geschäftsviertel durchführte – unter dem Slogan »Verderbt den Satten die Weihnachtsfreude«. Eigenartigerweise propagierte man wie die Nationalsozialisten das Julfest, bezeichnete das Weihnachtsevangelium als bloße »Märchenerzählung«. Das Christentum insgesamt wurde als Relikt bürgerlichen Denkens, die Feste des »Pfaffentums« als dessen Ausdruck abgelehnt. Statt den Weihnachtsbaum zu ersetzen, versuchte man es lediglich mit einem anderen Symbol: dem Stern von Betlehem, für den der fünfzackige rote Stern der russischen Revolutionäre Ersatz bieten sollte. 1929 feierte man so ein »Weihnachtsfest der Gottlosen« in Berlin-Neukölln.

Dass politische Führungen mit diktatorischem Gepräge in Weihnachten auch weiterhin ein Objekt der besonderen »Fürsorge« sahen, belegt schließlich die Geschichte der DDR. Schon 1945 wurde eine erste »Friedensweihnacht« ausdrücklich »nach der Nacht der Naziherrschaft« gefeiert und wieder einmal der christliche Hintergrund entweder ausgeblendet oder umgeformt, wenn es statt »gnadenvoller Verheißungen« nun um die Arbeit am Sozialismus gehen sollte. Das Vorbild war dabei Sowjetrussland, wo man 1919 den Weihnachtsbaum abgeschafft hatte, Stalin ihn auf dem »Jahresendfest« als »Jolkabaum« aber wieder einführte. Auch das passende Brauchtum wurde dazu erfunden: Nikolaus als »(Groß-)Väterchen Frost« mit »Schneeflöckchen« statt der traditionellen Engel, wie es Nikolai Rimski-Korsakow 1882 in seiner gleichnamigen Oper eingeführt hatte. Im Übrigen versuchte man sich an weltlicher Umdeutung. Der erste Kulturminister der DDR, Johannes R. Becher, dichtete Zeilen der folgenden Art: »Es sei gegrüßt die Weihnachtszeit! ... Dann herrscht der Friede unbegrenzt ...« Der Weihnachtsmann wurde als »Symbol der Völkerfreundschaft und als ein Friedensbote« rehabilitiert.

Die Weihnachtsmärkte förderte man »im Dienst des Sozialismus und des Friedens« mit erheblichen Summen. Zur Eröffnung sprach jeweils der Oberbürgermeister mit einem Weihnachtsmann an seiner Seite. Eine besondere Rolle spielte dabei die entsprechende regionale Tradition. Ein Beispiel stellt die erzgebirgische Weihnacht mit ihren gedrechselten Pyramiden, Leuchterfiguren, Räuchermännchen und Nussknackern dar. Sie sollte mit ihren »volkskünstlerischen Überlieferungen« vom nichtchristlichen Ursprung zeugen. Hinzu kamen sozialkritische Züge, etwa beim »bissigen« Nussknacker in Gestalt von König oder Förster als Symbol der

Unterdrückung. Fast die gesamte Jahresproduktion der Seiffener Spiel- und Kulturwaren ging dabei in den Export, um Devisen zu generieren. Die DDR-Bürger selbst hatten Mühe, an Exemplare zu gelangen. Statt Weihnachten gab es die offizielle Jahresabschlussfeier mit der jeweiligen Brigade, ohne dass davon die Feier unterm gewohnten Weihnachtsbaum in der Familie ernsthaft gefährdet gewesen wäre. Eher kann man davon sprechen, dass Weihnachten in diesem Fall dabei half, die Privatsphäre gegen den Staat zu verteidigen. »Germanisches« war dabei ebenso wenig gefragt wie die nur auf Parteiebene gepflegte Jolkafeier.

Literatur

Seit der Etablierung von Weihnachten als bürgerlichem Familien- und Schenkfest gibt es die Kritik daran in der Literatur. Zwar dichtete Hoffmann von Fallersleben um 1835 noch fröhlich und ohne ironischen Unterton oder gar schlechtes Gewissen:

> Morgen kommt der Weihnachtsmann,
> Kommt mit seinen Gaben.
> Trommel, Pfeifen und Gewehr,
> Fahn und Säbel und noch mehr,
> Ja ein ganzes Kriegesheer
> Möcht ich gerne haben.

Auch Storms Gedicht *Knecht Ruprecht* von 1889 wirkt mit dem bekannten Anfang geradezu naiv:

> Von drauß vom Walde komm ich her,
> Ich muss euch sagen, es weihnachtet sehr!
> Allüberall auf den Tannenspitzen
> Sah ich goldene Lichtlein sitzen;
> Und droben aus dem Himmelstor
> Sah mit großen Augen das Christkind hervor [...]

Aber es hatte mittlerweile schon andere Töne gegeben. Eine Erzählung von Charles Dickens mit dem Titel *A Christmas Carol* (*Ein Weihnachtslied*) zeigte 1843 die neue Richtung an, trotz des vordergründigen Happy Ends. Denn es ist eben ein Profitmacher der neuen Zeit des galoppierenden Kapitalismus, der im Zentrum steht und Weihnachten für eine weder nutz- noch gewinnbringende Veranstaltung hält. Er hat Glück, dass ihm im Traum der »Geist von Weihnachten« erscheint und die stille Familienfeier des von ihm verachteten Angestellten seinem eigenen Profitstreben als unendlich überlegen darstellt. So erlebt der egoistische Monomane eine Erneuerung, will wieder »Mensch« sein, der Weihnachten nicht nur am 25. Dezember, sondern sogar das ganze Jahr hindurch halten will. Dass die Konversion dann doch nicht ganz gelungen ist, bekommt der aufmerksame Leser eher versteckt mit, sofern dieser »Gewandelte« seine neue Freigebigkeit nicht ohne Verklemmtheit dokumentiert. Das Geschenk eines Truthahns an die Familie seines Angestellten bringt er nicht in eigener Person, sondern lässt es bringen und feiert dann im Haus seines Neffen – ohne wirkliche Gäste. Den Beitrag für ein Hilfswerk, den er zu Beginn grob abgelehnt hat, leistet er nachträglich, indem er den Sammlern die Summe verschämt ins Ohr flüstert. Weihnachten hat also einen eigenen und auch wichtigen »Geist«, aber er ist in dieser Welt mehr als nur gefährdet. Nicht immer kommen Träume zu Hilfe, um eine Umkehr zu ermöglichen.

Im deutschsprachigen Raum werden zum Weihnachtsfest im 19. Jahrhundert dann eher Rettungsgeschichten geschrieben: In Adalbert Stifters *Der Bergkristall* (1853) helfen Nachbarn einem Jungen aus einem Schneegestöber heraus, worauf sich der Vater mit ihnen endlich versöhnt. In Theodor Storms *Unter dem Tannenbaum* (1862) gewinnt ein Exilierter an Weihnachten die Kraft zum Widerstand. Erst Theodor Fontane benutzt 1894 das Fest in *Effi Briest* dazu, um die Tragödie der in ihr geschilderten Ehe zu flankieren: Der erste Heiligabend von Effi mit ihrem frisch angetrauten Mann verläuft äußerlich noch glücklich mit dem pommerschen Brauch des »Julklapps« (dem Hineinwerfen eines Geschenks in die

Wohnung), beim zweiten Fest denkt Effi bereits an ihren Geliebten, das dritte verbringt sie nach der Trennung von ihrem Mann allein und traurig in ihrer Berliner Wohnung.

Ein Dauerthema ist dann die Kritik an einer Armut, die an Weihnachten mehr verborgen als gelindert wird. Geschichten von hungernden Kindern machen die Runde wie etwa bei Maxim Gorki in seiner 1894 als Zeitungsbeilage erschienenen Kurzgeschichte *Von einem Knaben und einem Mädchen, die nicht erfroren sind.* Nur ist hier nicht einmal der Hunger das wirklich Fatale, sondern die Tatsache, dass die Kinder das an Weihnachten Erbettelte anschließend in einer Kneipe ausgeben, statt es mit der Familie zu teilen. Von Bertolt Brecht gibt es aus dem Jahr 1926 die Kurzgeschichte *Das Paket des lieben Gottes,* in der vergessene Menschen in einer Chicagoer Kneipe das Wunder einer späten Gerechtigkeit erfahren, deren Grund im Wirken »Gottes« angesichts der zerstörten Existenz eher ironisch wirkt. Auch sonst gibt es vorwiegend böse Zwischenrufe. Bei Kurt Tucholsky heißt es im Gedicht *Großstadt-Weihnachten* als Fazit nach den üblichen Verlegenheitsgeschenken: »Mein Gott, sie mimen eben Weihnachtsfrieden.« Erich Kästner veröffentlichte 1927, in Zeiten der Arbeitslosigkeit kurz vor Ausbruch der Weltwirtschaftskrise, das *Weihnachtslied, chemisch gereinigt,* in dem es heißt: »Morgen, Kinder, wird's nichts geben! Nur wer hat, kriegt noch geschenkt.« Jahrzehnte später, im Wirtschaftswunderjahr 1967, machte Peter Rühmkorf über das umgekehrte Problem einer ungebremsten Konsumflut seine vergifteten Scherze: »Lieber guter Weihnachtsmann, / Schau mich nicht so böse an. / Gib die Geschenke her, / Dann scher.« Da war Wolfgang Borcherts 1946 geschriebene düster-hoffnungsvolle Kurzgeschichte *Die drei dunklen Könige,* in der Kriegskrüppel eine Familie mit einem Neugeborenen treffen und selbstgebastelte Geschenke übergeben, bereits vergessen.

In dieser kurzen Auswahl wurde ein Autor übersprungen, der die Thematik in besonders repräsentativer Weise behandelte: Thomas Mann. Man muss dazu wissen, dass Weihnachten in der großen Familie des Nobelpreisträgers immer eine bedeutende Rolle spielte und in keinem Tagebuch übergangen wurde. Die Söhne Klaus und Golo haben durchaus nostalgisch die Zeremonie beschrieben, in der sich die Tür des Wohnzimmers öffnete und den Lichterbaum preisgab, zu dem man unter Singen hinzog. Genau diese Szene ist in den *Buddenbrooks* von 1901 in großer Ausführlichkeit geschildert – allerdings eingebettet in das, was der Untertitel des Romans andeutet: den »Verfall einer Familie«. Die Darstellung des Festes fällt schon in die Zeit, als der Niedergang unaufhaltbar war. Noch einmal aber führt die Konsulin das »weihevolle Programm« durch, das nach dem Tod ihres Mannes »aufrechterhalten« werden musste.

Das Fest wird dabei rein äußerlich so gefeiert, wie es das 19. Jahrhundert gewissermaßen in Reinkultur hervorgebracht hat: Die Familie versammelt sich in einem Vorraum, ein Knabenchor der Marienkirche bietet, mehrstimmig vorgetragen, *Tochter Zion* und *Stille Nacht*, dann zieht man samt Personal und »Hausarmen« unter dem Gesang von *O Tannenbaum* in die Halle, wo sich unter dem »gewaltigen Tannenbaum« voller Lichter die Geschenke für alle türmen – nicht ohne dass die Konsulin vor der Bescherung das Weihnachtsevangelium vorliest. Aber in die Schilderung der Abläufe mischen sich bedrohliche Signale. Über Tony Buddenbrook macht man sich »unweihnachtliche Gedanken«, sofern dem Ehemann ihrer Tochter wegen betrügerischer Manipulationen das Gefängnis droht. Christian Buddenbrook, der das Fest fast vergessen hat und dann schon beim Einzug das übliche Lied als »O Tantebaum« verspottet, führt auf dem Puppentheater für Hanno die Oper *Fidelio* mit besonderer Berücksichtigung der schaurigen Szenen vor, ehe er die Versammlung verlässt, um in seinem »Club« zu feiern und sich bei der Rückkunft über die Folgen der Trunkenheit auszulassen. Die nächste und letzte Feier dieser Familie steht dann bereits im Zeichen der eingetretenen Katastrophe. Die Geschwister sind zerstritten, der sonst immer zu Späßen aufgelegte Christian schweigt, man bringt das Gewohnte in reduzierter Form »hinter sich« und ist »beinahe froh« über das Ende.

Statt eine Rettungsgeschichte bietet Thomas Mann also eine

Verfallsgeschichte am Beispiel von Weihnachten, dem jede hoffnungsvolle Botschaft abgeht. Das Fest der Liebe und des Friedens zeigt sich eher als Fest des hohlen Scheins, der Fassade, die das Unglück nicht mehr übertünchen kann. Thomas Mann hat im *Zauberberg* 1924 das Thema noch einmal aufgegriffen, diesmal unter der Überschrift »Totentanz«. Während der Intellektuelle Settembrini über Jesus als »Menschheitsrabbi« oder »Tischlersohn« schwadroniert und die biblischen Geschichten als »Fiktion« karikiert, ist das Fest unvermeidlich, es wird gefeiert, weil es im Kalender steht, während alles seinen deprimierenden Gang geht (»Aber vorher spielte eben noch Weihnachten sich ab«). Interessanterweise hat Thomas Manns Bruder Heinrich, der über die gleichen familiären Erfahrungen verfügte, Weihnachten ebenfalls in einem Roman behandelt, in *Der Untertan*, 1906 begonnen, vor Ausbruch des Ersten Weltkriegs vollendet, aber aufgrund der antiwilhelminischen Tendenz erst 1918 veröffentlicht. Der ebenso brutale wie feige »Held« lässt das Fest feiern, weil es üblich ist, während die Familie sprachlos bleibt und die Ehefrau im geschmückten Zimmer *Stille Nacht* allein »mit zitternder Stimme« singt, bevor sie die ungeliebten »lieben« Schwestern beschenkt.

Die Literatur – so könnte man zusammenfassen – hat Weihnachten als Symbol einer Gesellschaft entdeckt, die ihre Probleme systematisch verdrängt. Bei der Feier des wichtigsten Festes der Tradition kommt heraus, dass diese Tradition sich nicht mehr bzw. keineswegs von selbst trägt. Nur verdeckt dies eine völlig andere Einstellung, für die ebenfalls Thomas Mann ein Beispiel darstellt. Denn in mehreren Beiträgen für Zeitungen und Rundfunk hat er auch eine andere Seite von Weihnachten deutlich gemacht. 1924, im Jahr der Erscheinung des *Zauberbergs*, schreibt er unter dem Titel *Weihnachtsstimmung* für eine ungarische Tageszeitung: »Ich werde die Liebe zu den Zaubern des Weihnachtsfestes nie verlernen.« Dabei bezieht er sich ausdrücklich auf das Wort der Verkündigung, auf »Denn euch ist heute der Heiland geboren«. Der Mensch – so die Argumentation – sei auf Gnade, Liebe, Hoffnung angewiesen und benötige dafür ein besonderes Fest: die Geburt des »Heilandes«.

Das ist nicht dergestalt unkritisch zu verstehen, als wäre Thomas Mann zum Kindheitsglauben zurückgekehrt. Es geht eher um ein Aufgreifen und Fruchtbarmachen der religiösen Tradition, die er anschließend mit einem Roman verband, seinem umfangreichsten überhaupt, der ihn von 1933 bis 1943 beschäftigte: *Josef und seine Brüder*.

Die theoretische Begründung für diese Einstellung findet sich in einer kleinen Schrift aus dem Jahre 1931 mit dem Titel *Fragment über das Religiöse*. Hier grenzt sich Thomas Mann ab gegen eine »Ideenverhöhnung der Zeit«, gesteht seine Überraschung darüber, wie sehr ihn »das Religiöse anzieht« und rückt das Christentum in den Zusammenhang der Mythen, die alle Weltreligionen auf ähnliche Weise entwickelten. Es gebe eine anachronistische »Gottessorge«, aber es gebe auch eine »Gottesdummheit, die diese Sorge nicht kennt«. Die Jungfrauengeburt im Neuen Testament entspreche nur den Jungfrauengeburten in all den anderen Mythen, ja mit Weihnachten legitimiere sich das Christentum als eine gleichberechtigte Religion im Kreis der Weltreligionen. In einem Zeitungsbeitrag von 1935 liest man dann etwas über das »vermessene Geschwätz von der ›Überwindung des Christentums‹ […]. Man überwindet das Christentum nicht, indem man unter das sittliche Niveau zurückgeht, auf das es die Menschen gehoben hat, sondern höchstens, indem man es überbietet. […] Und heute glauben ein paar revolutionäre Popular-Literaten in ihrer angeregten Halbbildung, damit fertig zu sein.«

Auf dem gleichen hohen Niveau, ja beim gleichen Autor finden sich also höchst verschiedene Antworten auf dasselbe Thema. Dieses Weihnachtsfest verstört, und es ist notwendig zugleich. Gerade weil es so bedeutsam ist, zeigen sich an ihm die Abgründe einer Gesellschaft – oder genauer: die Abgründe, die sich dann auftun, wenn das Fest zur bloßen Staffage wird. Man kann verstehen, dass die Literatur des späteren 20. Jahrhunderts wie Thomas Mann in seinen *Buddenbrooks* ganz überwiegend den Weg dieser Kritik gegangen ist, aber eben nicht an Weihnachten, sondern meist am Scheitern seines Gehalts. So gesehen wird deutlich, dass die Litera-

tur das Thema Weihnachten mit nur einer seiner Seiten ausge-
schöpft hat. Noch viel weniger leistet das Feuilleton, jedenfalls das
der mannschen »Popular-Literaten«, die jedes Jahr nur die immer
gleichen Artikel bieten, in denen Einkaufstress, Fresssucht und
was nicht alles sonst anzuprangern ist, als sei allein damit jede Erinnerung an Weihnachten überflüssig. Aber ist es das wirklich?
Gibt es nicht auch einen anderen Bezug zu Weihnachten? Einen
Bezug, den das vorliegende Buch in vielen Einzelheiten ausbuch-
stabiert hat und im folgenden Epilog noch einmal präzisiert werden
soll?

Epilog

Im Dezember 2019, während der Arbeit an diesem Buch, besuchte ich im Prager Nationalmuseum eine Ausstellung zum Pharao Tutanchamun. Sie war perfekt als eine Reihe von Videoinstallationen eingerichtet, die über den altägyptischen Totenkult bis zur Ausgrabung durch Howard Carter im Jahr 1922 unterrichteten. Besonders anschaulich fand ich die Darstellung der welterhaltenden Aufgabe des Gottes Ra, der nachts in seiner Barke die Unterwelt durchquert, um am nächsten Morgen die Sonne aufgehen zu lassen – gegen den Widerstand der großen Schlange. Ich war mit unklaren Vorstellungen gekommen und nahm fasziniert wesentliche Aspekte altägyptischer Religion wahr. Aber mir ging auch durch den Kopf, dass es in nicht allzu ferner Zukunft eine ähnliche Ausstellung über Weihnachten geben könnte. Besucher, die mit der christlichen Religion kaum noch vertraut sind, würden dann etwas über die Geburt des Gottessohnes durch eine Jungfrau erfahren, samt Hirten, Magiern und dem Sinn des Ganzen als Erlösung der Menschheit. Vermutlich würde es den Besuchern dann gehen wie mir mit dem Gott Ra: Sie würden über ein Stück Kultur staunen, das einmal jahrtausendelang präsent war. Sie würden ohne religiöse Erwartungen, aber auch ohne Enttäuschung über die Ab- und Irrwege des Christentums eine seiner wichtigsten Botschaften kennenlernen. Sie würden die vergessenen Geschichten von Weihnachten verfolgen, sich womöglich darüber wundern, wie das in aller Welt gefeierte Fest ohne sie erhalten blieb.

So weit ist es noch nicht. Das heutige Problem mit Weihnachten beruht eher auf seinem zu großen Erfolg. Die weltweite Ausbreitung hat nicht nur sein Aufgehen im allgegenwärtigen Kommerz bewirkt, sondern auch die Verbindung mit den christlichen Wurzeln gekappt. Das soll nicht bedeuten, dass Weihnachten zu retten wäre, wenn man den alten dogmatischen Gehalt wiederbelebte. Das gerade nicht. Aber die Geschichte des Christentums ist nicht allein an das Fortbestehen seiner Dogmatik gebunden. Das Christentum hat mit seinen »großen« Geschichten, darunter gerade mit

Weihnachten, Traditionen geschaffen, die eine Ressource gelingenden Lebens bereitstellen. Dazu gehört die Idee der Erlösung ebenso wie die der Gerechtigkeit, die der Liebe wie des Friedens – alle ablösbar von den Zumutungen eines historisch-wörtlichen Verständnisses, die die aufklärerische Bibelkritik aufgedeckt und überwunden hat. Womit zuletzt eine ganz andere Frage berührt wird als die der »Wahrheit« der Geschichten, nämlich die ihrer »Bedeutung« für die westliche Kultur inmitten der Weltkultur. Dafür sind die Voraussetzungen in Zeiten fortgeschrittener Globalisierung immer besser geworden. Zugleich ist die Bereitschaft gewachsen, die westliche Kultur mit ihren christlich-jüdisch-antiken Wurzeln samt der Säkularisierung als einen »Lernprozess« (Jürgen Habermas) zu verstehen, in dem die Gegenwart erst ihr Format gewonnen hat. Auch mit Weihnachten.

Genau dies liegt den vorangegangenen Untersuchungen zugrunde. Die hier vorgelegte »Biographie« sucht ja ohne Fixierung auf dogmatische Verteidigung oder hämisches Nachtreten herauszuarbeiten, worauf das Fest beruhte und wohin es sich entwickelte. Es lässt sich mit harten Zahlen belegen, dass heute nur noch wenige mit Weihnachten die Botschaft verbinden, die die Evangelien unter Einbeziehung mythologischer Elemente gewissermaßen »naiv« (vielleicht besser: historisch zeitgemäß) formuliert haben. Dies heißt jedoch nicht, dass Weihnachten kein christliches Fest mehr darstellt oder für die europäische Kultur seine Bedeutung einbüßte. Ich möchte auch der These widersprechen, die Thomas Hauschild 2012 in seinem lesenswerten Buch *Weihnachtsmann. Die wahre Geschichte* entwickelt. Danach ist Weihnachten in die Mythenbildung aller großen Weltreligionen eingebunden und geht mit seinem Brauchtum im »Geflecht« eines allgemeinen Menschheitsglaubens an einen »winterlichen Gabenbringer« auf, womit sich ganz nebenbei ein »kulturstolzer Ausschluss des Fremden« erledige. Aber sollen wir wirklich die Geschichte von der Geburt Jesu und der Krippe in Betlehem bloß als eine spezielle »Wintergeschichte der Christen« mit mehr oder weniger zufällig angehängtem Glauben an Frieden, Liebe, Hoffnung lesen?

Es würde durchaus zu einer Betrachtung der Kultur passen, die sich vom Eurozentrismus, überhaupt von einer Überbetonung der »Ursprünglichkeit« und »Eigenständigkeit« mit Recht befreit hat. Nur liegen in dieser Sicht auch Gefahren. Der Blick auf das »allen Gemeinsame« lenkt vom Eigenen einer Tradition ab, die für die Ausbildung von Identität auch ganz ohne nationalistischen Beigeschmack oder gar »Fanatismus« zuständig ist. Das Weihnachtsbrauchtum mag Parallelen in anderen Kulturen haben, was ja schon den aufgeklärten Kritikern und zuletzt Thomas Mann nicht entging. Genauso wichtig erscheint mir jedoch die spezifische Form, die es der eigenen Kultur gegeben hat. Im Falle von Weihnachten haben wir es – stark zugespitzt gesagt – eben nicht bloß mit der Bewältigung von winterlichen Risiken zu tun oder Äußerlichkeiten derart, dass »unser« Nikolaus auf griechischen Ikonen den gleichen länglichen Kopf hat wie der chinesische Wintergott Shou Xing.

Weihnachten gehört mit seiner Geschichte zu einem Europa mit all dem, was dieses Europa kennzeichnet: die christliche Prägung zugleich mit der säkularisierten Weiterführung und Verwendung des »Ursprünglichen« in neuen Zusammenhängen. Weihnachten ist so gesehen ein Beispiel für die europäische (oder besser: westliche) Kultur mit ihren Wandlungen, wenn es nicht gar diese wandlungsfähige Kultur in nuce enthält – siehe den ersten Satz dieses Buches.

Vielleicht ist bei all dem ein Blick in die großangelegte empirische Untersuchung über die Darstellung von Weihnachten in der Presse hilfreich, die Edgar S. Hasse 2010 vorgelegt hat. Sie bietet als eines ihrer vielen Ergebnisse einen eigenartigen und auch überraschenden Widerspruch: Das »Gewicht« von Weihnachten ist trotz eines neuen Interesses an der Religion seit den 1980er Jahren kontinuierlich gesunken, zusammen mit einer fortschreitenden Säkularisierung, die zum Beispiel die Thematik der Inkarnation regelrecht weggespült hat. Gleichzeitig aber feiern 94 Prozent der Menschen in Ost- und Westdeutschland Weihnachten. Auch das Interesse am Familienfest hat sich bei aller De-Institutionalisierung von Familie und Ehe seit den 1960er Jahren verdoppelt. Nach einer Allensbachumfrage von 1993 befürworteten 73 Prozent der Westdeutschen und 80 Prozent der Ostdeutschen ein Zusammensein an Heiligabend. Bei einer Wiederholung der Umfrage 2003 waren es sogar 78 Prozent im Westen und 85 Prozent im Osten. Was das belegt? Auf jeden Fall die Lebendigkeit dieses Festes in seiner durchaus traditionellen, eigenen, identitätsstiftenden Form, was sich ganz nebenbei außer in vollen Kirchen in großzügigen Spendenaktionen ausdrückt.

Wie ungenau auch immer dieses Feiern auf den religiösen Inhalt von Weihnachten bezogen ist und wie vergeblich es umgekehrt sein dürfte, das Christentum als »Weihnachts-Christentum« (Matthias Morgenroth) statt dem früher zu stark am österlichen Auferstehungsglauben orientierten Christentum neu auf die Beine zu stellen: Das Bewusstsein der Tradition, und zwar durchaus der konkreten christlichen Tradition mit dieser Großerzählung spielt dabei eine wesentliche Rolle. Es hört sich immer nach Verlegenheit an, wenn man die Geschichte deshalb »stark« macht, weil sie »alt« ist. Aber Traditionen kann man nicht wirklich schaffen – über die eher hilflosen oder auch nur kommerziell motivierten Versuche der Folklore gerade am Beispiel von Weihnachten wurde ausführlich berichtet. Das Einzigartige an Geschichte ist demgegenüber, dass sie genau so ist, wie sie ist – man kann sie vergessen, leugnen, verbiegen, aber man kann sie sich nicht aussuchen. Weihnachten hat eine solche Geschichte in der westlichen Welt, die einmal vom Christentum in besonderer Weise geprägt wurde. Damit verbindet sich ein Angebot, das schlicht »da« ist und mit seiner im Laufe der Geschichte gewonnenen Kontur Raum für Anknüpfungen in Form von immer neuen Interpretationen sowie Gelegenheiten der Kritik an nicht gelungener Umsetzung seines Gehalts bietet.

Woraus sich als Fazit abzeichnet, dass Weihnachten in Zukunft auf vielfältige Weise begangen werden kann oder auch »darf«. Dazu aber gehört auch, dass man den biblischen Geschichten von Weihnachten zusammen mit ihrer Einbettung in die kirchlichen sowie volkstümlichen Praktiken während der letzten beiden Jahrtausende auf eine Weise nachgeht, die unbefangene »Erinnerung« (des bloß Gewesenen) mit deutender »Aufarbeitung« (für das eigene Selbstverständnis) verbindet – der lernbereite Vergleich mit anderen Kulturen nicht ausgeschlossen. Und dass man am Ende womöglich, nach berechtigter Herausarbeitung des Mythischen und ebenso berechtigter Kritik des Misslungenen, schlicht seinen Hut zieht.

Dank

Bei diesem Buch haben mich bewährte und neue Helfer unterstützt – leider darf ich den Namen des eigentlichen Anregers nicht nennen. Zu den bewährten gehören die beiden Kölner Bibliothekarinnen Georgis Eder und Heike Knopp-Sullivan, die wie immer beim Recherchieren halfen. Neu waren zwei ehemalige Klassenkameraden, die große Teile des Textes gelesen und verbessert haben: Arnold Paeske, in Mittellatein promoviert und ein guter Kenner der antik-mittelalterlichen Geschichte, sowie David Michael Kammler, Dominikanerpater und mehrfacher Prior, der besonders bei den theologischen und liturgischen Ausführungen genauer hinsah. Beide haben zu ihrer und meiner Freude Fehler gefunden, die nun verbessert sind. Von Beginn an konnte ich das Entstehende mit meinem ehemaligen Doktoranden Ralf Drost diskutieren, der vor allem bei den Theorieerwägungen nie lockerließ.

Zu danken habe ich schließlich meiner Frau für eine ganz andere Form des Interesses an und der Zielsetzung bei diesem Buch. Sie hat jahrzehntelang wesentlich dazu beigetragen, dass in der nach und nach größer gewordenen Familie Weihnachten (trotz gelegentlich brummiger Äußerungen von meiner Seite) immer »anständig« gefeiert wurde und damit ein Stück »Realität« blieb. Ich war sehr erfreut, als ich beim Studium der jesuitischen Krippenpolitik in Schlesien auf den damals deutschen, heute polnischen Ort Strachocin (Streckendorf) stieß, der in der deutschen Geschichte eine verschwindende, in unserer Familiengeschichte jedoch eine bedeutende Rolle spielt – als Geburtsort meiner Frau im Jahr 1944. Damit war endgültig klar, wem ich dieses Buch widme: Anja Göttert.

Literaturverzeichnis

Agustoni, Luigi / Berchmans Göschl, Johannes: Einführung in die Interpretation des Gregorianischen Chorals. 2 Bde. Regensburg 1987.

Anrich, Gustav: Hagios Nikolaos. Der heilige Nikolaos in der griechischen Kirche. Berlin 1913.

Anz, Heinrich: Die lateinischen Magierspiele. Untersuchungen und Texte zur Vorgeschichte des deutschen Weihnachtsspiels. Leipzig 1905.

Auf der Maur, Hansjörg: Feiern im Rhythmus der Zeit I. Herrenfeste in Woche und Jahr. Regensburg 1983.

Bärsch, Jürgen [u. a.] (Hrsg.): Geschichte der Liturgie in den Kirchen des Westens. 2 Bde. Münster 2018.

Bering, Dietz: Luther im Fronteinsatz. Propagandastrategien im Ersten Weltkrieg. Göttingen 2018.

Berliner, Rudolf: Die Weihnachtskrippe. München 1955.

Bieritz, Karl-Heinrich: Ressourcen der Identität. Christliche Feste in der Eventkultur. In: Benedikt Kranemann / Thomas Sternberg (Hrsg.): Christliches Fest und kulturelle Identität Europas. Münster 2012.

Binder, Gerhard: Der Kalender des Filocalus oder der Chronograph vom Jahre 354. Meisenheim a. Gl. 1970/71.

Blaumeiser, Heinz / Blimlinger, Eva (Hrsg.): Alle Jahre wieder … Weihnachten zwischen Kaiserzeit und Wirtschaftswunder. Wien [u. a.] 1993.

Breuer, Judith / Breuer, Rita: Von wegen Heilige Nacht! Das Weihnachtsfest in der politischen Propaganda. Mülheim a. d. R. 2000.

Brown, Peter: Der Schatz im Himmel. Der Aufstieg des Christentums und der Untergang des Römischen Reiches. Stuttgart 2017.

Burkhardt, Stefan: Mit Stab und Schwert. Bilder, Träger und Funktionen erzbischöflicher Herrschaft zur Zeit Kaiser Friedrich Barbarossas. Ostfildern 2008.

Carrère, Emmanuel: Das Reich Gottes. Berlin 2016.

Chrysostomus, Johannes: Matthäus-Kommentar. In: J. Ch.: Ausgewählte Schriften. Bd. 1. Hrsg. von Johannes Chrysostomus Baur. München 1915.

Demandt, Alexander: Die Spätantike. Römische Geschichte von Diocletian bis Justinian. München 1989.

Die vier Evangelien. Übers. von Eugen Drewermann. Düsseldorf 2004.

Divijak, Johannes / Wischmeyer, Wolfgang (Hrsg.): Das Kalenderhandbuch von 354. Der Chronograph des Filocalus. 2 Bde. Wien 2014.

Donner, Herbert: Pilgerfahrt ins Heilige Land. Die ältesten Berichte christlicher Palästinapilger (4.–7. Jahrhundert). Stuttgart 2002.

Durston, Christopher: Puritan Rule and the Failure of Cultural Revolution, 1645–1660. In: Christopher Durston / Jacqueline Eales (Hrsg.): The Culture of English Puritanism, 1560–1700. New York 1996.

Embacher, Helga: Weihnukka. In: Faber/Gajek 1997.

Faber, Richard / Gajek, Esther (Hrsg.): Politische Weihnacht in Antike und Moderne. Zur ideologischen Durchdringung der Feste. Würzburg 1997. [Zit. als: Faber/Gajek 1997.]

Finkelstein, Israel / Silberman, Neil Asher: Keine Posaunen vor Jericho. Die archäologische Wahrheit über die Bibel. München 2002.

Förster, Hans: Die Feier der Geburt Christi in der alten Kirche. Tübingen 2000.

– Die Anfänge von Weihnachten und Epiphanias. Tübingen 2007.

Foitzik, Doris: Kriegsgeschrei und Hungermärsche. Weihnachten zwischen 1870 und 1933. In: Faber/Gajek 1997.

Gajek, Esther: Nationalsozialistische Weihnacht. In: Faber/Gajek 1997.

Glier, Ingeborg: Die deutsche Literatur im späten Mittelalter. Zweiter Teil: Reimpaargedichte, Drama, Prosa. München 1987.

Göttert, Karl-Heinz: Alle unsere Feste. Ihre Herkunft und Bedeutung. Stuttgart 2007.

Hasse, Edgar S.: Weihnachten in der Presse. Erlangen 2010.

Hauschild, Thomas: Weihnachtsmann. Die wahre Geschichte. Frankfurt a. M. 2012.

Herzer, Jens: Ostern. Himmelfahrt. Pfingsten. Weihnachten. Was wissen wir über die Ursprünge des Christentums? Erfurt 2000.

Hieronymus, Eusebius: Homilie über die Geburt des Herrn. In: E. H.: Ausgewählte Schriften. Hrsg. von Ludwig Schade. München 1914.

Jürgs, Michael: Der kleine Frieden im Großen Krieg. München 2003.

Kant, Immanuel: Die Religion innerhalb der Grenzen der bloßen Vernunft. In: I. K.: Werke in sechs Bänden. Hrsg. von Wilhelm Weischedel. Bd. 4. Wiesbaden 1956.

Karasek, Alfred / Land, Josef: Krippenkunst in Böhmen und Mähren vom Frühbarock bis zur Gegenwart. Marburg 1974.

Kinzig, Wolfram: Glaubensbekenntnis und Entwicklung des Kirchenjahres. In: Liturgie und Ritual in der Alten Kirche. Leuven 2011.

Kirchhoff, Hermann: Christliches Brauchtum im Jahreskreis. München 1990.

Kohler, Erika: Martin Luther und der Festbrauch. Köln/Graz 1959.

Konradt, Matthias: Das Evangelium nach Matthäus. Göttingen 2015.

Kramer, Helga: Lukas als Ordner des frühchristlichen Diskurses um »Armut und Reichtum« und den »Umgang mit materiellen Gütern«. Tübingen 2015.

Kuschel, Karl-Josef: Weihnachten bei Thomas Mann. Düsseldorf 2006.

– Weihnachten und der Koran. Ostfildern 2012.

Lanz, Josef: Krippenkunst in Schlesien. Marburg 1981.

Leo der Große: Sämtliche Sermones. München 1927. (Bibliothek der Kirchenväter. Bd. 54.)

Lessing, Gotthold Ephraim: Die Erziehung des Menschengeschlechts. In: G. E. L.: Werke. Hrsg. von Herbert G. Göpfert. Bd. 8. Darmstadt 1996.

Leutzsch, Martin: Die Weihnachtsgeschichte nach Lukas. In: Faber/Gajek 1997.

Lévi-Strauss, Claude: Der hingerichtete Weihnachtsmann. In: Hans Magnus Enzensberger (Hrsg.): Der Komet. Frankfurt a. M. 1991.

Linke, Hansjürgen: Benediktbeurer Weihnachtsspiel. In: Kurt Ruh (Hrsg.): Die deutsche Literatur des Mittelalters. Verfasserlexikon. Bd. 1. Berlin ²1978.

Lorenz, Christa: Frieden, Freude, Völkerfreundschaft. Weihnachten in der DDR. In: Faber/Gajek 1997.

Ludewig, Thomas (Hrsg.): Christkind, Weihnachtsmann und Co. – Kulturgeschichtliches zu den weihnachtlichen Gabenbringern. Neuss 2007.

Mantel, Kurt: Geschichte des Weihnachtsbaumes. Hannover 1975.

Markschies, Christoph: Das antike Christentum. Frömmigkeit, Lebensformen, Institutionen. München 2006.

Martin, Jochen: Der Weg zur Ewigkeit führt über Rom. Die Frühgeschichte des Papsttums und die Darstellung der neutestamentlichen Heilsgeschichte im Triumphbogenmosaik von Santa Maria Maggiore in Rom. Stuttgart 2010.

Meisen, Karl: Nikolauskult und Nikolausbrauch im Abendlande. Eine kultgeographisch-volkskundliche Untersuchung. Düsseldorf 1931.

Meyer-Blanck, Michael: Liturgie und Liturgik. Göttingen 2009.

Mezger, Werner: Sankt Nikolaus. Zwischen Kult und Klamauk. Ostfildern 1993.

Mittler, Mauritius: Untersuchungen zur Siegburger Liturgie II (Weihnachtsfestkreis). Siegburg 1984.

Montefiore, Simon Sebag: Jerusalem. Die Biographie. Frankfurt a. M. 2011.

Morgenroth, Matthias: Weihnachts-Christentum. Moderner Religiosität auf der Spur. Gütersloh 2002.

Moser, Dietz-Rüdiger: Bräuche und Feste im christlichen Jahreslauf. Graz [u. a.] 1993.

Nilsson, Martin P.: Studien zur Vorgeschichte des Weihnachtsfestes. In: Archiv für Religionswissenschaft. Bd. 19. Leipzig/Berlin 1916–19.

Nissenbaum, Stephen: The Battle for Christmas. A Social and Cultural History of Our Most Cherished Holiday. New York 1997.

Onasch: Konrad: Das Weihnachtsfest im orthodoxen Kirchenjahr. Berlin 1958.

Pascher, Joseph: Das liturgische Jahr. München 1963.

Pêtré, Hélène: Die Pilgerreise der Aetheria. Klosterneuburg 1958.

Reinhardt, Volker: Pontifex. Die Geschichte der Päpste. München 2017.

Reutter, Ursula: Damasus, Bischof von Rom (366–384). Tübingen 2009.

Rickert, Franz: Vom Sonnengott zum Krippenfest. Leipzig 2001.

Roos, Tanja: Alle Jahre wieder? Weihnachtliche Konsumstrukturen im Wandel – Ein Kölner Beispiel. Marburg 2013.

Sauermann, Dietmar (Hrsg.): Weihnachten in Westfalen um 1900. Münster 1976.

Scharfe, Martin (Hrsg.): Brauchforschung. Darmstadt 1991.

Schellong, Dieter: Schleiermachers »Weihnachtsfeier«. Ein Dokument des evangelischen Bürgertums zum Anfang des 19. Jahrhunderts. In: Faber/Gajek 1997.

Schleiermacher, Friedrich. Die Weihnachtsfeier – Ein Gespräch. Zürich 1989.

Seefelder, Maximilian: Christliche Bräuche und Traditionen. Kevelaer 2014.

Skambraks, Tanja: Das Kinderbischofsfest im Mittelalter. Florenz 2014.

Spurr, John: English Puritanism 1603–1689. Houndmills [u. a.] 1998.

Strobel, August: Der Stern von Bethlehem. Ein Licht in unserer Zeit? Fürth 1985.

Usener, Hermann: Das Weihnachtsfest. Bonn 1969.

Vermes, Geza: Die Geburt Jesu. Geschichte und Legende. Darmstadt 2007.

Vincent, Michel: Krippana. Der Zauber der Krippe. [o. O.] 1999.

Völker, Werner: Weihnachten bei Goethe. Stuttgart 1999.

Wahle, Stephan: Das Fest der Menschwerdung. Weihnachten in Glaube, Kultur und Gesellschaft. Freiburg [u. a.] 2015.

Wallraff, Marts: Christus verus sol. Sonnenverehrung und Christentum in der Spätantike. Münster 2001.

– Sonnenkönig der Spätantike. Die Religionspolitik Konstantins des Großen. Freiburg [u. a.] 2013.

Weber-Kellermann, Ingeborg: Das Weihnachtsfest. Eine Kultur- und Sozialgeschichte der Weihnachtszeit. Luzern / Frankfurt a. M. 1978.

– Das Buch der Weihnachtslieder. Mainz 1982.

Wehler, Hans-Ulrich: Deutsche Gesellschaftsgeschichte. 5 Bde. München 1987–2008.

Weidemann, Konrad / Weidemann, Margarete: Römische Staatskalender aus der Spätantike. Die von Furius Dionisius Filocalus und Polemius Silvius überlieferten römischen Staatskalender und deren historische Einordnung. Mainz 2016.

Weihnukka. Geschichten von Weihnachten und Chanukka. Jüdisches Museum Berlin. Berlin 2005–2006.

Wolter, Michael: Das Lukasevangelium. Tübingen 2008.

Young, Karl: The Drama of the Medieval Church. 2 Bde. Oxford 1933.

Zimmermann, Norbert: Inhalte und Intentionen bildlicher Kunst in Sakralräumen zwischen Damasus und Sixtus III. in Rom. In: Norbert Zimmermann [u. a.] (Hrsg.): Die Päpste in Rom zwischen Spätantike und Mittelalter. Regensburg 2017.

Abbildungsverzeichnis

Abbildungen im Text

akg images: S. 110, S. 178, S. 210: akg-images
alamy: S. 32: Universal Images Group North America LLC / Alamy Stock Foto;
S. 57: The Picture Art Collection / Alamy Stock Photo; S. 60: CC BY-SA 3.0 /
Peter 1936F; S. 127: escapetheofficejob / Alamy Stock Foto (Orig. leicht
entzerrt); S. 160: The Picture Art Collection / Alamy Stock Foto; S. 189:
The Picture Art Collection / Alamy Stock Foto; S. 209: North Wind Picture
Archives / Alamy Stock Foto; S. 216: FC_Italy / Alamy Stock Foto
picture alliance: S. 171: © dpa / Frank Leonhardt
Staatsgalerie Stuttgart: S. 199: CC BY-SA 4.0 / © Staatsgalerie Stuttgart
TIBS: S. 43: CC BY-NC-SA 3.0 AT / Anton Prock (http://bilder.tibs.at/node/4832)
Wikimedia Commons: S. 124: CC BY-SA 3.0 / Sjoehest; S. 219: CC BY-SA 2.0 /
Michell Zappa

Abbildungen im Tafelteil

akg images: S. 4 (oben u. unten): akg-images / Florian Monheim / Bildarchiv
Monheim GmbH
alamy: S. 3: Danita Delimont Creative / Alamy Stock Foto (Orig. leicht beschnit-
ten); S. 6: Simon Reddy / Alamy Stock Foto; S. 7: The Picture Art Collection /
Alamy Stock Foto
TIBS: S. 2: CC BY-NC-SA 3.0 AT / Anton Prock (http://bilder.tibs.at/node/4832)
Wikimedia Commons: S. 1: CC BY-SA 3.0 / Rufus 46; S. 5: CC BY 3.0 / Sailko; S. 8:
CC BY-SA 3.0 / Matthias Zepper

Register

Abaelardus, Petrus (Abaelard) 131, 135

Abraham (biblischer Stammvater) 26, 35 f., 76, 80, 87

Ahas (biblischer König des Südreichs) 39

Albert von Sachsen-Coburg 179

Alcock, John (Bischof) 134

Ambrosius von Mailand (Bischof) 61, 94, 115, 118

Ammianus Marcellinus (röm. Historiker) 65, 76

Andreas (Apostel) 64

Anna (Mutter von Maria) 104

Anselm von Canterbury 94, 127

Antigonos (Makkabäerfürst) 45, 47

Arius (Presbyter) 63 f., 92

Athanasius der Große 63–65

Attila (Hunnenkönig) 90

Augustinus von Hippo (Kirchenvater) 56, 77, 92, 94, 96, 115, 137, 142, 151

Augustus (vorher Gaius Octavius, röm. Kaiser) 13, 23, 28, 44–48, 56, 58, 87

Aurelianus, Lucius Domitius (röm. Kaiser) 74

Bach, Johann Sebastian 118, 159, 161

Bachtin, Michael 132

Barbara (Heilige) 102, 129, 180

Baumann, Hans 224

Beccon, Thomas 163

Becher, Johannes R. 227

Beda Venerabilis 148

Berlin, Irving 202

Bernhard von Clairvaux 127, 131

Bidermann, Jakob 146

Borchert, Wolfgang 230

Bossuet, Jacques-Bénigne 185 f.

Brant, Sebastian 153 f.

Brecht, Bertolt 230

Brown, Peter 61, 83

Burckhardt, Jacob 72 f.

Burkhardt, Stefan 121

Caesar, Gaius Iulius 44, 46, 48, 53, 103

Calderón de la Barca, Pedro 145

Calvin, Johannes 162

Cassel, Paulus 183 f.

Celsus, Aulus Cornelius (Philosoph) 62

Chlodwig I. (fränk. König) 65

Chrysostomos, Johannes (Kirchenvater) 56, 67–70, 77

Coelestin I. (Papst) 86, 89

Columban von Luxeuil (der Jüngere, Mönch) 115

Commodus (röm. Kaiser) 73

Constantin II. (röm. Kaiser) 64

Cromwell, Oliver 163, 165–167

Crosby, Bing 202

Cyprian von Kathago (Bischof) 61

Damasus I. (Papst) 59, 70, 85, 88 f.

Dannhauer, Johan Conrad 180

Dante Alighieri 130, 152

David (biblischer König) 12, 29 f., 35 f., 200

Dickens, Charles 229

Dionysius bar Salibi 78

Dionysius Exiguus 54

Droste-Hülshoff, Annette von 214

Egeria (pilgernde Nonne) 79–83, 89, 108

Elias (Prophet) 102

Elisabet (Ehefrau von Zacharias) 25–27, 68, 100, 117

Epiphanios von Salamis (Bischof) 78
Erasmus von Rotterdam 134
Euripides 26 f.
Eusebius von Caesarea (Bischof) 73
Eustorgius I. von Mailand (Bischof)
  120
Everling, Otto 225

Ferdinand I. von Österreich 172
Ferrari d'Occhieppo, Konradin 49
Filocalus, Furius Dionysius 58, 85
Finkelstein, Israel 24
Fontane, Theodor 211, 229
Förster, Hans 83
Freiligrath, Ferdinand 212
Friedrich Barbarossa (dt. Kaiser) 120

Galerius (röm. Mitkaiser) 60
Gaudí, Antoni 105
Gerhardt, Paul 77
Gertrud von Helfta (auch Gertrud die
  Große) 146
Goebbels Joseph 225
Goethe, Johann Wolfgang 180 f., 196
Goeze, Johann Melchior 187 f.
Grande, Ariana 202
Gregor der Große (Papst) 108, 116
Gregor von Tours (Bischof) 116
Gregor XIII. (Papst) 103
Grimm, Jacob 147, 152, 183, 211
Gryphius, Andreas 146

Håkon der Gute (isländ. König) 149
Hanna (Mutter des Propheten
  Samuel) 26 f.
Hanna (Prophetin im Neuen
  Testament) 33, 141
Hasse, Edgar S. 237
Hauschild, Thomas 236
Hebbel, Friedrich 146
Heinrich II. (dt. Kaiser) 113, 123

Heinrich IV. (dt. Kaiser) 121
Heinrich VI. (dt. Kaiser) 123
Heinrich VIII. (engl. König) 162
Herodes Antipas 143
Herodes (röm. Klientelkönig) 13 f., 25,
  29, 38, 40–50, 88, 96, 131, 136, 139,
  141, 143–146
Hieronymus (Kirchenvater) 56, 62,
  68, 70–72, 76, 79–85
Hilarius von Poitiers (Bischof) 116
Himmler, Heinrich 224
Hitler, Adolf 224
Hoffmann, Heinrich 195
Hoffmann von Fallersleben,
  Heinrich 211, 228
Hosea (Prophet) 40
Humboldt, Wilhelm von 181
Hus, Jan 172, 192
Hypatia (Philosophin) 62

Ignatius von Loyola 170
Immermann, Karl 211
Innozenz II. (Papst) 127
Irving, Washington (auch Dietrich
  Knickerbocker) 205 f.
Iulianus, Flavius Claudius
  (röm. Kaiser) 76

Jakob (Stammvater) 26, 40, 48, 96
Jakob I. (engl. König) 165
Jakobus (Apostel) 22, 102, 140
Jeremias (Prophet) 40
Jesaja (Prophet) 15, 22, 31, 33, 38 f., 71,
  117, 142, 156, 200
Jesus 12–16, 19, 21–25, 28 f., 33–42,
  47, 49 f., 61, 63, 65, 69, 71, 77 f., 87,
  92 f., 101 f., 105, 117, 130, 133–135, 146,
  171, 173, 183, 187, 192, 201, 207, 232
Johann Friedrich (Herzog von Sachsen)
  155
Johannes (Apostel) 102

Johannes (Evangelist) 11, 13, 22, 53, 77, 92, 95, 102, 111, 159, 161, 182 f.
Johannes der Täufer 25 f., 28, 33, 47, 68, 72, 77, 100, 117
Josephus, Flavius 28, 45
Jung-Stilling, Johann Heinrich 180
Jürgs, Michael 221

Kant, Immanuel 190 f.
Karl der Große 100 f., 108, 116, 123
Karl I. (engl. König) 163, 166
Karl II. (engl. König) 163, 167, 169
Karl von Österreich (Erzherzog) 175
Kästner, Erich 230
Kepler, Johannes 49
Kissling, Gottfried 180
Kleopatra (Ehefrau von Marcus Antonius) 47
Knox, John 162
Konrad II. (dt. Kaiser) 116
Konstantia (Schwester von Kaiser Konstantin) 64
Konstantin (röm. Kaiser) 52, 59–64, 72–85, 120

Laud, William (engl. Erzbischof) 163
Leo der Große (Papst) 58, 86, 89–97, 115 f.
Lessing, Gotthold Ephraim 186–188, 190
Liberius (Papst) 84–86
Licinius (röm. Mitkaiser) 60, 75
Lincoln, Abraham 208
Liselotte von der Pfalz 179, 200
Lucia (Heilige) 102
Ludwig der Heilige (franz. König) 122
Lukas (Evangelist) 8, 11, 13 f., 16–38, 41, 43, 55, 64, 67 f., 71, 77, 80, 92, 94, 101, 109, 141, 159, 161, 188
Luther, Martin 157–159, 161, 164, 177, 182, 184, 192, 195, 200, 225

Malachias (Prophet) 77
Mann, Heinrich 232
Mann, Thomas 230–234, 237
Marcus Antonius 45, 47
Maria (Mutter von Jesus) 9, 13, 27, 29, 33, 36, 38, 68, 86–88, 92 f., 100, 104, 113, 117, 132, 136 f., 140 f., 144, 156
Mariamne (Ehefrau des Herodes) 45–47, 146
Marino, Giambattista 145
Markus (Evangelist) 11–15, 19 f., 25, 29, 33, 35
Matthäus (Evangelist) 8, 11, 13 f., 16, 20, 22, 25, 28 f., 35–43, 46–50, 67 f., 80 f., 85, 92, 120 f., 130, 141, 159, 161, 187 f., 200
Maxentius, Marcus Aurelius Valerius (röm. Mitkaiser) 60, 74 f.
Maximus von Turin (Bischof) 77, 147
Meisen, Karl 152
Melanchthon, Philipp 158, 177
Melania (die Jüngere) 82
Melania von Rom (die Ältere) 82
Micha (Prophet) 29, 38 f.
Mithridates VI. von Pontos (König) 48
Mittler, Mauritius 111
Mohr, Joseph Franz 200
Molina, Tirso de 146
Montefiore, Simon Sebag 47
Moore, Clement Clarke 206–208
Morgenroth, Matthias 238
Mose (Prophet) 48, 50, 79, 102

Napoleon Bonaparte 122
Nash, Paul 222
Nast, Thomas 208, 220
Nero (röm. Kaiser) 22, 50, 66
Nestorius (Patriarch von Konstantinopel) 86–88, 90, 92
Nikolaus von Kues 59

Nikolaus von Myra (Heiliger) 7, 102,
    124–130, 135, 148, 152, 155, 157 f., 194–
    196, 204–208, 211 f., 214, 216, 219,
    227, 237
Nikolaus von Verdun 123

Orff, Carl 141
Origenes 42, 56, 62, 66, 70, 82
Otto II. (dt. Kaiser) 128
Otto III. (dt. Kaiser) 128
Otto IV. (dt. König) 123

Paula (röm. Witwe) 70, 83
Paulinus von Nola (röm. Senator) 61
Paulus von Tarsus (Apostel) 12, 17, 19,
    22, 24, 52, 56, 58, 71, 85, 88 f., 93,
    96 f., 102, 164, 168
Pestalozzi, Heinrich 205
Peter der Große 179
Petrus (Apostel) 14, 56, 71, 85, 89 f.,
    102
Philipp von Schwaben 123
Pindar 27
Pintard, John 205, 206
Pius XI. (Papst) 103
Platon 48, 191
Plinius der Ältere 50
Pollio, Gaius Asinius
    (röm. Konsul) 46
Pompeius (Gnaeus Pompeius
    Magnus) 44
Praetorius, Michael 199 f.
Priscillian (Bischof von Avila) 61

Quirinius, Publius Sulpicius (röm.
    Landpfleger von Syrien) 23, 28 f.

Raabe, Wilhelm 211
Raffael da Urbino 90
Rahel (Ehefrau von Jakob) 26, 40,
    139–141, 144, 146

Reimarus, Hermann Samuel 186–188
Rembrandt van Rijn 33, 198
Richard von St. Viktor 135
Rimski-Korsakow, Nikolai 227
Rollett, Hermann 212
Rühmkorf, Peter 230

Sachs, Hans 145
Samuel (Prophet) 26
Sara (Ehefrau von Abraham) 26
Schleiermacher, Friedrich 190–195
Schubert, Josef David 196
Schultz, Wolfgang 224 f.
Schütz, Heinrich 117, 159
Schwerdgeburth, Carl A. 177
Schwind, Moritz von 212
Shakespeare, William 145, 150
Sidler, Franz 216
Silvester I. (Papst) 59
Simeon (Prophet) 33, 141
Simon, Richard 185 f., 188
Sixtus III. (Papst) 86
Skambraks, Tanja 132, 137
Snorri Sturluson (isländ. Dichter)
    148 f.
Spee, Friedrich 118, 200
Spervogel (dt. Dichter) 149
Stephanus (Heiliger) 102 f., 105, 130
Stifter, Adalbert 229
Storm, Theodor 228 f.
Strobel, August 50
Sueton (Gaius Suetonius Tranquillus)
    46, 48
Sundblom, Haddon 208

Theodosius (röm. Kaiser) 61, 79,
    84
Theophanu (dt. Kaiserin) 128
Theophilus 17, 21, 23, 31, 34
Thomas (Apostel) 102

Urban II. (Papst) 126

Vergil (Publius Vergilius Maro) 31, 46,
   48, 87
Victoria (engl. Königin) 179

Washington, Booker T. 204
Wichern, Johann Hinrich 197, 201

Woelki, Rainer Maria 121
Wulfila (Bischof) 108

Zacharias (Priester, Vater von Johannes
   dem Täufer) 25–27, 68, 78
Zainer, Günther 130
Zille, Heinrich 214
Zwingli, Ulrich 161

Über den Autor

Karl-Heinz Göttert, geboren 1943, war bis zu seiner Emeritierung Professor für Ältere Deutsche Sprache und Literatur an der Universität zu Köln. Seine Forschungsschwerpunkte liegen im Bereich der Kulturgeschichte, insbesondere der Rhetorik und Konversationstheorie. Er ist Autor zahlreicher Fachpublikationen und Sachbücher, mit denen er auch ein breites Publikum jenseits der Fachgrenze erreicht. Die Biographie von Weihnachten hat ihn nicht zuletzt mit seiner eigenen Biographie konfrontiert. Bei Reclam erschienen zuletzt *Deutsche Sprache. 100 Seiten* (2017), *Als die Natur noch sprach. Mensch, Tier und Pflanze vor der Moderne* (2019) und *Astrologie. 100 Seiten* (2020).